CELSO FURTADO
Trajetória, pensamento e método

Alexandre de Freitas Barbosa
Alexandre Macchione Saes

CELSO FURTADO
Trajetória, pensamento e método

COLEÇÃO ENSAIOS

autêntica

Copyright © 2025 Alexandre de Freitas Barbosa e Alexandre Macchione Saes
Copyright desta edição © 2025 Autêntica Editora

Todos os direitos reservados pela Autêntica Editora Ltda. Nenhuma parte desta publicação poderá ser reproduzida, seja por meios mecânicos, eletrônicos, seja via cópia xerográfica, sem a autorização prévia da Editora.

COORDENADOR DA
COLEÇÃO ENSAIOS
Ricardo Musse

EDITORAS RESPONSÁVEIS
Rejane Dias
Cecília Martins

REVISÃO
Mariana Faria

CAPA
Diogo Droschi
(Sobre imagem de Hélio Passos/
Revista O Cruzeiro/Acervo Jornal
Estado de Minas)

DIAGRAMAÇÃO
Waldênia Alvarenga

Dados Internacionais de Catalogação na Publicação (CIP)
(Câmara Brasileira do Livro, SP, Brasil)

Celso Furtado : trajetória, pensamento e método / [organização] Alexandre de Freitas Barbosa, Alexandre Macchione Saes. -- Belo Horizonte, MG : Autêntica Editora, 2025. -- (Ensaios ; 10)

Bibliografia.
ISBN 978-65-5928-503-7

1. Brasil - Condições econômicas 2. Furtado, Celso, 1920-2004 3. História econômica I. Barbosa, Alexandre de Freitas. II. Saes, Alexandre Macchione. III. Série.

24-235372   CDD-330.981

Índices para catálogo sistemático:
1. Brasil : Economia 330.981

Cibele Maria Dias - Bibliotecária - CRB-8/9427

Belo Horizonte
Rua Carlos Turner, 420
Silveira . 31140-520
Belo Horizonte . MG
Tel.: (55 31) 3465 4500

São Paulo
Av. Paulista, 2.073, Conjunto Nacional
Horsa I . Salas 404-406 . Bela Vista
01311-940 . São Paulo . SP
Tel.: (55 11) 3034 4468

www.grupoautentica.com.br
SAC: atendimentoleitor@grupoautentica.com.br

Introdução
Os vários Furtados 7

O jovem Furtado e os eixos de sua formação
(1920-1948) 17

A aventura da Cepal (1948-1958) 51

Formação econômica:
o método histórico-estrutural e uma ideia de Brasil 79

O intelectual estadista (1958-1964) 113

O intelectual no exílio 1:
repensando o Brasil (1964-1974) 147

O intelectual no exílio 2:
repensando o capitalismo (1974-1980) 185

De volta à cena nacional:
economia, redemocratização e cultura (1980-1988) 217

Na linha do horizonte:
dialogando com as novas gerações (1988-2004) 255

Conclusão
50 anos de produção intelectual:
um método e várias interpretações 285

Bibliografia 301

Agradecimentos 314

INTRODUÇÃO

Os vários Furtados

> Por que um país com tanta riqueza, tanta terra [...] tem esse mundo de gente abandonada, pedindo esmola na rua. Como se explica isso? Isso não é economia. Isso daí tem a ver com a história... O debate não alcança os pontos essenciais, porque a sociedade não está preparada para levar adiante esse debate.
>
> Celso Furtado, 10 de julho de 2004.[1]

Celso Furtado é um dos intelectuais mais conhecidos e estudados no Brasil e na América Latina. Sua trajetória se mistura à do Brasil República, especialmente a partir dos anos 1950, a tal ponto que não se pode contar a história do país na segunda metade do século XX sem fazer a menção a esse homem público que refletiu e atuou sobre a cena nordestina, brasileira, latino-americana e mundial.

Nascido em 1920, na cidade de Pombal, Paraíba, sua trajetória compreende vários Furtados que se sucedem e se superpõem: o funcionário público do Departamento Administrativo do Serviço Público (DASP), o estudante de doutorado na Sorbonne, o economista da Comissão Econômica para a América Latina e o Caribe (Cepal), o gestor da Superintendência do Desenvolvimento do Nordeste (Sudene) e do Ministério do Planejamento. Há ainda os anos de exílio como professor em universidades do exterior e o regresso ao Brasil,

---

[1] Trecho do documentário *O longo amanhecer: cinebiografia de Celso Furtado*. Direção: Jose Mariani. Rio de Janeiro: Andaluz Produções, 2004. (73 min.)

quando participa da transição democrática e da estruturação do Ministério da Cultura e desafia as promessas do "capitalismo global". As diversas atividades exercidas por Furtado nutrem-se de suas utopias e projetos de transformação do Brasil, sempre presentes em suas obras, mesmo naquelas em que sobressai a verve analítica.

O presente livro fornece uma abordagem panorâmica de Celso Furtado, costurando sua trajetória e seu pensamento em constante transformação, repleto de nuances, ajustes e até rupturas, assim como a sociedade brasileira que ele procurou destrinchar por meio de uma perspectiva que parte da economia para transcendê-la.

Nesse sentido, é importante acompanhar como se dá o movimento de fusão de Celso Furtado com a história brasileira. Se a história avança por desvios, atalhos e cortes bruscos, também são vários os Furtados que a partir dela se expressam.

Isso pode ser percebido na leitura de seus *Diários intermitentes*. Há o jovem existencialista em busca de seu ser no mundo; o economista responsável por uma das mais originais contribuições brasileiras para a história do pensamento econômico; o intelectual público no *front* de batalha na Cepal, na Sudene e no Ministério do Planejamento; o professor exilado repensando o país com distanciamento histórico; e, finalmente, o intelectual renomado atuando nos bastidores da transição democrática inconclusa e procurando lapidar seu legado para as novas gerações.

Ao longo de aproximadamente cinquenta anos de produção intelectual e atividades públicas, Celso Furtado publicou quase quarenta livros. Ao percorrermos a vasta bibliografia produzida por Celso Furtado, nos deparamos com uma diversificada produção, com textos ora mais voltados para uma análise sobre os processos históricos, ora mais preocupados com o debate no campo da teoria econômica; mas sempre movido pelo anseio de estilhaçar as fronteiras estabelecidas entre as ciências sociais. Encontramos também a elaboração de manifestos de intervenção política em momentos decisivos de nossa história, assim como reflexões de cunho biográfico.

Em Furtado, não há intervenção política sem teoria e história e tampouco interpretação sem propostas de ação. Teoria e práxis interagem mutuamente na trajetória de Furtado, compondo um olhar muito próprio sobre a realidade brasileira e as possibilidades de transformação da sociedade.

O livro procura apresentar, em linhas gerais, o pensamento de Furtado a partir do contexto histórico em que produziu suas principais obras, sempre sob uma chave interdisciplinar, tornando-o palatável não apenas a economistas e cientistas sociais, mas também a leitores e leitoras provenientes do direito, história, geografia, relações internacionais, arquitetura, literatura e das artes e ciências em geral.

Se o contexto histórico permite acompanhar suas reflexões em constante mutação, é importante ressaltar que cada obra de sua autoria procura atuar de volta sobre a história, numa espécie de bumerangue incessante. Por isso, Francisco de Oliveira qualificou Furtado como o mais "ideológico" de nossos intérpretes,[2] no sentido de que suas sínteses sempre são projetadas no horizonte de possibilidades de cada momento.

Nesse sentido, nosso intuito é abarcar as múltiplas dimensões de sua obra em constante elaboração, numa chave panorâmica e pedagógica, apresentando nosso olhar sobre o intelectual – sua trajetória, seu pensamento e seu método – em diálogo com a ampla literatura existente.

Se a porta de entrada para conhecer a obra de Celso Furtado costuma ser *Formação econômica do Brasil*, sua obra-prima, este livro busca descortinar os "vários Furtados".

---

[2] Oliveira, F. *A navegação venturosa: ensaios sobre Celso Furtado*. São Paulo: Boitempo, 2003, p. 18-19.

Para além de uma das mais influentes interpretações da história econômica do Brasil, publicada em 1959, a obra de Celso Furtado navega pela teoria econômica, pela dinâmica história latino-americana, pela questão regional, pela economia da cultura e pela análise do capitalismo internacional. O que salta aos olhos é sua capacidade de fornecer uma perspectiva totalizante ao integrar essas temáticas. Isso se torna possível ao ampliar a concepção do sistema centro-periferia a partir da interpretação do subdesenvolvimento e da dependência.

O variado espectro de temas é atualizado pelo confronto de três planos de análise: "o fenômeno da expansão da economia capitalista, o da especialidade do subdesenvolvimento e o da formação histórica do Brasil vista do ângulo econômico".[3] Portanto, uma interpretação que produz releituras sobre as conjunturas – do desenvolvimento nacional dos anos 1950 e da reestruturação do capitalismo global dos anos 1970 –, avaliando as oportunidades de transformação da sociedade e redesenhando os projetos de intervenção.

O método constantemente lapidado é o eixo a partir do qual procuramos encontrar a coerência de sua trajetória e seu pensamento, compreendidos a partir das rupturas da história brasileira e de como ele se posiciona frente a elas. Não se trata de uma coerência definida *a priori*, pois resultante do processo que altera a sua forma de vinculação à vida nacional em diferentes momentos: luta pela superação do subdesenvolvimento nos anos 1950 e 1960, exílio e crítica ao "modelo brasileiro" de desenvolvimento do pós-1964 e volta ao centro da cena durante a redemocratização dos anos 1980.

---

[3] Furtado, Celso. Aventuras de um economista brasileiro. *In: Celso Furtado: Obra autobiográfica*. Organização de Rosa Freire d'Aguiar. Tomo II. Rio de Janeiro: Paz e Terra, 1997, p. 21.

Furtado se debruça ao longo de sua obra sobre o Nordeste, o Brasil, a América Latina e o sistema capitalista mundial estruturado por meio das relações entre centro e periferia. Essas dimensões de seu pensamento serão abordadas em seu devido lugar, mas não podemos esquecer que elas se referem a diversos níveis de análise sobre o mesmo problema – a tensa, complexa e por vezes dialética interação entre desenvolvimento e subdesenvolvimento – que muda conforme as escalas e temporalidades, e sempre de maneira encadeada.

Não podemos deixar de mencionar nessa introdução que o livro foi escrito com uma mirada para as próximas gerações, para os jovens que ingressam na universidade e na vida política, tal como fazia Furtado em seus primeiros livros, dirigindo-se aos estudantes e à juventude.

Para os leitores que travaram algum conhecimento com a obra do intelectual na universidade ou nas batalhas políticas, procuramos recuperar os vários Furtados, como se fossem heterônimos de uma mesma *persona*. Poderão, assim, redescobrir esse pensador multifacetado a partir de novos olhares e perspectivas. Se os mais velhos possuem cada um "o Furtado para chamar de seu", o convite que fazemos é para que ampliem seu repertório furtadiano.

Nós, os autores, nos damos por satisfeitos se o leitor e a leitora, ao chegarem ao final do livro, forem correndo ler este ou aquele livro do mestre. Nosso objetivo não é cultuar Furtado, mas praticar Furtado, aplicando seu método para entender as novas configurações assumidas pela economia nordestina, brasileira, latino-americana e mundial, sempre interagindo – por vezes de maneira contraditória – com as dimensões sociais, políticas e culturais.

Chopin, Furtado e Emicida

Com 22 anos incompletos, o estudante de Direito no Rio de Janeiro, e aficionado por música, publica na *Revista da Semana*, um artigo intitulado "Os inimigos de Chopin".[4] O jovem Furtado realiza então uma bela síntese em que o artista e seu país de origem aparecem fundidos.

Eis o trecho:

> Chopin e Polônia estiveram por tanto tempo juntos e tanto se assemelham em suas trajetórias que se nos afiguram dois lados de uma mesma coisa. E teria sido possível um Chopin se não existisse uma Polônia? Certamente não. Como a Polônia não seria o que é sem este capítulo de sua existência: Frederico Francisco Chopin.[5]

Parodiando o jovem, podemos dizer que o Brasil, país do sertanejo paraibano, tampouco seria o que foi, ainda é e pode ser, se não existisse o capítulo Celso Monteiro Furtado.

O intelectual Furtado perscrutou analiticamente o potencial de desenvolvimento da nação, apesar da sordidez de suas elites e classes dominantes. Como se isso não bastasse, construiu possibilidades utópicas, entranhadas em sua metodologia inovadora, transformando-se numa "matriz de referência que não desiste nunca", conforme a expressão de Maria da Conceição Tavares.[6]

O capítulo Celso Furtado da história do Brasil não se encerrou com a partida do economista em 2004. Seu reconhecimento foi materializado, em 2004, com a criação do Centro Internacional Celso Furtado de Políticas para o Desenvolvimento, proposta encabeçada pelo então presidente Luiz Inácio Lula da Silva. E

---

[4] Furtado, Celso. Os inimigos de Chopin [*Revista da Semana*, 14 abr. 1942]. *In: Anos de Formação: 1938-1948*. Organização de Rosa Freire d'Aguiar. Rio de Janeiro: Editora Contraponto/Centro Celso Furtado, 2014b. (Arquivos Celso Furtado, v. 6).

[5] Furtado ([1942] 2014a, p. 67).

[6] O longo amanhecer: cinebiografia de Celso Furtado. Direção: Jose Mariani. Rio de Janeiro: Andaluz Produções, 2004. (73 min.)

justificado pela crescente quantidade de trabalhos dedicados a refletir sobre a trajetória e a vasta obra de Celso Furtado. Uma obra que vem sendo debatida e valorizada, cada vez mais, para além das fronteiras da ciência econômica. Uma obra interdisciplinar necessária para enfrentar os novos desafios do Brasil.

Tal como Chopin revive toda vez que é tocado ao piano, alçando consigo sua Polônia natal, a sinfonia furtadiana encontra-se presente em sua obra. Toda vez que ela é lida, reinterpretada ou aplicada por alguém, o Brasil se reveste de possibilidades inauditas.

Foi assim durante as caravanas virtuais de 2020, quando o centenário de Celso Furtado despertou intelectuais, professores, estudantes e militantes dos quatro cantos do país, reivindicando seu legado durante a pandemia real e metafórica. Foram inúmeras *lives*, webinários, cursos, eventos, além dos dossiês publicados em revistas acadêmicas e livros lançados para rememorar esse capítulo da história do Brasil.

Se Chopin parece distante, vamos de Emicida: "eu não sinto que vim, eu sinto que voltei".[7] Furtado está sempre voltando, para levar adiante o necessário debate com ousadia crítica e imaginação transformadora. Não desanimemos.

Estrutura do livro

Celso Furtado: trajetória, pensamento e método foi escrito para dar conta do seguinte desafio: fornecer os instrumentos para acessar o seu método de análise e a sua produção intelectual por meio de uma abordagem panorâmica que tornasse possível acompanhar o pensamento e a trajetória de Furtado ao longo da segunda metade do século XX.

O livro percorre a vida e obra de Celso Furtado descortinando os "vários Furtados" – teórico do subdesenvolvimento,

---

[7] AmarElo: é tudo para ontem. Direção: Fred Ouro Preto. São Paulo: Netflix, 2020. (89 min.)

intérprete do Brasil e do capitalismo, formulador de políticas de desenvolvimento, pensador da cultura e intelectual atuante –, situando a publicação de suas obras com os contextos históricos e os desafios vividos. Para além de sua interpretação presente em *Formação econômica do Brasil* ou de seu papel como o representante brasileiro do estruturalismo latino-americano, procuramos situar a trajetória de Furtado de uma maneira pedagógica, compondo um amplo quadro em que autor, obra e contexto histórico se conectam por meio de nossa leitura do projeto furtadiano de construção de um país soberano, justo e democrático.

A estrutura do livro é cronológica, pois sua biografia serve de ponto de partida para a compreensão de sua produção bibliográfica, mas sem projetar uma trajetória linear, cujo sentido esteja dado de antemão. Se o tratamos como "mestre", é porque, com ele, aprendemos a pensar o Brasil. Não se trata, pois, de heroicizar o personagem. Ele viveu seu tempo e deixou seu legado. Cabe a nós recuperá-lo. Simples assim.

O capítulo inicial, "O jovem Furtado e os eixos de sua formação (1920-1948)", apresenta suas primeiras reflexões, saindo da realidade nordestina para o Rio de Janeiro e, depois, da capital brasileira para a Europa. Uma formação jurídica na Universidade do Brasil, mas, acima de tudo, navegando pelas leituras das ciências sociais e pelos desafios de constituição do moderno Estado brasileiro nas décadas de 1930 e 1940. No doutoramento em Paris, por sua vez, sedimenta-se em sua formação a história como instrumento de análise, uma história problema, como presente na tradição da escola dos *Annales*.

O encontro com a ciência econômica, por outro lado, somente ocorreria a partir de 1949, quando se transfere para Santiago do Chile para trabalhar na Cepal. Este é o objeto do Capítulo 2, "A aventura da Cepal (1949-1958)", fase da *fantasia organizada*, quando o economista se equipa com as ferramentas de planejamento para atuar no sentido da superação do subdesenvolvimento nos países latino-americanos. Essa fase se encerra com sua ida para a Universidade de Cambridge, contexto de redação de sua obra-prima, que figura como síntese de sua trajetória – por conjugar método analítico e interpretação histórica da economia brasileira –, objeto do Capítulo 3, "*Formação econômica*: o método histórico-estrutural e uma ideia de Brasil".

"O intelectual estadista (1958-1964)", Capítulo 4, situa Celso Furtado no auge de sua atuação política, pois num curto espaço de tempo o economista da Cepal transforma-se no formulador de um dos mais ousados planos de desenvolvimento regional do país, com a criação da Sudene no governo de Juscelino Kubitschek. Mais tarde, em meio à crise econômica e política do governo de João Goulart, Celso Furtado é o responsável pela formulação do Plano Trienal, como ministro extraordinário do Planejamento. A *fantasia* (é) *desfeita* com o golpe militar e seu longo exílio de quase vinte anos.

Os dois capítulos seguintes tratam do período em que Celso Furtado, tendo seus direitos políticos cassados pelo Ato Institucional n.º 1, precisa produzir distante do palco político. O Capítulo 5, "O intelectual no exílio 1: repensando o Brasil (1964-1974)", percorre a primeira década do exílio, quando sua prioridade é compreender os dilemas da economia brasileira, as razões do golpe e os significados do novo modelo de subdesenvolvimento. "O intelectual no exílio 2: repensando o capitalismo (1974-1980)", por sua vez, destaca sua produção no contexto em que o economista se distancia dos problemas da conjuntura econômica brasileira e produz textos voltados para compreender os impasses da civilização industrial e do capitalismo contemporâneo, oferecendo uma reflexão inovadora no campo da ciência social.

Os capítulos finais do livro se voltam para as duas últimas décadas de vida de Celso Furtado. Com seu retorno definitivo para o Brasil, durante o processo de redemocratização, o economista reaparece em plena forma, atualizando sua leitura do "modelo brasileiro" e esclarecendo aos cidadãos a origem e a dinâmica da dívida externa e da inflação. Assume, no governo

Sarney, o Ministério da Cultura, área em que fornece contribuições valiosas desde os anos 1970, agora transformadas em política pública.

O Capítulo 7, "De volta à cena nacional: economia, redemocratização e cultura (1980-1988)", procura explicar como e porque Furtado foi escanteado pelos economistas do poder, ao passo que se sobressai como um intelectual para além da economia. Sua atuação na cena política lhe permite compreender os impasses da democracia brasileira por meio de uma perspectiva histórica.

O Capítulo 8, "Na linha do horizonte: dialogando com as novas gerações (1988-2004)", apresenta uma fase de balanços e sínteses de Celso Furtado. Uma década em que o reconhecimento do economista se concretiza por meio de prêmios e indicações, como o recebimento de diversos títulos *honoris causa*, a nomeação para a Academia Brasileira de Letras e a indicação para o prêmio Nobel de Economia. Por meio de seus livros, Furtado estabelece um diálogo com as novas gerações, com ênfase nos novos desafios para o enfrentamento do subdesenvolvimento, a partir de um resgate de sua contribuição teórica e de sua trajetória pública, e de suas reflexões sobre a transformação da economia mundial.

A título de conclusão, apresentamos um ensaio-síntese que percorre meio século de produção intelectual de Celso Furtado com o objetivo de reter os instrumentos metodológicos de sua análise econômica e social. Uma perspectiva analítica burilada por décadas, que a despeito de completarmos vinte anos de seu falecimento em 2024, ainda nos auxilia a captar a essência da realidade – condição para o enfrentamento da pobreza e da desigualdade nas suas variadas formas, sempre levando em conta as transformações do cenário internacional, as quais constrangem e abrem possibilidades para novas propostas de desenvolvimento nacional.

O jovem Furtado e os eixos de sua formação (1920-1948)

> *Eu me imaginava ser um homem de letras [...] ser um escritor de ficção, mas com o tempo fui observando que meu forte não era para ficção, meu forte era conseguir captar o essencial da realidade [...].*
> Celso Furtado, 10 de julho de 2004.[8]

Iniciamos com este capítulo o longo percurso de Celso Furtado pelo Brasil e pelo mundo. O objetivo é descortinar seu pensamento na juventude. Procuramos levar em consideração sua dimensão humana – repleta de anseios e frustrações – e o conturbado e fértil contexto histórico que transparece nos textos escritos pelo jovem Furtado ao longo dos anos 1940.

Se este livro não é uma biografia, ele está repleto de elementos biográficos. E toda a cautela se faz necessária, como nos alerta Bourdieu. Do contrário, corre-se o risco de partir de um "designador rígido", o nome próprio, "arrancado do tempo e do espaço", "para além de todas as mudanças e todas as flutuações biológicas e sociais", com o objetivo de referendar "o postulado do sentido da existência narrada". Não se trata, portanto, de chancelar ou justificar suas escolhas como num *script* cuja lógica se sabe de antemão, deixando de lado "as particularidades circunstanciais" e os "acidentes individuais".[9]

---

[8] O longo amanhecer: cinebiografia de Celso Furtado. Direção: Jose Mariani. Rio de Janeiro: Andaluz Produções, 2004. (73 min.)

[9] Bourdieu, P. L'Illusion Biographique. *Actes de la Recherche en Sciences Sociales*, v. 62-63, jun. 1986, p. 69-72.

Feita essa ressalva, cabe reconhecer a peculiaridade de nosso personagem, que a todo o momento está se pondo em tela, por vezes escrutinando o passado, com fortes doses de autocrítica, para logo em seguida antever possibilidades grandiosas no futuro.

Furtado sempre se autoimpôs um planejamento espartano. Em fevereiro de 1945, o jovem de vinte e poucos anos, a bordo do navio que o leva para a guerra na Itália, assim escreve: "a rigidez e amplitude desse programa de vida levar-me-ia a um permanente esforço de extroversão e disciplina. Nele estavam previstas grandes viagens de estudos ao estrangeiro e vastos trabalhos de pesquisa intelectual".[10]

Suas crises de "angústia cósmica" vinham precisamente de sua plena consciência, já na tenra idade, de que tal como no teatro romântico o homem é escravo "de certas contingências que lhe independem".[11]

Portanto, especialmente por estarmos diante de alguém que procurou ir além de suas circunstâncias, o contraponto sartriano nos parece sadio: "você não é *apenas* [inclusão nossa] o que a sociedade fez com você, mas o que você faz com o que foi feito de você". Como, a partir de uma posição social, determinados indivíduos desenvolvem "atuações históricas" singulares, não apenas por suas características pessoais, mas também por se depararem com "estruturas históricas que as autorizam"?[12]

Se os vários Furtados – que se encaixaram, atritaram ou foram expurgados pela história, inclusive para se reconciliarem

---

[10] Furtado, Celso. *Diários Intermitentes, 1937-2002*. Organização de Rosa Freire d'Aguiar. São Paulo: Companhia das Letras, 2019, p. 79.

[11] Furtado (2019, p. 75 e 95).

[12] French, John. *Lula e a política da astúcia: de metalúrgico a presidente do Brasil*. São Paulo: Expressão Popular/Fundação Perseu Abramo, 2022, p. 639-643. Recorremos aqui ao debate sobre biografia e história realizado por French, com base nas contribuições Jean-Paul Sartre e Marshall Sahlins.

com ela adiante – formam um todo coerente, que ele inclusive cuidou de propagar em sua densa obra autobiográfica, outros sentidos possíveis de sua existência se perderam nas lacunas, arestas e derrotas que ficaram pelo caminho.

Portanto, não nos propusemos aqui a fazer juízos precipitados, criticando-o por não ter "visto" isso ou aquilo, e tampouco o endeusando por estar supostamente "à frente do seu tempo". Acompanhamos sua trajetória, cotejando suas obras com seu contexto, captando seu pensamento no fluxo do tempo, lapidado a partir do espaço em que se forjou, forjando-se a si mesmo.

Estamos cientes de que, nos livros escritos sobre intelectuais, uma polarização costuma ocorrer. De um lado, em estudos mais internalistas, prioriza-se a avaliação das obras, sugerindo que as rupturas se originam do "desenvolvimento intelectual" dos autores. De outro lado, nas perspectivas mais contextualistas, predomina uma compreensão sobre o autor e o ambiente em que a obra foi produzida. Nesse caso, as descontinuidades têm mais a ver com as experiências vividas, que radicalizam ou amenizam as posições teóricas e políticas dos pensadores.

Mais uma vez, no caso em que questão, essa disjuntiva não nos parece possível. Em Furtado, texto e contexto são tecidos conjuntamente, e desse confronto é que se "estrutura" uma trajetória, repleta de obstáculos e potencialidades.

Apesar de reconhecido, por autores de filiações teóricas as mais diversas, como o mais importante economista brasileiro – quando não exige tal reconhecimento, isso se deve a uma concepção da economia como ramo subalterno da matemática –, a efetiva assimilação de Celso Furtado ao universo da ciência econômica ocorre somente a partir de 1949, quando ele passa a integrar a recém-criada Comissão Econômica para América Latina (Cepal) em Santiago do Chile.[13]

---

[13] A obra de Celso Furtado nos fornece relevante material para acompanhar sua trajetória e a produção de seus primeiros trabalhos. Des-

Antes disso, os temas econômicos mobilizados por Celso Furtado surgem como resultado de seus espaços de experiência: a atividade profissional como funcionário do Estado brasileiro; suas viagens pela Europa do pós-guerra, em que já transparece o censo aguçado de observador e estudioso do mundo contemporâneo, como também a reflexão sobre o passado brasileiro, sendo *Economia colonial no Brasil nos séculos XVI e XVII*, tese de doutorado defendida na Sorbonne, em 1948, a mais acabada síntese.[14]

Ao longo desse período de formação, portanto, não podemos afirmar que as reflexões de Celso Furtado sobre a ciência econômica já oferecessem contribuições ou perspectivas originais. Mesmo após sua breve vivência na Europa como oficial da Força Expedicionária Brasileira e, depois, como estudante de doutorado da Sorbonne, a economia ainda não aparece como o principal observatório para captar a realidade em sua totalidade, ainda que estivesse alojada numa espécie de sótão, como quem organiza materiais a exigirem posterior reflexão.

---

tacamos a obra autobiográfica e três trabalhos organizados por Rosa Freire d'Aguiar, cf.: Furtado, Celso. *Autobiografia*. São Paulo: Cia. das Letras, 2014a; Furtado, Celso. *Anos de formação: 1938-1948*. Organização de Rosa Freire d'Aguiar. Rio de Janeiro: Contraponto; Centro Internacional Celso Furtado de Políticas para o Desenvolvimento, 2014b; Furtado, Celso. *Diários intermitentes: 1937-2002*. Organização de Rosa Freire d'Aguiar. São Paulo: Cias. das Letras, 2019; Furtado, Celso. *Correspondência intelectual: 1949-2004*. Organização de Rosa Freire d'Aguiar. São Paulo: Companhia das Letras, 2021.

[14] Seguimos aqui os marcos sugeridos por Rosa Freire d'Aguiar e Roberto Pereira Silva para demarcar a fase de formação de Celso Furtado. Em comum, os trabalhos se concentram no período pré-CEPAL, cf.: Silva, R. P. *O jovem Celso Furtado. História, política e economia*. Bauru: Edusc, 2011; d'Aguiar, R. F. Introdução. *In:* Furtado, Celso. *Anos de formação: 1938-1948*. Organização de Rosa Freire d'Aguiar. Rio de Janeiro: Contraponto; Centro Internacional Celso Furtado de Políticas para o Desenvolvimento, 2014b.

No Rio de Janeiro, com "um emprego burocrático e um título de bacharel", seguro de que "não pretende advogar e nem seguir a magistratura", o jovem Furtado registra em seu diário: "[tenho] vontade de me dedicar ao estudo de certos assuntos – política, administração, ciências sociais – e sobre eles escrever". Considera também produzir "obras de ficção", mas lhe pairam dúvidas sobre "se possui o mínimo talento".[15]

Conforme a epígrafe que abre este capítulo, no depoimento para o documentário *O longo amanhecer*, Celso Furtado relembra seu gosto pela literatura e o interesse em se transformar num romancista. Vale dizer que seu primeiro livro – *De Nápoles a Paris: contos da vida expedicionária* – é uma coletânea de contos publicada numa pequena edição em 1946, todos eles inspirados em sua experiência como pracinha na Itália. Mas a vida direcionou sua veia literária para "captar o essencial da realidade". Ainda assim, como revelam seus *Diários intermitentes*, o futuro economista chegou a arquitetar três projetos de romances, esboçados em 1944, 1955 e 1975.[16]

De modo a acompanhar as continuidades e rupturas na vida de Celso Furtado, torna-se necessário destacar os principais elementos que nos permitem conjugar trajetória, pensamento e método na sua juventude. Três eixos, ou disposições analíticas, alicerçaram sua ânsia por "captar o essencial da realidade" e desenhar projetos de futuro.

Primeiro, integrante da geração de intelectuais que ocuparam postos-chave na máquina pública do Brasil do Pós-Segunda Guerra Mundial, Furtado experienciou a construção do Estado moderno brasileiro nos anos 1930 e 1940. Funcionário do Departamento de Administração do Serviço Público (DASP), não somente atuou na burocracia estatal, crescentemente vinculada

---

[15] Furtado (2019, p. 88).

[16] Klüger, E. Celso Furtado: um economista com lentes de literato. *Estudos Avançados*, n. 34, v. 100, 2020, p. 261-278.

ao sistema de mérito, como também se voltou para a reflexão do papel do Estado, publicando sobre temas como organização e administração pública na *Revista do Serviço Público*. A semente plantada na década de 1940 estaria presente no restante de sua vida. O Estado, formado por um corpo técnico qualificado e estabelecendo pontes com segmentos organizados da sociedade, seria instituição decisiva para o projeto de superação do subdesenvolvimento. Planejamento e transformação social compunham os dois lados de uma mesma moeda.

Em segundo lugar, a reflexão sobre o Brasil e a realidade nacional aparece sempre conectada com as grandes transformações do cenário mundial. Em vez de uma postura idealista, a objetividade lhe serve de guia para a análise. Nas anotações dos diários e nos textos publicados na imprensa na segunda metade dos anos 1940, nos deparamos com um autor que discute analiticamente o fascismo italiano, a situação da economia inglesa, os dilemas da conjuntura política francesa e as primeiras experiências de planificação socialista que ele presencia *in loco* na Iugoslávia. O tema da cultura e da ruína da civilização ocidental também se destaca nesses escritos, em que o Brasil aparece como a principal preocupação em seu horizonte.

Finalmente, ainda nesses anos de formação, a terceira e preciosa ferramenta lapidada por Furtado é sua análise histórica. Aquele jovem que aos dezoito anos buscava escrever uma "História da civilização brasileira",[17] aos 28 anos iniciou essa empreitada ao defender sua tese sobre a economia colonial, embora esses dez anos tenham sido decisivos para que pudesse fazê-lo da maneira que o fez. Mais importante do que o tema de estudo em si – na historiografia, esse é considerado o primeiro passo na escrita dez anos mais tarde de seu clássico *Formação econômica do Brasil* –, a produção da tese foi a oportunidade

---

[17] Furtado (2019, p. 48).

encontrada para se firmar como "um escritor" que, com método, insere seu país nas perspectivas da economia-mundo.

No presente capítulo, percorremos a trajetória de Celso Furtado por seus "anos de formação". Entre a infância no Nordeste (Paraíba e Recife), a juventude no Rio de Janeiro como estudante de Direito, jornalista e funcionário público e a experiência internacional – nos estertores da Segunda Guerra Mundial (1945), ou, mais tarde, como estudante de doutorado em Paris (1947-1948) –, Furtado logra atravessar vários campos do conhecimento, nutrindo-se de diversos instrumentos de análise para compreender a sociedade.

Esses dez anos que separam o secundarista em João Pessoa e o economista que, em Santiago do Chile, participaria da fundação dos alicerces teóricos da Cepal, não são suficientes para definir o método de análise e a interpretação de Celso Furtado sobre o Brasil e a economia mundial.

Mas ele carrega consigo os eixos centrais de sua formação, ao quais ele recorre ao consumar sua conversão em economista. São eles: (1) a relação umbilical com o Estado dotado de força social transformadora; (2) a maneira de pensar o Brasil a partir de uma compreensão crítica das ideias e tendências internacionais; e (3) o uso da história como instrumento privilegiado para captar a realidade em constante transformação. Nos tópicos a seguir, procuramos explicitar cada um desses três eixos de sua formação durante o período 1938-1948, quando o jovem Furtado entra em cena.

O ambiente do Rio de Janeiro, o DASP e a Administração Pública

A cidade do Rio de Janeiro no período entreguerras era o centro intelectual, político e cultural brasileiro. Sede do governo federal e dos principais veículos de imprensa, o Rio oferecia as mais importantes oportunidades de emprego nos quadros dos órgãos estatais. A capital em que os diferentes Brasis se encontravam surgia como o espaço de sociabilidade de segmentos egressos das elites regionais e de tantos jovens que se colocavam a tarefa de pensar e disputar projetos para o país. Além disso, a capital afirmava-se como a principal porta de comunicação com o exterior, atuando como espaço de recepção de ideias estrangeiras e de sua assimilação para a realidade nacional.

Celso Furtado desembarcou nessa agitada cidade aos 20 anos. O jovem aproveitou o que a capital do país podia oferecer: se a razão da mudança era cursar a Faculdade Nacional de Direito, o Rio de Janeiro permitiu que Furtado trabalhasse como jornalista e, mais tarde como funcionário público do DASP; também lhe proporcionou a agitada vida cultural, tendo Furtado especial interesse para os concertos de música com uma tentadora programação nacional e estrangeira, com direito a Magda Tagliaferro, Arthur Rubinstein, Guiomar Novaes e Villa-Lobos.[18]

Ele trazia consigo uma densa bagagem cultural. Nascido em Pombal, em 26 de julho de 1920, cursou o secundário em João Pessoa, onde seus pais se fixaram em 1927. Seu pai era de uma família de magistrados, tendo sido juiz e desembargador, enquanto sua mãe pertencia a uma família de latifundiários do sertão paraibano. O juiz Maurício, dotado de volumoso capital cultural, tentara se transferir para o Rio sem sucesso. Tendo que se acomodar aos jogos de poder da província, carrega um profundo ressentimento – transmitido ao filho –, assim como um sentimento de superioridade em face da pequenez dos políticos clientelistas. Maria Alice, a mãe, era uma mulher culta que lia francês e espanhol e pertencia à Associação Paraibana pelo Progresso Feminino.[19]

---

[18] D'Aguiar (2014, p. 13-14).

[19] Barboza, D. P. *A canonização de vivente: Celso Furtado e a SUDENE*. 2023. Tese (Doutorado em Sociologia) – FFLCH/USP, São Paulo, 2023. p. 61-66.

Por meio da biblioteca de sua casa, o jovem Furtado percorreu páginas de literatura, filosofia, ciências sociais e história. No colégio participou de debates com integralistas sobre o Estado Novo e a Guerra Civil Espanhola. Em Recife, cursando o pré-jurídico no Ginásio Pernambucano, redigiu um ensaio para ser apresentado em sala de aula, quando foi surpreendido pelo entusiasmo e certa incredulidade da turma ao tomar conhecimento do novo "filósofo".[20]

O tema era – pasmem! – o "liberalismo econômico". E o objetivo de sua fala (texto) era realizar uma defesa desse sistema. Num contexto em que os jovens de sua geração buscavam se enquadrar na disputa política entre comunistas e integralistas, Furtado mostrava-se equidistante dos extremos. Em suma, para ele era preciso "considerar morbidez, verdadeiro masoquismo social, o que se está passando em países como a Rússia bolchevista, a Itália fascista etc.". Ao final de sua reflexão, depois de discorrer sobre o tema da ideologia com segurança retórica, ele parece caminhar na contramão do que lhe fora proposto:

> [...] procuraremos compreender o que chamamos de sistema liberal dentro da feição histórica dos povos – em suas manifestações e caracteres. De antemão, confesso que não encararei o liberalismo econômico como uma doutrina, isto é um sistema que *deve* ser aplicado por esta ou aquela nação. Seria contradizer a nossa filosofia.[21]

O principal problema da "doutrina" era supor que aquilo que parecia "profundamente natural" na Inglaterra deveria

---

[20] D'Aguiar (2014, p. 7-8, 53).

[21] Esse é o primeiro e mais antigo ensaio de Celso Furtado no livro *Anos de Formação*, único do período anterior a sua mudança para o Rio de Janeiro. Cf. Furtado, Celso. Liberalismo econômico [1938]. *In: Anos de formação: 1938-1948*. Organização de Rosa Freire d'Aguiar. Rio de Janeiro: Contraponto; Centro Internacional Celso Furtado de Políticas para o Desenvolvimento, 2014b, p. 48.

sê-lo no restante do mundo. A "Humanidade" lhe parece uma "palavra vã", pois "o complexo de vida de cada nação possui características próprias". Tal constatação vale também para os modernos adversários da economia liberal, que comungam da "mesma estreiteza de vista".[22] Nesse ensaio de juventude, sobressai sua capacidade de dialogar com Platão, Schopenhauer, Freud, Oswald Spengler e Oscar Wilde, entre outros.

Com a mudança para o Rio de Janeiro, a produção de textos passa a fazer parte de sua rotina. Para se manter numa pensão na Lapa, Furtado encontra seu primeiro emprego na *Revista da Semana*, como redator auxiliar da Seção de Publicidade, e depois outro, como suplente de revisor do jornal *Correio da Manhã*.[23] Autor polivalente, o jovem estudante de Direito escreve na *Revista da Semana*, entre os anos 1941 e 1946, sobre música, cinema, artes, conjuntura política e história do Brasil. Como sugere Roberto Pereira Silva, de maneira geral são artigos curtos, sem maiores explicações socioeconômicas sobre os fenômenos estudados. Para os tópicos internacionais, há uma preocupação maior com temas de conjuntura política. Nos nacionais, predominam temas de história e crítica de arte.[24]

A aprovação, em fevereiro de 1943, no concurso para o DASP – mais precisamente no "daspinho" do estado do Rio de Janeiro –, primeiro para a posição de assistente de administração e, no ano seguinte, para técnico de administração, direciona seu olhar para novas questões e problemas. Em sua obra autobiográfica, ele afirma que o interesse do agora terceiranista do curso de Direito se encaminhava mais para temas da administração e organização. Problemática valorizada no contexto de ampliação do aparelho estatal brasileiro de criação

---

[22] D'Aguiar (2014, p. 43, 49-50).

[23] D'Aguiar (2014, p. 10).

[24] Silva (2011, p. 58-59).

de iniciativas como o Instituto de Organização Racional do Trabalho (Idort).

Trabalhando em Niterói, na Divisão de Organização e Orçamento do DASP do estado do Rio de Janeiro, Furtado leva suas reflexões para a *Revista do Serviço Público*, publicando artigos antes e depois do interregno em que esteve na Itália durante a Segunda Guerra Mundial.

Com muitas referências sobre o funcionamento da burocracia e da administração do Estado estadunidense e, inclusive, a partir da leitura de autores estrangeiros, o jovem recém-formado em Direito elabora artigos mais densos e analíticos. Aqueles mais descritivos e técnicos – como os artigos sobre a Comissão de serviço civil e sobre Administração de pessoal do governo federal estadunidense – quando usa a metáfora do *team* de *football* para descrever uma organização[25] – são publicados antes de sua ida para a Europa.

Outros mais interpretativos, em que avalia o Estado moderno brasileiro, parecem refletir, em parte, seu espanto e admiração com a organização do Exército estadunidense, mas também o conhecimento adquirido sobre a transformação da economia dos Estados Unidos nos anos 1930. No texto sobre a Teoria do Departamento de Administração Geral, dialoga com autores clássicos da administração como Frederick Taylor, *The principles os scientific management* (1911) e W. F. Willoughby, *Principles of Public Administration* (1927), e com os autores responsáveis pelas reformas das instituições estatais dos Estados Unidos durante o New Deal.[26]

---

[25] Furtado, Celso. Teoria da estrutura da organização [1946a]. In: *Anos de formação: 1938-1948*. Organização de Rosa Freire d'Aguiar. Rio de Janeiro: Contraponto; Centro Internacional Celso Furtado de Políticas para o Desenvolvimento, 2014b, p. 151.

[26] Autores e obras como: Harvey Walker, *Public Administration in the United States* (1937), A. Buck, *The reorganization of State Governments*

A reforma administrativa brasileira, iniciada pelo governo Getúlio Vargas a partir 1938 com a criação do DASP, era para Furtado "diretamente inspirada na experiência anglo-americana".[27] O conhecimento detalhado da montagem da burocracia moderna dos Estados Unidos, portanto, justificava-se no sentido de avaliar sua estrutura, indicando caminhos para a melhor racionalização do serviço público brasileiro. Para o autor, depois de dez anos do início das reformas brasileiras, vivia-se o "clima igualmente revolucionário e construtivo em que se desenvolvia a reforma administrativa no Brasil".[28]

Quando faz a análise sobre o orçamento brasileiro, agora em artigo para a revista *Economika*, reitera sua avaliação sobre os substanciais avanços da racionalização do Estado brasileiro: "A obra magnífica que em vinte e cinco anos efetuou o *Bureau* de Orçamento nos Estado Unidos, e os progressos de técnica orçamentária realizados no Brasil com a atuação do DASP, são devidos à aplicação desses princípios da moderna doutrina administrativa".[29]

Não obstante, aqui e ali, já se percebem elementos de crítica ao sistema, no sentido de seu aperfeiçoamento. Como conciliar "dois princípios opostos", a integração das funções em

---

in the United States (1938) e Schuyler Wallace, *Federal Departmentalization* (1941). Cf. Furtado, Celso. Teoria do Departamento de Administração Geral [1946b]. *In: Anos de formação: 1938-1948*. Organização de Rosa Freire d'Aguiar. Rio de Janeiro: Contraponto; Centro Internacional Celso Furtado de Políticas para o Desenvolvimento, 2014b, p. 179-183.

[27] Furtado ([1946b] 2014a, p. 192-194).

[28] Furtado ([1946b] 2014a, p. 194-195).

[29] Furtado, Celso. A elaboração do orçamento. [1946c]. *In: Anos de formação: 1938-1948*. Organização de Rosa Freire d'Aguiar. Rio de Janeiro: Contraponto; Centro Internacional Celso Furtado de Políticas para o Desenvolvimento, 2014b, p. 201.

cada nível de chefia nos vários ministérios com a uniformidade de política, no sentido de conferir uma "unidade de direção"? Para que a máquina pública não se limitasse a "trabalhos de rotina" – elaboração e execução do orçamento – ele sugere a "centralização das atividades de estudo", em paralelo a uma descentralização das "atividades executórias". A relevância desse "plano geral de estudos" tornava-se ainda mais central no contexto da "política de seleção e aperfeiçoamento do pessoal", pois "crescia o número de elementos tecnicamente treinados".[30]

Nesse mesmo texto de 1946, logo em sua introdução, antes de descrever a racionalização da burocracia, Furtado aponta seu significado político potencial. O avanço das técnicas de produção vem acompanhado de uma "democratização fundamental progressiva", alcançando um número crescente de grupos sociais. É no âmbito do Estado que se manifesta "o entrechoque de grupos sociais concorrentes", com a presença inclusive das velhas elites, cabendo ao poder público atuar como instrumento de "moderação entre forças antagônicas", inclusive cumprindo um papel dirigente.[31] Apesar de não citá-lo, esse texto é inspirado em Karl Mannheim, que exerceu forte influência sobre Furtado e os demais jovens daspianos, que iriam ocupar postos de destaque no Estado brasileiro nos anos 1950.[32]

Entre os textos produzidos antes de sua ida para o doutorado na França, sua palestra na Academia Fluminense de Letras, realizada em 1946, merece um destaque especial. "Planificação social"

---

[30] Furtado ([1946b] 2014a, p. 193-195).

[31] Furtado ([1946b] 2014a, p. 179-180).

[32] Para a importância do DASP na formação e sociabilidade dos "técnicos nacionalistas", muitos dos quais eram mannheimianos convictos, conferir: Barbosa, A. F. *O Brasil desenvolvimentista e a trajetória de Rômulo Almeida: projeto, interpretação e utopia*. São Paulo: Alameda, 2021, p. 144-158, 244-247.

é um artigo que sumariza muitos dos temas tratados por Furtado naqueles anos, além de relevar aspectos centrais de seu projeto de transformação da sociedade, que, apesar de assumir contornos específicos em cada momento histórico, encontram-se impregnados de alguns princípios basilares.[33] Reverberando a conhecida controvérsia em torno do planejamento (1944-1945), travada entre Roberto Simonsen e Eugênio Gudin no Conselho Nacional de Política Industrial e Comercial (CNPIC), Furtado reitera a posição de Simonsen ao negar a existência de uma oposição entre planificação e liberalismo.[34]

A planificação social, em suma, era o meio para lidar com a sociedade de massas, colocando as técnicas sociais para alcançar os fins, isto é, para restaurar o homem como "centro da cultura". Assim, não era suficiente adotar uma administração racionalizada, o que também ocorria nos governos autoritários. No caso do fascismo, por exemplo, tratava-se de "moldar o homem de fora para dentro", apostando nos "elementos irracionais do pensamento coletivo". Para que houvesse "o florescimento de uma cultura verdadeiramente democrática", era preciso garantir que essa técnica (o planejamento) colocasse "o interesse do povo no centro da ação política e os mecanismos governamentais ao alcance da crítica de todos".[35]

Karl Mannheim aparece sem ser mencionado diretamente – ele diz se utilizar de "expressão de um sociólogo moderno" –, mas servindo, na prática, de guia ao jovem intelectual.

---

[33] Furtado, Celso. Planificação social. [1946d]. *Anos de formação: 1938-1948*. Organização de Rosa Freire d'Aguiar. Rio de Janeiro: Contraponto; Centro Internacional Celso Furtado de Políticas para o Desenvolvimento, 2014b, p. 213 e segs.

[34] Para o debate entre Roberto Simonsen e Eugênio Gudin, cf. Simonsen, R; Gudin, E. *A controvérsia do planejamento na economia brasileira*. Rio de Janeiro: Ipea, 2010.

[35] Furtado ([1946d] 2014a, p. 214-217).

A planificação é concebida como instrumento de efetivação da "racionalidade substantiva", por meio do papel social das novas elites intelectuais (compostas pelos "técnicos"), cujo papel é fornecer os instrumentos necessários para a reconstrução das potencialidades humanas. Em síntese, "a educação política é o processo mesmo de planificação".[36]

Nessa altura, o jovem Celso Furtado está novamente de malas prontas. Paris não era sua primeira alternativa, tinha como plano inicial estudar em Londres, possivelmente na escola de economia em que se encontrava Mannheim. Mas o doutorado na Sorbonne, em Economia, seria um "instrumento para penetrar no social e no político, e avançar na compreensão da História, particularmente quando esta ainda se exibia como presente a nossos olhos".[37]

Suas leituras tinham se expandido significativamente nos últimos anos, abarcando agora autores das ciências sociais, em traduções que chegavam pela *Fondo de Cultura Económica*, em espanhol. Às três matrizes intelectuais que o influenciaram desde o ginásio – o positivismo com sua primazia da razão; Marx e o sentido da história, por meio da leitura de *História do Socialismo e das lutas sociais*, de Max Beer; e a antropologia estadunidense pela leitura de *Casa-Grande e Senzala*, de Gilberto Freyre –, somavam-se agora novos autores. Da sociologia alemã, lera Max Weber, Ferdinand Tönnies, Hans Freyer e Georg Simmel, assim como os historiadores Henri Pirenne, Werner Sombart e Henri Sée, nos últimos anos do curso de Direito.[38] Em 1946, realiza as leituras de *O capital*, de Marx, e de *Economia e sociedade*, de Weber.

Se o mergulho nas ciências sociais, aprofundado nos anos seguintes, fornece uma sólida base para sua interpretação da

---

[36] Furtado ([1946d] 2014a, p. 214-217).

[37] Furtado (2014a, p. 27).

[38] Furtado (1997).

realidade; é a partir da história e da teoria da organização que ele chega à economia.

Cabe aqui seu comentário, em tom anedótico, sobre os cursos de "Economia", que provavelmente tivera na faculdade de Direito. Os "malabarismos verbais" do professor no seu afã de transmitir a ideia de utilidade marginal – "o último pedaço de pão, o último copo d'água" [...] – lhe pareceram "jogos de espírito pueris".[39] Essa "vaga" lembrança, provavelmente atiçada por sua trajetória na contramão da economia convencional (ou neoclássica), vale a pena ser contada, pois os alunos de Economia seguem hoje na mesma toada – os compêndios são apenas mais rebuscados –, com a diferença de que dispõem do contraponto fornecido pelo seu *Formação econômica do Brasil* e obras subsequentes.

A guerra e os ares do mundo na Europa

Tendo já feito o "tiro de guerra" em João Pessoa aos 17 anos, logo após o ingresso do Brasil na Segunda Guerra Mundial junto dos Aliados, Furtado decide realizar um segundo serviço militar no Centro de Preparação de Oficiais da Reserva (CPOR) aos 22 anos. Agora seria um oficial do Exército – segundo tenente de reserva – depois de frequentar um curso de formação de dois anos (1942 a 1944).

O jovem embarca, em fevereiro de 1945, naquele que seria o quinto contingente da Força Expedicionária Brasileira (FEB). Atuaria como oficial de ligação junto à Missão Militar Americana, em virtude de seus conhecimentos de inglês.[40]

Em texto manuscrito, elaborado depois do retorno da guerra, ele oferece sua justificativa para se alistar à FEB: "não falou em mim o patriota, mas o jovem ainda aventureiro".

---

[39] Furtado (1997).

[40] D'Aguiar (2014, p. 17-19).

Mais adiante, completa: "o simples fato de que minha vida estava em jogo transplantava-me para um plano heroico de vida".[41] A guerra fora a possibilidade encontrada para observar "os ares do mundo" da Europa.

A chegada a Nápoles é descrita com riqueza de detalhes e tom emotivo: "ferviam no meu espírito dois mil anos de história". Do porto ele entrevê os edifícios destruídos, verdadeiras "carcaças vazias". O primeiro sintoma de vida – "duas pequenas de braços dados e cabelo ao vento que eu sentia que podiam ser minhas irmãs" – o remetem ao "sentimento de universalismo". Saindo do porto e querendo ver mais, ele se depara com a "tragédia das crianças famintas".[42]

Em outro texto dos "anos de formação", Furtado observa os estragos do fascismo sobre a elite (que vivera adormecida num sonho de segurança); a classe média completamente corrompida; e a massa do povo, extenuante de paixão e tomada pelo sentimento de ódio. Por fim, confronta as várias temporalidades: "o fascismo tinha 25 anos e a Itália tem 25 séculos". Insiste que sua atitude não é a de "um turista em museu arqueológico", pois se dá conta "de que a maneira mais direta de penetrar no sentido da cultura é pelo contato com as pessoas que nela estão integradas".[43]

---

[41] Furtado, Celso. A apresentação [1945-46]. *In: Anos de formação: 1938-1948.* Organização de Rosa Freire d'Aguiar. Rio de Janeiro: Contraponto; Centro Internacional Celso Furtado de Políticas para o Desenvolvimento, 2014b, p. 193-195.

[42] Furtado, Celso. A chegada a Nápoles [1946e]. *In: Anos de formação: 1938-1948.* Organização de Rosa Freire d'Aguiar. Rio de Janeiro: Contraponto; Centro Internacional Celso Furtado de Políticas para o Desenvolvimento, 2014b, p. 257-258.

[43] Furtado, Celso. O tenente da Paraíba [set-out 1945]. *In: Anos de formação: 1938-1948.* Organização de Rosa Freire d'Aguiar. Rio de Janeiro: Contraponto; Centro Internacional Celso Furtado de Políticas para o Desenvolvimento, 2014b, p. 261-264.

É isso que transparece em seu livro de contos publicado em 1946. O tenente relata experiências que vivera ou presenciara, transmutando-se em vários personagens, pois lhe importa captar o essencial do sentimento do mundo flagrado nas mais diversas ocasiões.[44] Os contos se passam em Nápoles, Livorno, Gênova, Alessandria (no Piemonte), Florença, na Riviera Francesa e em Paris, onde dorme a primeira noite num hotel perto do Jardim de Luxemburgo. Aviões e bombardeios se sucedem, os tedescos ainda aparecem aqui e acolá, os americanos caracterizam-se pela arrogância, os militares brasileiros contêm gente pobre e da elite, para não falar da presença sensual da mulher italiana em toda a parte ou da onipresente bicicleta de aluguel atravessando os trigais do norte italiano, para aqueles que não dispõem de *jeeps* e caminhões.

Nesse ambiente tecido com a segurança de quem lapida sua veia literária, surgem imagens fortes – pungentes, idílicas, indignadas ou repletas de ironia. Mas não faltam as reflexões de sabor filosófico. É o caso do conto "Um intelectual em Florença" em que o personagem não ouve "o troar do canhão", pois lhe importa "auscultar o ruir secular da civilização". Pois se esse povo não está mais integrado na cultura milenar, então todos os valores desta civilização são apenas peças de museu. Se assim for, nos diz o narrador brasileiro, "a cultura, que supomos ser a nossa, já estará morta!".[45]

Em seguida, o personagem é levado a um solar florentino no qual vive uma família da "nobreza burguesa". Ao conversar

---

[44] Numa nota explicativa do livro, o escritor indica que "os fatos narrados nestes contos são substancialmente verdadeiros". Mas como são "traços gerais, não pertencem a ninguém". Parece-nos que as experiências pessoais, presentes nos contos, contam pouco. O que interessa é sua capacidade de generalização, de transformar "fatos" em "experiências gerais" (Furtado, Celso. *De Nápoles a Paris: Contos da Vida Expedicionária*. Rio de Janeiro: Livraria Editora Zelio Valverde S.A., 1946, p. 7).

[45] Furtado (1946, p. 27-28).

em francês com uma jovem italiana da elite, pairam na cabeça dele frases de Virgílio e Dante, para então se ressentir de sua posição de "estrangeiro espiando a cultura do lado de fora", como se dotado de uma "erudição postiça". O estalo vem em seguida: "vim aqui conhecer essa gente, e conheci a mim mesmo". A frase da interlocutora serve como uma espécie de cura: "o que invejo em você é pertencer a uma raça que desperta. Para vocês o mundo e as coisas são simplesmente o mundo e as coisas. Não têm a demonstração monstruosa de dez séculos de tradição".[46]

Em carta à mãe, de maio de 1945, logo depois da vitória dos Aliados, Furtado tenta se proteger da consigna de herói, ao relatar que seu trabalho "simples e material" fora desempenhado "com cuidado". Ao fim e ao cabo, a guerra para ele teria sido "pouco mais do que uma viagem com turismo".[47] Como não tinha amigos ou livros, exercitou seu "prazer de observar", com método, transformando dados objetivos em experiências gerais.

Nosso personagem volta à Europa em 1947, quando cursa várias disciplinas na Sciences Po, até ingressar, em outubro, no doutorado em Economia da Faculdade de Direito e Ciências Econômicas da Universidade de Paris. Sua empolgação é enorme. Em setembro, ele revela em correspondência que esboça um livro com quatro estudos: o fascismo na Itália, a decomposição da ideologia burguesa na França, a crise do capitalismo inglês e os ensaios de planificação dos países do Leste Europeu. Paralelamente, adquire as obras Marx e Engels, se interessa em comprar a correspondência de

---

[46] Furtado (1946, p. 36-38).

[47] Furtado, Celso. Correspondência [1945]. In: *Anos de formação: 1938-1948*. Organização de Rosa Freire d'Aguiar. Rio de Janeiro: Contraponto; Centro Internacional Celso Furtado de Políticas para o Desenvolvimento, 2014b, p. 270-272.

ambos, além de uns trinta volumes de obras marxistas ou de críticas ao marxismo.[48] O livro não veio à luz provavelmente por falta de tempo, já que ele passa a se dedicar à tese, mas vários artigos sobre seus estudos em curso saem no Brasil durante esse período, como veremos adiante.

Nesses artigos, Furtado se coloca como um intelectual do seu tempo. Caracteriza os pensadores "que testemunharam o drama do seu gabinete" como uma "força negativa", uma "inteligência fracassada" que merece a resposta da "nova geração". Defende a "máquina", o avanço da técnica, como "a forma e o sentido da nossa cultura", sem a qual não se concebe a existência de "uma sociedade verdadeiramente democrática". Em carta de março de 1948, ele nomeia o adversário: "o existencialismo, que foi uma filosofia do desespero" e que teria virado moda no Brasil. Sua avaliação é a seguinte: "procura-se exportar porque já não tem mercado interno".[49]

Em sua reflexão sobre o fascismo italiano, três fatores são estratégicos para a compreensão do fenômeno: o totalitarismo está escudado no desenvolvimento da técnica; sua mística relaciona-se à necessidade de segurança, traço da psicologia do homem da civilização industrial; o Estado, por sua vez, adquire vida própria fora da sociedade, constituindo-se num fim em si mesmo. Já o nazismo é fenômeno de outra natureza, não apenas uma "doutrina de estabilização social", pois o complexo ideológico raça-cultura foi levado ao paroxismo. Dois elementos são essenciais para a sua compreensão: o papel que a "ideologia da cultura" adquiriu na Alemanha e a evolução truncada do capitalismo, avançando de forma diversa

---

[48] Furtado (2014a, p. 378-380).

[49] Furtado (2014a). Para os primeiros artigos de 1947, Furtado (2014a, p. 277-289). Para a correspondência de março de 1948, ver: Furtado (2014a, p. 382-383).

daqueles países em que "a Revolução Industrial seguiu o seu curso normal".[50]

O quadro mostra-se bem diferente na França e na Inglaterra, que desenvolveram junto com o capitalismo "complexos culturais dificilmente assimiláveis à ideologia do nazifascismo". Trata-se de uma análise totalizante – passível de questionamentos – mas que demonstra sua imersão na sociologia histórica.

O jovem Furtado encanta-se com as experiências de planificação da Tchecoslováquia, onde o comunismo ainda não estava formalmente instaurado em 1947, e da Iugoslávia, já sob a liderança do comunista Josip Tito desde 1944. No caso da visita a Praga, ele observa o que acontece na política e na economia, pois o país logrou nacionalizar o comércio e a indústria, mantendo uma economia pujante e assegurando a elevação dos salários. Conforme seu relato, as condições de vida do povo tcheco são superiores às observadas na maioria das nações europeias. Uma democracia que caminha para o socialismo. No entender dele, não existe "economia planificada sem socialismo",[51] tese a ser refutada mais adiante durante seus tempos de Cepal.

O caso iugoslavo é encarado como um "projeto para civilizar o país", "transformando a nação mais atrasada da Europa em um povo progressista e culto". A mobilização para o trabalho que se percebe no país – ele acompanha o processo ao participar da construção de uma via férrea na Bósnia – não se encaixa no

---

[50] Furtado, Celso. O fascismo como ideologia [1947b]. *In: Anos de formação: 1938-1948.* Organização de Rosa Freire d'Aguiar. Rio de Janeiro: Contraponto; Centro Internacional Celso Furtado de Políticas para o Desenvolvimento, 2014b, p. 303-308.

[51] Furtado, Celso. I Festival Mundial da Juventude Democrática [1947a]. *In: Anos de formação: 1938-1948.* Organização de Rosa Freire d'Aguiar. Rio de Janeiro: Contraponto; Centro Internacional Celso Furtado de Políticas para o Desenvolvimento, 2014b, 293-294, 300-302.

"comunismo", conceito muito abstrato. O principal desafio do processo é ideológico: segmentos da velha sociedade não percebem que certos juízos de valor deixam de fazer sentido, quando os mecanismos sociais passam por profunda transformação. A "coação ao trabalho" está agora alicerçada num processo de renovação das estruturas sociais, econômicas e culturais. O jovem "revolucionário" afirma categoricamente não haver "felicidade pessoal onde não há segurança e justiça social".[52]

O texto "crise econômica inglesa", resultado de sua visita à Inglaterra na primeira quinzena de setembro de 1947, pode ser considerado o primeiro texto do "economista" Furtado. Seu objetivo é descrever a "decomposição do sistema econômico inglês". Mas antes precisa explicar o porquê de a Inglaterra ter se tornado "a primeira nação industrial". Uma junção entre progresso técnico e defesa do liberalismo foi consumada para que a Inglaterra se afirmasse como a oficina do mundo, forçando a especialização das demais economias do planeta. Vivendo das importações baratas e inundando "as nações economicamente incipientes" com crédito, investimentos em infraestrutura, além de seus produtos industriais, os ingleses instauram sua hegemonia. A virada se dá no último quartel do século XIX, quando o país se descuida de suas indústrias e passa a viver dos investimentos no exterior. Esse processo se avulta durante as duas guerras mundiais. Em 1945, a antiga potência industrial torna-se uma nação devedora. A aceitação do empréstimo dos Estados Unidos significa uma "transação política", que mais se parece com uma rendição, consolidando a sua decadência.[53] Tudo indica que ele já se encontra pronto para passar pelo forno cepalino.

---

[52] Furtado (2014b, p. 309, 312 e 325-326). Os textos foram publicados, respectivamente, na revista *Panfleto* e na *Revista da Semana*.

[53] Furtado, Celso. A crise econômica inglesa [1948a]. *In: Anos de formação: 1938-1948*. Organização de Rosa Freire d'Aguiar. Rio de Janeiro:

A análise dos dilemas da política francesa aparece em dois artigos publicados no Brasil ao final de 1948. Depois de acompanhar "as vacilações da política financeira" do país, durante os gabinetes socialistas de 1946 e 1947, ele resume a situação dessa maneira: um país que foi empobrecido pela guerra, teve seus ativos no exterior liquidados e os capitais fixos dentro do país destruídos. As medidas de política econômica têm adiado a reconstrução nacional ao penalizarem as classes assalariadas. Em que medida a "a velha civilização francesa" resistirá a "uma revolução que parece cada dia mais inevitável"? Esta "civilização das elites" precisa ser "reformada nos seus alicerces", "uma transformação de estrutura" se faz necessária se quiser voltar a florescer,[54] conclui o então recém-doutor em Economia.

Em suma, suas viagens e vivências estiveram acompanhadas de um olhar aguçado sobre as transformações em curso na Europa. A partir da Tchecoslováquia, absorve uma experiência da planificação local, tecendo comentários positivos sobre o espírito de trabalho "organizado em bases racionais" e a nacionalização da economia. Tudo isso por meio de um Estado em que a produção e a distribuição da riqueza eram racionalizadas para atender aos objetivos de reconstrução da economia, sem o comprometimento da democracia.[55] Na Iugoslávia admira a "mobilização do povo" para "civilizar" o país, superando o

---

Contraponto; Centro Internacional Celso Furtado de Políticas para o Desenvolvimento, 2014b, p. 331-334, 337-340. O texto é publicado em *O Observador Econômico e Financeiro* em janeiro de 1948.

[54] Furtado, Celso. Tournant decisivo na França [1948c]. In: *Anos de formação: 1938-1948*. Organização de Rosa Freire d'Aguiar. Rio de Janeiro: Contraponto; Centro Internacional Celso Furtado de Políticas para o Desenvolvimento, 2014b, p. 336-371, 374. Texto publicado na *Revista da Semana* em dezembro de 1948.

[55] Furtado ([1947b] 2014b, p. 302).

atraso material e cultural. A guerra unificou seu povo no intuito de traçar objetivos na transformação de sua economia, de levar educação a sua população.[56] De Londres, Furtado sistematiza sua avaliação sobre a crise econômica inglesa, texto publicado no Brasil no periódico *O Observador Econômico e Financeiro*. Ao destacar o caráter do déficit no balanço de pagamentos inglês, mostra como a pioneira potência da Revolução Industrial cedia espaço para os Estados Unidos como a principal liderança econômica do pós-Guerra.[57]

Sua atitude fortemente antielitista – é uma das marcas desse período. Numa recepção da embaixada brasileira em Londres, ele se refere à "população de brasileiros vadios e grã-finos" que aí vivem. No navio de regresso ao Brasil, ele viaja numa cabine de terceira classe com imigrantes *déplacées* buscando a sorte na América Latina. Descobre neles "um resto dignidade humana, alheia aos pobres de espírito que povoam o salão da primeira classe".[58]

Paris: a história e as ciências sociais para análise do presente

Por participar da fase final da Segunda Guerra Mundial, Celso Furtado teve autorização para percorrer alguns museus a céu aberto, como as cidades de Pompeia, Florença, Roma e Paris. Os "ares do mundo" europeu tinham deixado marcas profundas no jovem Furtado. Seu desejo era voltar ao velho mundo, que no ambiente do pós-guerra, lhe permitiria vivenciar a

---

[56] Furtado, Celso. Na Iugoslávia [1947c]. *In: Anos de formação: 1938-1948*. Organização de Rosa Freire d'Aguiar. Rio de Janeiro: Contraponto; Centro Internacional Celso Furtado de Políticas para o Desenvolvimento, 2014b, p. 309.

[57] Furtado ([1948a] 2014b, p. 338-339).

[58] Furtado ([1947-1948] 2014b, p. 379, 385-386).

reconstrução europeia como um "laboratório social".[59] Como descreve Furtado, em suas memórias,

> Tomara a decisão de voltar à Europa, fascinado pelo inusitado da cena social e humana que aí se armara, certamente sem precedentes, por sua amplitude e complexidade, na história dos homens. [...] Enfim, o mundo de minha geração seria moldado pelas forças que viessem a prevalecer no processo de reconstrução da Europa, em particular da Europa Ocidental.[60]

Celso Furtado chegou em Paris em janeiro de 1947. Inicialmente, matriculou-se no Instituto de Ciências Políticas (Sciences Po) para cursar algumas matérias como ouvinte: História do Socialismo, com o historiador comunista Jean Baby; Marxismo, com o filósofo marxista Auguste Cornu; História dos fatos econômicos, com o professor Charles Morazé; e Princípios Econômicos e Políticos, com o professor Jacques Rueff.[61] O doutorado na Sorbonne teria início somente no segundo semestre, sob orientação do economista Maurice Byé,[62] que se considerava um discípulo de François Perroux.[63]

---

[59] Furtado (2014, p. 28).

[60] Furtado (2014, p. 25-26).

[61] Furtado (2019, p. 89).

[62] Maurice Byé (1905-1968), professor da Universidade de Paris, tendo sido membro do Conselho Econômico e Social francês. Sua tese de doutorado sobre a função econômica do porto de Gênova e uma perspectiva de análise do comércio internacional foram de importante influência para a tese de Furtado.

[63] François Perroux (1903-1987), professor da Universidade de Paris e fundador do Instituto de Ciências Econômicas Aplicadas (1944), tornou-se amplamente reconhecido por sua teoria dos polos de crescimento. Em 1935, foi o responsável pela tradução para o francês de *Teoria do desenvolvimento econômico*, de Joseph Schumpeter.

A defesa da tese foi realizada em junho de 1948, apenas um ano após sua matrícula na Sorbonne. Um ano intenso e dedicado ao cumprimento dos créditos de quatro cadeiras vinculadas diretamente às temáticas econômicas – com disciplinas em economia política, história do pensamento econômico, economia social comparada e estatística econômica – e à redação da tese. Os estudos não o impedem de aproveitar a vida cultural e intelectual de Paris, de passar o verão de 1947 no I Festival Mundial da Juventude Democrática, em Praga, ou de participar da brigada internacional na construção de uma estrada de ferro na Bósnia.[64]

Em Paris, para a elaboração da tese, a primeira intenção de Celso Furtado era estudar os desequilíbrios externos da economia brasileira no pós-guerra. A reconstrução do comércio internacional no pós-guerra era um dos atraentes temas do período e a economia passava a orbitar cada dia mais os interesses de Furtado. No Brasil, os dois primeiros anos do governo Dutra foram marcados pela abrupta elevação das importações, resultando no esgotamento das reservas cambiais conversíveis nacionais. A falta de dados abortou sua proposta. Ele não deixa, contudo, de escrever um texto analítico sobre a criação do Acordo Geral de Tarifas e Comércio (GATT) e os impactos sobre a economia brasileira, com foco específico na política de licença prévia.[65]

Na busca de um novo tema para a sua pesquisa, encontrou, na biblioteca brasiliana do Museu do Homem, uma "belíssima" coleção de livros sobre o Brasil. Livros e documentos que retratavam a economia colonial brasileira. Achara o material

---

[64] D'Aguiar (2014, p. 26).

[65] Furtado, Celso. Os acordos de Genebra e a política de licença prévia [1948b]. *In: Anos de formação: 1938-1948*. Organização de Rosa Freire d'Aguiar. Rio de Janeiro: Contraponto; Centro Internacional Celso Furtado de Políticas para o Desenvolvimento, 2014b. O texto é publicado em *O Mês Econômico e Financeiro* em novembro de 1948.

para a sua tese, cuja proposta foi acolhida por seu orientador, com a condição de que o estudo estabelecesse uma perspectiva comparativa com a produção do açúcar nas Américas. A descoberta das fontes teria sido apenas um acaso na trajetória intelectual de Furtado? Difícil responder, mas a escolha do novo tema abriu uma porta que lhe permitiu construir um sólido edifício interpretativo: "Minha visão internacional da formação da economia brasileira começou com esse exercício".[66]

Mesmo que o objeto da tese, a economia colonial brasileira, voltasse seus olhos para os séculos XVI e XVII, a preocupação de Celso Furtado ainda era se valer do estudo para compreender os "atavismos" de seu país. As páginas iniciais do livro oferecem uma breve descrição das fontes. Celso Furtado destaca que, naquela oportunidade, os estudos de história econômica "não despertavam maiores cuidados" no país. Os documentos históricos sobre a sociedade colonial vinham sendo, nas duas décadas anteriores, trabalhados mais efetivamente por antropólogos e sociólogos.[67] Assim, apresenta um arrolamento de suas fontes primárias, confirmando a rica brasiliana existente no Museu do Homem, com obras dos séculos XVI e XVII, entre elas o livro de André Thevet, *Les singularitez de la France Antarctique* (1558), a obra anônima *Diálogos das grandezas do Brasil* (1618) e *Cultura e opulência do Brasil* de Antonil (1711). A obra de Antonil, para o autor, era o "mais complexo trabalho descritivo de fatos da vida econômica de todo o período colonial", "insubstituível no estudo da economia do Brasil colonial".[68]

Entre as referências secundárias, Celso Furtado destaca a obra de Gilberto Freyre, *Casa-Grande e Senzala,* como o mais

---

[66] Furtado (2014b, p. 37).

[67] Furtado, Celso. *Economia colonial no Brasil nos séculos XVI e XVII.* São Paulo: Editora Hucitec/ABPHE, 2001, p. 13.

[68] Furtado (2001, p. 18-19).

complexo estudo do patriarcado brasileiro; *História econômica do Brasil*, de Roberto Simonsen, foi referência para confrontar a tese apoiada pelo Partido Comunista de existência de feudalismo no Brasil; *Formação do Brasil contemporâneo*, de Caio Prado Jr., por sua vez, era leitura central para tratar "a monocultura como fundamento da organização econômica colonial brasileira"; e, finalmente, entre as referências estrangeiras, as obras de Henri Pirenne e António Sérgio se mostraram decisivas para a compreensão dos antecedentes da colonização e do pioneirismo português na era dos descobrimentos.[69]

Economia colonial no Brasil nos séculos XVI e XVII[70] está dividido em três partes: "Antecedentes portugueses da colonização do Brasil"; "A formação da colônia"; e "Atavismos coloniais do Brasil atual". Celso Furtado justifica, na apresentação do livro publicado em 2001, que o estudo sobre a economia colonial funcionava como instrumento para "conhecer melhor nossa formação, os ingredientes de nossa cultura". Reconhecia que a matriz patrimonial e escravista, base da formação do Brasil, continuava presente na configuração da sociedade e da complexa realidade brasilcira do Pós-Segunda Guerra Mundial.[71]

Sua narrativa sobre o passado colonial brasileiro está sintonizada com a revolução historiográfica em curso na França

---

[69] Furtado (2001, p. 14 e 20).

[70] Defendida em 1948, na Sorbonne, a tese de doutorado de Celso Furtado, *L'économie coloniale brésilienne (XVIe et XVIIe siècles): élements d'Historie Économique appliqués à l'analyse de problemes économiques et sociaux modernes*, ganhou sua publicação somente no ano de 2001. A partir do manuscrito original do trabalho em português, guardado pelo autor, a tese foi publicada com apoio da Associação Brasileira de Pesquisadores em História Econômica, quase cinquenta anos depois de sua defesa, recebendo o título *Economia colonial no Brasil nos séculos XVI e XVII*. Até então, sua consulta era possível somente por meio do original depositado na universidade francesa.

[71] Furtado (2001, p. 6).

produzida pela revista dos *Annales*. Diferentemente da historiografia representada pelo Instituto Histórico Geográfico Brasileiro (IHGB), centrada na valorização das influências individuais, do arrolamento dos fatos e da cultura livresca,[72] a tese parte do confronto do método histórico com as ciências sociais. O subtítulo sintetiza o intento de Furtado: "Elementos de história econômica aplicados à análise de problemas econômicos e sociais". Essa é a forma encontrada para captar os problemas do presente com sua pesquisa a partir do passado.[73] Portanto, uma história-problema conforme a perspectiva dos *Annales*.

Como o próprio autor ressalta na publicação do livro cinco décadas depois, a pesquisa do doutorado teve papel central na sua leitura sobre a formação econômica do país e no papel jogado pelos determinantes de longa duração sobre a dinâmica da sociedade contemporânea. Nas palavras do autor: "Foi a elaboração desta tese de doutorado defendida na Sorbonne em 1948 que me levou a descobrir a importância da análise econômica para apreender a lógica da realidade social de países – caso do Brasil – que se originaram de operações comerciais".[74]

A expansão comercial surge como variável decisiva para a compreensão da formação da economia e sociedade brasileiras, seguindo a noção de sentido da colonização de Caio Prado Jr. Valendo-se de expressões sobre a exploração do Brasil

---

[72] A crítica feita aos 18 anos parece ser endereçada à tradição do Instituto Histórico e Geográfico Brasileiro. Sua disposição, em registro de 20 de agosto de 1938, de priorizar a narrativa da coletividade parece se aproximar da originalidade de Capistrano de Abreu. Cf. Furtado (2019, p. 48).

[73] Para o tema da história na obra de Celso Furtado, cf.: Silva, R. P. A história vista pelas lentes das ciências sociais: uma interpretação de Economia colonial brasileira nos séculos XVI e XVII, de Celso Furtado. *Revista do Instituto de Estudos Brasileiros*, n. 78, abr. 2021, p. 206-222.

[74] Furtado (2001, p. 5).

como um "empreendimento comercial", conclui: "O sentido de empresa comercial dirigida pelo Estado se conservará bem marcado. Esse sentido, que será o da evolução econômica da Colônia, presidirá a formação da sociedade brasileira".[75] Assim como Caio Prado Jr., Celso Furtado também recorre ao economista francês Leroy-Beaulieu e suas categorias sobre sistemas de colonização (colônias de exploração *versus* colônias de povoamento). Essas categorias permitem ao autor se valer do método comparativo – presente na segunda parte da tese – para contrapor a colonização do Brasil com a das Antilhas e a dos Estados Unidos.

Essas ideias estão especialmente presentes na segunda parte do livro, "A formação da colônia", quando se dedica à compreensão de como as formas econômicas da colonização no Brasil acabaram por definir a estrutura da sociedade colonial. As fontes primárias arroladas pelo autor – os relatos de viajantes e cronistas – são fartamente usadas nessa parte do trabalho para descrever as atividades econômicas e as características da sociedade. A concepção interpretativa da dinâmica colonial, por seu turno, nos remete ao argumento de Roberto Simonsen de ciclos econômicos. *História econômica do Brasil*, portanto, oferece mais do que alguns dados econômicos para apresentar a economia colonial, pois indica para Furtado um percurso para compreender a dinâmica exógena e mercantil do sistema colonial.[76]

---

[75] Vale dizer que Caio Prado Jr. não está referenciado nesta parte inicial da tese, mas a presença da noção do "sentido da colonização" presente na introdução de *Formação do Brasil contemporâneo* é inegável. Ver: Furtado (2001, p. 39).

[76] Valendo-se dos argumentos de Roberto Simonsen, Celso Furtado atacará as teses sobre a existência de feudalismo no Brasil, presente em autores como Capistrano de Abreu e Nestor Duarte. Ver: Furtado (2001, p. 79-86).

A partir do modelo de colonização portuguesa no Brasil e da dinâmica mercantil definindo os ciclos econômicos, Furtado indica as bases da estrutura econômica que será estabelecida no Brasil colonial: "a grande plantação e a monocultura são dois aspectos de uma mesma coisa". Discutindo os aspectos fundadores da economia da colônia com Caio Prado Jr., Furtado reitera que a colonização nos trópicos exigia grandes somas de capitais e, consequentemente, dependia de empreendimentos com elevado valor comercial. O resultado foi a eliminação de "toda e qualquer outra atividade econômica".[77]

As páginas finais da parte "A formação da colônia" são dedicadas à descrição da sociedade colonial. Nesse momento, o diálogo com Gilberto Freyre é bastante presente, especialmente no que se refere à estrutura social patriarcal da sociedade. Mas, como ressalta Roberto Pereira da Silva,[78] ainda que reproduzindo a ideia de uma "valorização do mestiço no Brasil", como Gilberto Freyre, no que diz respeito ao caráter da sociedade colonial, as lentes de Celso Furtado encontram-se mais alinhadas com a visão de Caio Prado Jr.: a monocultura exportadora é o centro da explicação para a adoção do trabalho escravo africano e para a formação da estrutura patriarcal. Se para Freyre, as causas eram a reduzida população portuguesa e a necessidade de garantir uma produção comercialmente lucrativa; para Caio Prado Jr., o privatismo e a grande propriedade isolada estruturam a *plantation* como a "célula social", segundo sua definição de "célula orgânica da sociedade colonial".[79]

Outro autor de decisiva importância para o argumento de *Economia colonial no Brasil* é o historiador belga Henri

---

[77] Furtado (2001, p. 118-120).

[78] Silva (2011, p. 214-216).

[79] Furtado (2001, p. 132-133).

Pirenne, autor que antecipa as perspectivas metodológicas dos *Annales* ao oferecer uma análise sobre o feudalismo por meio da ênfase dos fatores econômicos e sociais. Seus trabalhos foram importantes para Furtado compreender a especificidade da formação do Estado português. Para a interpretação de Pirenne, o fechamento do comércio europeu de longa distância sufocou a dinâmica econômica da sociedade, produzindo o retorno para um sistema agrário fechado, em que a aristocracia agrária assume o controle do poder.

Em Portugal, por meio do contraste, Furtado chega à conclusão de que a burguesia comercial conseguiu preservar sua posição na sociedade, fosse pela manutenção das atividades mercantis nas cidades portuárias, fosse pela oposição a Castela, explicando o caráter pioneiro de unificação do Estado português. Essa análise sobre a dinâmica que opõe classes sociais aristocráticas e burguesas e produz o movimento de transformação dos países europeus na crise do feudalismo, retorna nas páginas finais do trabalho, para compreender o caráter conservador da economia e sociedade brasileira. No Brasil, inexistindo a oposição entre latifundiários e os beneficiários do comércio açucareiro, a aristocracia monocultora impede a modernização das atividades econômicas, preservando o caráter da economia por séculos.

Ao dialogar com o pensamento social brasileiro e a renovada historiografia europeia, Celso Furtado mobiliza o método histórico para avaliar a constituição da economia colonial brasileira, assim como a presença dos "Atavismos coloniais no Brasil atual", parte final de sua tese. Interessante perceber que, apesar de sua análise sobre a evolução da economia nacional ter sido substancialmente redefinida em *Formação econômica do Brasil*, conforme o autor nos alerta em sua apresentação, sua reflexão produzida em 1948 já incorpora a dimensão do passado como decisiva para a análise da conjuntura.

Os quatro atavismos coloniais – o sentido da economia (voltada para o comércio externo), a persistência da monocultura, o atraso técnico e o domínio patriarcal – eram características presentes nas imagens da sociedade nordestina captadas desde a infância de Celso Furtado.

Escudando-se em Pirenne, "para quem existe correlação entre os períodos da história social do capitalismo e a formação de novas elites dirigentes", ele percebe a permanência de "unidades de produção ossificadas". Portanto, no caso brasileiro, as elites persistem por muito tempo depois de desaparecida sua fonte de riqueza. Isso porque a agricultura segue sob a responsabilidade dos antigos senhores de engenho, enquanto a atividade industrial fica centralizada nas usinas, numa espécie de "solução conciliadora". Não menos importante é o registro da devastação florestal do litoral nordestino durante a colonização, alterando profundamente o regime pluviométrico da região sertaneja.[80]

Ressalte-se ainda ao forte tom político da terceira parte. Recorrendo à distinção cunhada por Caio Prado Jr. entre grande lavoura de exportação e pequena lavoura de subsistência, ele nos diz em 1948 que, ainda "hoje", a agricultura voltada ao mercado interno permanece como um "setor amorfo", não tendo sido incorporada à economia nacional como um elemento dinâmico. A solução – que aparece numa tese acadêmica – é "a entrega da terra para quem nela trabalha", livrando-se assim do peso que representa "o latifundiário rentista".[81]

Quase dez anos antes da publicação de sua obra clássica, *Formação econômica do Brasil*, Celso Furtado iniciava sua interpretação sobre o Brasil com a defesa de sua tese de doutorado. Traços de continuidade entre as duas obras

---

[80] Furtado (2001, p. 20, 148-150, 155-156).
[81] Furtado (2001, p. 158, 162-163).

são evidentes, como o próprio autor afirma: "O estudo da economia colonial brasileira veio a ser a primeira parte da reflexão mais abrangente que publiquei dez anos depois sob o título de *Formação econômica do Brasil*".[82] Não obstante, a história econômica que conduz a interpretação de *Economia colonial no Brasil* ainda não incorporava os conceitos e sua operacionalização por meio do método histórico-estrutural para compreender a dinâmica da economia brasileira. Sem abandonar a história como instrumento de análise da realidade, o economista Celso Furtado precisaria concluir a sua formação nos anos seguintes, para que a *Formação*, o livro, pudesse vir à luz.

---
[82] Furtado (2001, p. 6).

A aventura da Cepal
(1948-1958)

> *Não havia antecedente de uma escola de pensamento surgida na América Latina, menos ainda com influência tão profunda e duradoura. Isso foi possível graças às excepcionais qualidades de entusiasmo, criatividade e competência que reunia a sua pessoa.*
> Carta de Celso Furtado a Raúl Prebisch,
> 30 de janeiro de 1986.[83]

Com o fim da Segunda Guerra Mundial, abre-se um novo ciclo histórico. Se o período entreguerras (1914-1945) foi marcado pela crise econômica de 1929, pela ascensão do nazifascismo e pela adoção do protecionismo e de políticas estatais de defesa do mercado interno nos Estados Unidos e nos demais países da Europa Ocidental – como também na União Soviética dos planos quinquenais –, o quadro agora se mostra substancialmente diferente.

---

[83] Furtado, Celso. *Correspondência intelectual: 1949-2004.* Organização de Rosa Freire d'Aguiar. São Paulo: Companhia das Letras, 2021. p. 401-402. Essa citação encontra-se na carta escrita por Celso Furtado a Raúl Prebisch, depois de este lhe ter agradecido pelo envio do exemplar de *A Fantasia Organizada*, lançado em 1985. Na carta anterior, o economista argentino elogia o livro de Furtado por descrever, "com notável poder de análise", a experiência partilhada na CEPAL, marcada pelo "entusiasmo criador". A carta do economista brasileiro é enviada três meses antes da morte de Prebisch, portanto a tempo de ter sido lida por ele.

Na sequência da criação da Organização das Nações Unidas (ONU), em 1945, e das novas entidades econômicas multilaterais surgidas na reunião Bretton Woods, Fundo Monetário Internacional (FMI) e Banco Mundial, às quais se agregaria o GATT em 1947, os Estados Unidos procuram exercer sua hegemonia no sistema internacional. O confronto entre as duas potências econômicas e ideológicas é acirrado no pós-1945, na medida em que disputam a ampliação da influência sobre os recém-nomeados países do Terceiro Mundo. A Guerra Fria instala-se de vez nos anos 1950, em virtude dos conflitos asiáticos, até esquentar novamente no início dos anos 1960, na sequência da Revolução Cubana e da Crise dos Mísseis de 1962.

Esse reposicionamento da estrutura de poder internacional vai repercutir sobre a América Latina e o Brasil. Se os Estados Unidos, num primeiro momento, lançam o Plano Marshall para financiar a recuperação dos países da Europa Ocidental; no caso dos países latino-americanos, especialmente o Brasil, que haviam se somado aos países aliados no esforço de guerra, cria-se a expectativa de uma participação mais efetiva na nova ordem internacional.

É nesse contexto que surge a ideia de criação de comissões econômicas regionais, primeiro para a Europa e Ásia,[84] e depois para a América Latina. Os Estados Unidos relutam em apoiar a criação da Cepal, na medida em que querem exercer seu poder no âmbito de uma organização, também recém-criada em 1948, a Organização dos Estados Americanos (OEA), em que possuem assento e liderança. Tal como indicado na Doutrina Truman, no chamado ponto IV, trata-se de oferecer capacitação técnica e estimular o afluxo de capitais para a região.

---

[84] Foram criadas inicialmente a Comissão Econômica para a Europa (Economic Comission for Europe – ECE) e a Comissão Econômica para a Ásia e o Extremo Oriente (Economic Comission for Asia and Far East – ECAFE).

Portanto, a Cepal é criada em 1948, sem muita pompa e circunstância, contando com a desconfiança dos Estados Unidos, que lhe concedem três anos para dizer a que veio, período após o qual se decidiria sobre sua continuidade.

É importante que se diga de antemão que a Cepal foi a única das comissões regionais da ONU a exercer um trabalho original de pesquisa econômica e consultoria a seus governos. Trouxe inovações para o conhecimento da realidade de seus países e ofereceu recomendações concretas de políticas para o enfrentamento dos novos desafios colocados pela ordem mundial emergente.

Vários fatores podem ajudar a entender a especificidade da América Latina. Em primeiro lugar, suas economias já estavam se industrializando. Em segundo lugar, esses países pareciam mais protegidos, ao menos num primeiro momento, do clima da Guerra Fria, além de serem menos heterogêneos entre si se os compararmos com os países da Ásia e da África. Paralelamente, havia um conhecimento, ainda que concentrado em alguns intelectuais e economistas que circulavam nos espaços internacionais e conheciam as novas ideias econômicas influenciadas pelo economista inglês John Maynard Keynes. Por último, sobressaindo entre esses quadros, havia Raúl Prebisch, o único economista latino-americano de renome internacional.

Foi nesse ambiente que Celso Furtado se tornou efetivamente um economista. Mas um economista peculiar que logra trazer para os conceitos dessa ciência a dimensão do tempo e a multiplicidade do real. Neste capítulo, recuperamos as principais teses da Cepal e a participação decisiva de Furtado na renovação do pensamento econômico latino-americano, até o momento em que ele decide seguir seu próprio caminho.

Raúl Prebisch e a Cepal

Raúl Prebisch destacava-se menos por suas ideias do que por sua trajetória no Estado argentino, criando instituições e formando equipes de análise econômica para embasar as políticas públicas. Passara pelos Ministérios da Fazenda e da Agricultura, pelo Departamento Nacional de Estatísticas, até se tornar diretor do Banco de la Nación, em 1927, e gerente-geral do Banco Central argentino, em 1935.

Se no início de sua carreira, nos anos 1920, chega a trabalhar para a Sociedade Rural Argentina e defender o livre comércio, os anos 1930 lhe vão apresentar outra realidade histórica. Prebisch participa das negociações entre a Argentina e a Inglaterra que levam à assinatura do Tratado Roca-Runciman, quando percebe que seu país não tinha nenhuma margem de manobra. A teoria econômica convencional parecia de pouco valor, especialmente num contexto de protecionismo dos países ricos.

Por outro lado, na sequência da crise de 1929, Prebisch percebe que a única saída para a Argentina – a mais industrializada das economias latino-americanas – é dar continuidade à industrialização voltada para o mercado interno e com políticas de estímulo acionadas pelo Estado. Simultaneamente, procura reduzir a dependência com a Inglaterra e se aproximar dos Estados Unidos.

No período peronista, de 1943 em diante, Prebisch perde espaço na formulação da política econômica argentina e retoma o cargo de professor de economia política na Universidade de Buenos Aires. Nesse período, atua como consultor de vários governos latino-americanos, como o México, Paraguai, Guatemala e Venezuela, além de circular por vários países da região, participando de palestras e seminários. Em 1947, publica o livro de *Introdução a Keynes*, que serve como um manual de síntese dos conceitos do economista que então protagoniza uma revolução no pensamento econômico ocidental.

Desde o início dos anos 1940, o economista escreve livros e textos de pequena repercussão, quando aponta para as diferenças de comportamento entre centro e periferia no contexto pós-crise de 1929. Ele é respeitado, inclusive no Brasil, pelos economistas da vertente liberal, Eugênio Gudin e Octavio Gouvêa de Bulhões, pelo seu êxito na criação do Banco Central argentino, algo que esses economistas queriam replicar para o caso brasileiro.

Em 1948, definitivamente alijado do governo argentino, já se encontra de malas prontas para Washington, para se tornar assessor econômico do diretor-geral do FMI. Depois de sofrer veto a seu nome pelos governos argentino, brasileiro e estadunidense, acaba aceitando com certa indiferença o cargo que lhe oferecem: consultor da recém-criada Cepal. Nada permitia indicar que estaria prestes a liderar um esforço de renovação do pensamento econômico onde menos podia se esperar: a América Latina, encarada como quintal dos Estados Unidos.

Quando chega a Santiago, em março de 1949, já se depara com o desafio de produzir, com sua diminuta equipe – Furtado entre eles –, um documento sobre a "evolução econômica da América Latina" e um texto sintético com o intuito de conferir um estatuto de autonomia teórica à Cepal, cravando a sigla na estrutura das Nações Unidas. Ambos os textos foram apresentados na Conferência de Havana em junho de 1949.

O texto sintético de 55 páginas ficaria conhecido na literatura econômica como o "Manifesto Latino-Americano". Com nome sóbrio, *O desafio econômico da América Latina e seus principais problemas*, o texto conferiu o estatuto de autonomia teórica de que precisava a instituição. Prebisch não queria algo técnico em demasia, pois o objetivo era realmente trazer uma mensagem otimista, no sentido de que novos problemas precisavam de novos diagnósticos e, por sua vez, de novas políticas. Conforme o relato de Edgar Dosman,[85] o biógrafo de Prebisch,

---

[85] Dosman, Edgar. *Raúl Prebisch (1901-1986): a construção da América Latina e do Terceiro Mundo*. Rio de Janeiro: Contraponto; CICEF, 2011. p. 280-283.

a última versão foi totalmente reescrita tendo o economista nela se debruçado por três dias e três noites. O esforço valeu a pena, trazendo sua consagração durante a 2ª Sessão da Cepal, em Havana, para a insatisfação da delegação dos Estados Unidos, chefiada pelo embaixador do país em El Salvador.

O segredo do texto estava sua linguagem direta. Empiricamente embasado, apresentava os problemas vivenciados pela região, e a insuficiência da teoria econômica convencional, caracterizada pela "falsa universalidade" para lidar com eles. De quebra, apresentava outros horizontes para a atuação dos governos. Se não postulava uma teoria alternativa, atacava os resultados da divisão internacional do trabalho: "A realidade está destruindo na América Latina aquele velho sistema de divisão internacional do trabalho [...] que seguia prevalecendo doutrinariamente até há pouco tempo". O tom ponderado, e nada arrogante, indicava um longo caminho de pesquisa empírica. Nada de verdades absolutas, postando-se, assim, de maneira coerente com a crítica realizada ao edifício da ciência econômica abstrata.

Apesar dos ataques que viria a receber de todos os lados, o manifesto era tudo menos radical. Defendia a industrialização da região, ressalvando que a indústria deveria avançar em consonância com a agricultura, de modo a elevar seus ganhos de produtividade, ampliando as exportações e a produção para o mercado interno. Tampouco era anticomércio e nem acusava o imperialismo, conceito tão ao gosto da esquerda. O que havia era uma fissura estrutural na economia internacional, fundada na dualidade entre centro e periferia.

Isso era cuidadosamente demonstrado pela tendência histórica de deterioração dos termos de troca entre a periferia produtora de matérias-primas e o centro de onde vinham as exportações industriais. Como os preços das primeiras tendiam a cair, ao contrário dos preços das manufaturas, os frutos do progresso técnico concentravam-se no centro sob a forma de maiores lucros e salários, enquanto os aumentos da produtividade da periferia transformavam-se em custos mais baixos para os países do centro.[86]

Portanto, os países do centro ganhavam duas vezes. Concentravam assim progresso técnico, permitindo maior diversificação de suas estruturas produtivas e elevação dos investimentos, do emprego e da renda. Isso só acontecia na periferia nos momentos de auge internacional, tal como no final do século XIX, com a diferença que os lucros se concentravam nas mãos dos exportadores, pouco se irradiando para o restante das economias, com algumas poucas exceções.

Um fato novo cumpria papel estratégico no diagnóstico das potencialidades de desenvolvimento dos países da América Latina. O novo centro dinâmico, os Estados Unidos – diferentemente da Inglaterra do século anterior – não eram importadores de produtores primários, em virtude de possuírem uma agricultura robusta. Em termos cepalinos, o menor coeficiente de importação dos Estados Unidos, contribuía para rebaixar ainda mais os preços das matérias-primas no longo prazo. Conclusão óbvia: impossibilitados de adquirir bens industriais com divisas cada vez mais escassas, os países da periferia precisavam se industrializar.

Na verdade, era o que já ocorria desde a crise de 1929, mas de forma espontânea, sem conhecimento da realidade, e sem políticas adequadas de orientação dos investimentos. O documento marcava posição, já se antecipando a seus detratores, ao mencionar que, na América Latina, as ideologias antiquadas sobrevivem mesmo quando os fatos contradizem suas premissas.[87] Um ataque sem luva de pelica à teoria das van-

---

[86] Prebisch, Raúl. El desarrollo económico de la América Latina y algunos de sus principales problemas. Bielschowsky, Ricardo. *Cincuenta años de pensamiento de la CEPAL: textos seleccionados*, v. 1. Santiago: CEPAL, 1998.

[87] Prebisch (1998, p. 65).

tagens comparativas, que não encontrava respaldo na realidade concreta, nem mesmo nos Estados Unidos.

Ao contrário das generalizações dogmáticas – que davam o tom do ensino de economia nas principais universidades –, o texto é contundente ao apontar o caminho a seguir. O processo de acumulação de capital, puxado pela industrialização com o planejamento eficiente do Estado, é a condição para o aumento do nível de vida da população latino-americana. Obviamente que a produtividade da indústria na periferia seria inferior à do centro, num primeiro momento. Entretanto, o que importava era que a expansão industrial aumentava a ocupação de trabalhadores desalojados da produção primária ou mal remunerados no setor de serviços, elevando assim a produtividade da economia como um todo.[88]

Não se tratava de promulgar o nirvana da industrialização, até porque esta trazia novos dilemas no contexto da nova divisão internacional do trabalho. A Cepal se dedicaria nos anos seguintes a aprofundar a análise dos novos desequilíbrios: balanço de pagamentos deficitário, inflação, desequilíbrios regionais, tendência ao subemprego, concentração de renda e desníveis de produtividade entre campo e cidade. Para isso, liderado por Prebisch e contando com o trabalho dos jovens economistas, a Cepal começaria a desvendar a economia da América Latina, por meio da sistematização de séries de população, de produção agrícola e industrial, do *quantum* e preços de exportação e importação e da elaboração de estimativas das rendas nacionais.[89]

Mas uma coisa estava certa: havia mudado o vocabulário latino-americano. Os economistas inventaram uma região para chamar de sua antes que chegassem Gabriel Garcia Márquez,

---

[88] Prebisch (1998, p. 66-67, 70-71).
[89] Furtado ([1997] 2014, p. 75).

Julio Cortázar e Alejo Carpentier com o realismo fantástico da literatura latino-americana.

Depois da tensão na reunião de Havana, Prebisch assume de vez a liderança da Cepal, quando passa de consultor a secretário executivo da instituição em junho de 1950. O teste definitivo viria em 1951, na 3ª Sessão da entidade no México, que selaria seu futuro. Apesar da pressão dos Estados Unidos, e graças ao voto de minerva do Brasil, a instituição poderia agora ganhar vida própria.

Vencida a batalha no México, Prebisch passa a exercer sua capacidade diplomática junto aos centros de poder da ONU, Nova York e Genebra, e seu poder de mobilização junto aos jovens quadros da instituição latino-americana empolgados por um sentido de missão. Contando agora com recursos orçamentários definidos, a Cepal tem sua equipe ampliada e cria o Programa de Treinamento em Problemas do Desenvolvimento Econômico.

No início dos anos 1950, as atividades da Cepal poderiam ser divididas em duas frentes:

(1) Elaboração dos estudos econômicos latino-americanos anuais, envolvendo a compilação das estatísticas disponíveis para os países da região – o que não era pouco naquele momento em que vários deles ainda não dispunham de indicadores básicos das contas nacionais –, além de análises setoriais e nacionais;

(2) Realização de atividades de assessoria e consultoria dos governos, em paralelo à formação de seus quadros nos cursos ministrados na sede da entidade no Chile e, posteriormente, em convênios com outros países.

Paralelamente, a Cepal produzia um corpo "analítico específico" e uma interpretação sobre a região, por meio do método histórico-estrutural e de uma leitura sobre o caráter particular do desenvolvimento latino-americano. Esse quadro analítico teve como ponto de partida os textos seminais de Prebisch, mas ao longo dos anos se aprimorou por meio do necessário confronto com a realidade, fosse das estruturas econômicas e sociais de cada país, como também de cada contexto histórico.

Diferentemente de um corpo teórico abstrato e universal, o que permanecia era o enfoque metodológico histórico. Como alerta Bielschowsky, "o que se altera é a própria história real sobre a qual se debruça a análise, bem como o contexto ideológico no qual ela é gerada, obrigando-a permanentemente a adaptar ênfases e a renovar interpretações de modo a adaptar-se aos novos contextos históricos".[90]

Furtado, ao rememorar seus primeiros estudos na Cepal, afirma que jamais tiveram os cepalinos a pretensão de reduzir a realidade a um modelo econômico. O enfoque histórico, conjugado a uma leitura sincrônica, permitia observar as descontinuidades do sistema capitalista, identificando as diferenças entre as dinâmicas das economias centrais e periféricas.[91]

Em suma, no quadro geral da expansão do capitalismo, com a disseminação do progresso técnico, realidades históricas distintas se constituíram por conta de padrões distintos de inserção dos países na economia internacional. Talvez essa seja a contribuição de caráter mais geral do estruturalismo latino-americano, por meio da tese da deterioração dos termos de troca, que no fundo se expressava como uma contraposição à teoria das vantagens comparativas.

Essa evidência apresentada nos estudos originais fornecia os argumentos para a "doutrina" defendida pela Cepal.

---

[90] Bielschowsky, Ricardo. Cinquenta anos de pensamento na CEPAL: uma resenha. *In:* Bielschowsky, Ricardo (org.). *Cinquenta anos de pensamento na CEPAL*. Rio de Janeiro: Record, 2000, p. 17. Octavio Rodriguez defende a existência de um corpo teórico mais homogêneo, responsável pela formação de uma escola de pensamento econômico (Rodriguez, Octavio. *O estruturalismo latino-americano*. Rio de Janeiro: Civilização Brasileira, 2009).

[91] Furtado ([1997] 2014, p. 71).

A superação do subdesenvolvimento somente seria possível com uma política consciente de industrialização, acrescida de reformas econômicas e sociais, de modo a dar vitalidade ao mercado interno. Fomentar a indústria significava elevar a produtividade, gerar emprego e renda e reduzir a vulnerabilidade externa.

A heterogeneidade social, expressa no excedente de mão de obra, na insuficiência de poupança e na inflação estrutural, exigia coordenação e planejamento. Somente o Estado teria condições de atuar sobre os desafios e limitações existentes nas economias periféricas, opondo-se às ideias correntes da teoria econômica pautadas na concepção dos ajustes automáticos produzidos pelo livre mercado.

Em torno desse quadro metodológico, o estruturalismo latino-americano constituiria uma das mais ricas experiências interpretativas produzidas pela região, além de fornecer instrumentos poderosos de intervenção na realidade. A partir de então, Furtado e toda uma geração de economistas latino-americanos teriam novas ferramentas para formular políticas de desenvolvimento. Ao associar o enfoque histórico-estrutural com os condicionantes externos de difusão do progresso técnico e inserção no mercado internacional e os internos de estrutura de emprego e de distribuição de renda, os cepalinos forneciam os diagnósticos necessários para produzir as recomendações para o planejamento da ação estatal.[92]

Celso Furtado e a incursão pela América Latina

Onde estava Celso Furtado durante esse período de transformação do pensamento econômico latino-americano, protagonizado por uma entidade das Nações Unidas que de marginal se alça ao centro do debate sobre o desenvolvimento na região?

---

[92] Bielschowsky (2000, p. 17).

O personagem está desde o início do processo, influindo sobre as ideias no momento em que são gestadas. Desembarca em Santiago, em fevereiro de 1949, um mês antes de Prebisch. Furtado chega a ler a primeira versão do manifesto, aquela que seria totalmente reescrita, tendo considerado o tom do texto "defensivo". Já a nova versão trazia a qualidade de polemista de seu autor. Se não era propriamente um acadêmico, tinha o poder de convencimento de quem olhava o mundo com objetividade, para além das abstrações. Ainda segundo Furtado, o manifesto era como se fosse "um tiro de guerra" do economista argentino à ordem internacional existente tal como defendida pelos seus ideólogos.[93]

Furtado fora um dos poucos a receber a versão definitiva do texto antes da Reunião de Havana, pois assumira o compromisso de traduzi-lo para o português. Sairia publicado, em setembro de 1949, na *Revista Brasileira de Economia* (RBE) – a publicação de maior prestígio da área no Brasil, tendo sob sua liderança ninguém menos do que Eugênio Gudin.

O economista parte em seguida para o Brasil com o objetivo de divulgar a "boa nova" do "evangelho" cepalino. Encontra-se com assessores da Confederação Nacional da Indústria (CNI), entre eles Rômulo Almeida – futuro chefe da Assessoria Econômica de Vargas –, com integrantes da diretoria da Federação das Indústrias do Estado de São Paulo (Fiesp), e aproveita para retomar contatos com colegas da Fundação Getúlio Vargas (FGV) e do Instituto Brasileiro de Geografia e Estatística (IBGE). Em encontro com Gudin, este transmite um recado para Prebisch: "não perca tempo com esse tipo de organização internacional que não leva a coisa nenhuma".[94]

---

[93] Furtado, Celso. *A fantasia organizada*. 5. ed. Rio de Janeiro: Paz e Terra, 1985, p. 60-61.

[94] Furtado (1985, p. 65 e 73).

Já em 1950, Gudin estende o tapete para Jacob Viner, prestigiado economista da Universidade de Princeton, realizar um conjunto de conferências na FGV, publicadas no ano seguinte na RBE. O defensor do bastião do pensamento convencional assim se posiciona sobre a nova heresia: "um conjunto de fantasias desvairadas, conjecturas históricas distorcidas e hipóteses simplistas".[95]

Prebisch responde em setembro de 1951, quando recebe convite do mesmo Gudin para uma conferência na Faculdade de Economia da Universidade do Brasil. Isso ocorre quando da visita do economista argentino, junto com Furtado, ao presidente Vargas, para agradecer ao voto brasileiro na Sessão da Cepal do México ocorrida em meados do ano. É aplaudido de pé na FIESP e aparece nas páginas do jornal *O Estado de São Paulo* como "o símbolo vivo da industrialização latino-americana".[96] Durante os anos 1950, as ideias da Cepal tiveram um alcance no empresariado brasileiro, que não encontra paralelo nos demais países da região.[97]

Se Keynes trouxe uma nova forma de pensar os problemas das economias capitalistas, depois da crise de 1929, Prebisch simboliza algo semelhante para a América Latina. Mas não bastavam políticas anticíclicas, era importante industrializar com apoio inteligente do Estado, mudanças no padrão de comércio e diversificação do mercado interno.

Em seu livro de memórias, Furtado confere a alcunha carinhosa de "o grande heresiarca" a Prebisch. Ora, a nova "seita" não existiria sem seus apóstolos, que, ao longo dos anos 1950 e 1960, seriam responsáveis por consolidar um conjunto de categorias e de análises sobre a economia latino-americana. Furtado seria um dos "apóstolos" de maior destaque. Ao lado

---

[95] Dosman (2011, p. 285).
[96] Dosman (2011, p. 323-325).
[97] Furtado (1985, p. 106).

dos mexicanos Juan Noyola Vázquez e Víctor Urquidi, do cubano Regino Boti, dos chilenos Jorge Ahumada, Osvaldo Sunkel e Aníbal Pinto, entre tantos outros, ele cuidaria de espalhar o novo "credo" pela América Latina.

Possuindo diferentes trajetórias intelectuais, profissionais e ideológicas, esse corpo de técnicos seria responsável por moldar o pensamento da instituição, que mais adiante ficaria conhecido como "estruturalista". Aos poucos, a Cepal deixa de ser a "entidade de Prebisch" para assumir o caráter de empreitada coletiva.

O clima da instituição havia mudado bastante depois de 1951. Ao final de 1953, eram 130 funcionários em tempo integral.[98] Ou seja, um grande salto, se comparados às duas dezenas de economistas dos anos iniciais.[99] A sede da Cepal havia se transferido para um edifício de apartamentos, de modo a abrigar a equipe ampliada. Os economistas trabalhavam em média dez horas por dia, motivados por um senso de missão, conscientes de que estavam pisando em "terra ignota",[100] desvendando dilemas históricos de seus países, então redimensionados.

Além dos estudos realizados – quando organizavam e cobriam os vazios das estatísticas existentes nos vários países, compreendidas sob uma nova perspectiva analítica –, eles assessoravam os governos e formavam novos quadros.

Soldados pela liderança de Prebisch, havia ficado para trás o desejo que muitos deles haviam acalentado de "buscar trabalho" nos Estados Unidos. A América Latina lhes fornecia emprego, influência intelectual e uma utopia no horizonte. Aquele grupo "jovem, pequeno e plurinacional", articulado em torno do *maestro Don Raúl*, apostava, sobretudo, no significado político

---

[98] Dosman (2011, p. 330).
[99] Furtado (1985, p. 75, 108).
[100] Furtado (1985, p. 94-95, 109).

e intelectual da Cepal. O suporte institucional era mesclado a uma sociabilidade primária de grupo, irmanando-se em torno de uma "doutrina".[101]

Isso não tornava a Cepal menos científica, pois seus pressupostos eram avaliados empiricamente, tendo como pano de fundo a história e como horizonte de atuação os vários futuros possíveis. O método analítico cepalino – depois intitulado de *estruturalista* – mostrava-se plenamente congruente com a dinâmica do comércio internacional, além de estar em sintonia com muito do que era produzido nas ciências sociais.

A metáfora religiosa empregada acima – "evangelho", "credo", "apóstolos", "seita", "boa nova", "heresia", "doutrina" – sustenta-se pelo caráter de novidade desse experimento intelectual, que ousava questionar os postulados da "religião" cultuada nas principais universidades do mundo ocidental. Para enfrentar o tranco, o grupo precisava se nutrir de fortes relações internas de solidariedade, além de procurar alianças externas para ampliar seu alcance.

Joseph Hodara defende a existência de duas etapas na Cepal: uma de "seita"; e outra "eclesiástica", no sentido weberiano. A primeira teria tido lugar de 1949 a 1962, quando Prebisch se desliga da Cepal para se dedicar à construção da Conferência das Nações Unidas sobre Comércio e Desenvolvimento (UNCTAD) – outra entidade das Nações Unidas, criada em 1964. A partir de então, predomina a lógica "tecnoeclesiástica", pois a organização formal e burocrática, entrosada com as necessidades dos governos, assume precedência. Sai de cena a seita, no sentido sociológico, cujos integrantes orbitavam em torno de uma ou mais lideranças carismáticas, marcados pelo clima de "alta intensidade normativa e emotiva".[102]

---

[101] Hodara, Joseph. *Prebisch y la CEPAL: sustancia, trayectoria y contexto institucional*. México: El Colegio de México, 1987, p. 29-39.

[102] Hodara (1987, p. 13-14, 31-33, 73-74).

A periodização/formulação de Hodara é ilustrativa para se discutir o papel de Furtado na instituição entre 1953 e 1957. Nesse período, o economista se empenha em várias batalhas. A primeira está relacionada à formulação de técnicas de planejamento econômico adaptadas aos países subdesenvolvidos. Seu esquema metodológico é apresentado na 5ª Reunião da Cepal, realizada em Petrópolis.

A metodologia cepalina é acolhida pelo então diretor do Banco Nacional de Desenvolvimento Econômico (BNDE), Roberto Campos, levando à criação do Grupo Misto Cepal-BNDE, que funciona entre 1953 e 1955. Furtado se transfere ao Brasil para trabalhar em estimativas de crescimento econômico para o país, acompanhadas de recomendações de planejamento. As estimativas elaboradas por sua equipe de trabalho contribuiriam futuramente para a quantificação de algumas das "metas" do governo JK.

Logo em seguida, Furtado se dedica a dois densos relatórios nacionais sobre o desenvolvimento econômico do México e da Venezuela. Sempre trabalhando com técnicos e intelectuais dos países e embrenhando-se em suas especificidades políticas e culturais.

Qual era o objetivo? Sintetizar os dilemas desses países, do ponto de vista do desenvolvimento econômico, projetando os desafios de médio prazo e recomendando linhas de ação para os respectivos governos.

No estudo sobre o México, realizado entre 1955 e 1956, Furtado conta com o apoio de dois economistas de prestígio da Cepal, Juan Noyola e Osvaldo Sunkel. A economia do país da América do Norte caracterizava-se por uma expansão econômica com elevada concentração de renda. Mantendo estreita relação com a economia dos Estados Unidos, o setor externo sustentava relevante papel dinâmico. Entretanto, sofrendo com a incerteza e a vulnerabilidade da dinâmica da economia internacional, a estabilidade cambial era garantida com elevado sofrimento social. Prebisch, temendo o possível impacto negativo do relatório junto ao governo mexicano, manifesta-se contra sua publicação.[103]

O relatório sobre a economia venezuelana, por sua vez, foi produzido entre os meses de maio e agosto de 1957, como parte de um programa da Cepal acordado com o Ministro do Fomento do país, Silvio Gutiérrez. O programa previa a apresentação de um estudo sobre a economia da Venezuela e o oferecimento de um curso para a formação de técnicos do Estado. Celso Furtado seria o responsável pelo estudo, cujo objetivo era construir um diagnóstico da economia nacional nos últimos dez anos, num país ainda completamente carente de dados e séries macroeconômicas.

O período a ser avaliado era de significativa expansão das exportações de petróleo, produzindo uma abundância de divisas, isto é, um caso excepcional frente ao restante dos países latino-americanos assolados pela tendência de deterioração dos termos de intercâmbio, tese central da Cepal para as economias da região.[104] A conjuntura política, todavia, era marcada pelos anos finais da ditadura do general-presidente Marcos Pérez Giménez, que manifestava alguma desconfiança sobre a atuação de técnicos internacionais no país. Esse seria um desafio adicional a ser enfrentado por Celso Furtado.[105]

Em agosto de 1957, Furtado retornava para Santiago e entrega o relatório que apresentava um diagnóstico sobre a economia, como também um denso anexo estatístico, sintetizando um conjunto de dados socioeconômicos. Inicia o relatório

---

[103] Furtado (1985, p. 188-196).

[104] Medeiros, Carlos Aguiar de. Celso Furtado na Venezuela. *In:* D'Aguiar, Rosa Freire (org.). *Ensaios sobre a Venezuela: subdesenvolvimento com abundância de divisas.* Rio de Janeiro: Contraponto; CICEF, 2008 (Arquivos Celso Furtado, v. 1).

[105] D'Aguiar (2008, p. 9-13).

ressaltando a especificidade venezuelana: ser uma "economia subdesenvolvida de mais alto nível de produto *per capita* que existe atualmente no mundo".[106]

Com uma taxa de crescimento de 8,1% ao ano, entre os anos de 1945 e 1956, a riqueza da economia advinha do profundo crescimento do setor petrolífero. Não obstante, a estrutura da produção e da ocupação da força de trabalho pouco tinha se alterado e a economia continuava marcada por uma acentuada desigualdade de renda, de padrões de consumo, como também de restrito acesso à educação e à cultura.

A acumulação de divisas produzia a sobrevalorização da moeda nacional, a chamada "doença holandesa", cuja expansão da renda se materializava em aumento das importações. A economia nacional que já era pouco diversificada, ficava ainda mais sufocada: enquanto bens de consumo correntes eram protegidos, encarecendo o custo de vida da população, bens de consumo duráveis e de capital eram importados, restringindo o emprego à população. Adicionalmente, a abundância de divisas criada pela economia venezuelana vinha sendo consumida pelo Estado, com investimentos que reforçavam a centralidade do setor petrolífero, especialmente na construção civil, o que não alterava a estrutura da economia local.

Para reverter a tendência de perpetuação da concentração da renda e do subdesenvolvimento, Furtado sugeria a reorientação dos gastos públicos, permitindo a diversificação da estrutura econômica com investimentos industriais, a elevação da produtividade do setor agropecuário e a ampliação da ocupação da mão de obra. O relatório defendia enfaticamente que os

---

[106] Furtado, Celso. O desenvolvimento recente da economia venezuelana [1957]. *In: Ensaios sobre a Venezuela: subdesenvolvimento com abundância de divisas.* Organização de Rosa Freire d'Aguiar. Rio de Janeiro: Contraponto; CICEF, 2008. p. 35.

recursos acumulados pelo setor exportador fossem direcionados para a formação educacional e técnica da população:

> Os investimentos em educação, preparação do pessoal técnico, pesquisa tecnológica e assistência técnica aos empresários se destinam, todos eles, a criar economias externas ao conjunto das atividades produtivas [...] contribuem diretamente para elevar o nível cultural e técnico da população, ou seja, para o aperfeiçoamento do patrimônio humano da nação.[107]

Entregue o relatório, por mais cauteloso que tenha sido Furtado na redação do texto, o próprio governo do país vetou sua publicação, declarando-o "não existente", o que mais uma vez fez com que não constasse do catálogo da Cepal. A liberdade que o técnico de uma organização internacional tinha na preparação dos estudos econômicos de diferentes nações novamente se chocava com os tortuosos caminhos da política. Uma realidade que Furtado viveria com intensidade anos mais tarde, explicitando a distância entre a mesa do escritório e a implementação da política pública.

No distanciamento da Cepal, um olhar sobre o Brasil

Sua última tarefa como economista da Cepal, antes de embarcar para a Inglaterra, foi oferecer um conjunto de conferências no Rio de Janeiro, em atividade da entidade da ONU em colaboração com o BNDE, que seriam publicadas em 1958 como *Perspectivas da economia brasileira*.[108] As análises sobre a conjuntura econômica nacional destacavam, ainda que não explicitamente, os primeiros resultados do Plano de Metas do

---

[107] Furtado (2008, p. 63).

[108] Furtado, Celso. *Perspectivas da economia brasileira*. Rio de Janeiro: Ministério da Educação e cultura, 1958. O livro foi republicado em *Cadernos do Desenvolvimento*, v. 1, n. 2, p. 181-234, 2012.

governo de Juscelino Kubitschek. Reconhecendo a aceleração do crescimento da economia, Furtado não deixava de indicar também, com preocupação, a tendência de agravamento dos desequilíbrios internos e externos, tais como o aumento da pressão inflacionária e dos déficits do balanço de pagamentos.[109]

Como defende Carlos Mallorquin, *Perspectivas da economia brasileira* era uma obra que expressava o "discurso técnico" de Celso Furtado, posição que logo mudaria quando estivesse de volta de sua passagem pela Inglaterra.[110]

O objetivo das conferências era estabelecer as conexões entre a concepção geral do programa de desenvolvimento e a prática, produzindo recomendações políticas de curto prazo. Furtado mostrava como o desenvolvimento vinha produzindo efeitos perversos no sentido de agravar as disparidades e desequilíbrios regionais, com transferência de recursos das áreas pobres do país, o Nordeste, para o Centro-Sul em processo de industrialização. Temática que enfrentaria nos anos seguintes, passando das discussões do Grupo de Trabalho para o Desenvolvimento do Nordeste (GTDN) para a formação da Sudene, "a luta mais árdua que Celso travou como homem público".[111]

---

[109] Furtado, Celso. Comentários às "Perspectivas da economia brasileira". (2002). *Cadernos do Desenvolvimento*, v. 1, n. 2, 2012, p. 179.

[110] Mallorquin, Carlos. *Celso Furtado: um retrato intelectual*. São Paulo: Xamã; Rio de Janeiro: Contraponto, 2005, p. 154. Roberto Pereira Silva relativiza a afirmação de Mallorquin, defendendo que Furtado apresenta um "diálogo, não isento de críticas" ao Plano de Metas, mas que certamente teria novos contornos quando o economista passou a fazer parte do governo, a partir de 1959 (Silva, Roberto Pereira. *Celso Furtado, entre a história e a teoria econômica (1948-1959): uma interpretação historiográfica*. 2015. Tese (Doutorado em História Econômica) – Faculdade de Filosofia, Letras e Ciências Humanas, Universidade de São Paulo, São Paulo, 2015).

[111] "A operação Nordeste" é o título de sua conferência no ISEB, para apresentar o plano de ação para a região (Furtado, Celso. *Diários*

Nessa obra resultante de suas conferências, ao reconhecer as "tendências fundamentais" e os potenciais gargalos da industrialização por substituição de importações em curso no país, ele procura apontar os "principais fatores que poderão reduzir o ritmo desse desenvolvimento nos próximos anos".[112] Para tanto, vale-se de estudos prévios elaborados pelo Grupo Misto Cepal-BNDE,[113] formulando propostas que se alicerçavam nas evidências econômicas sistematizadas por aqueles estudos.

Na síntese de Furtado, em seus "comentários" de 2002, *Perspectivas* indicava a necessidade de estabelecer uma coordenação do Estado – "uma programação" – dos dois polos dinâmicos da economia do país, isto é, o setor exportador e o setor industrial. Por meio do aproveitamento máximo da capacidade de exportar, inclusive com incentivos financeiros e assistência técnica para o campo, para estimular a oferta de alimentos e matérias-primas, seria possível orientar uma política de importação a fim de garantir os investimentos necessários no setor industrial.[114]

Mas o diferencial da análise de Celso Furtado é a caracterização da desigualdade da economia brasileira. Apesar de um imenso território com unidade política e cultural, o país era "descontínuo e heterogêneo do ponto de vista econômico".[115] A desigualdade estava explícita tanto no contraste entre a eco-

---

intermitentes: 1937 2002. Organização de Rosa Freire d'Aguiar. São Paulo: Cias. das Letras, 2019, p. 151).

[112] Furtado ([1958] 2012, p. 181).

[113] O autor se vale dos estudos *Esboço de um programa preliminar de desenvolvimento da economia brasileira (período 1955-1962)*. Rio de Janeiro: BNDE, maio de 1955; e Relatório do Grupo Misto CEPAL-BNDE e *Análisis y proyecciones – II. El desarrollo económico del Brasil* (Nações Unidas, 1956).

[114] Furtado ([2002] 2012, p. 179).

[115] Furtado ([1958] 2012, p. 182).

nomia exportadora e a de subsistência como na desigualdade regional e social. Para o autor, uma desigualdade que produzia uma polarização entre dois sistemas econômicos autônomos: uma economia nordestina, com "manchas" de atividade econômica, em que predominava a subsistência, a baixa renda *per capita* e a ausência de estímulo para aporte de capital em seu território. E a economia do Centro-Sul, com uma renda *per capita* três vezes maior, um sistema econômico relativamente integrado, com dois núcleos de atividade que impulsionavam a região, o setor exportador e o setor industrial.

Não obstante o estágio de desenvolvimento da economia do sul do Brasil, seu futuro não estava pavimentado. A experiência do primeiro lustro da década ensinava que o crescimento econômico tendia a agravar os desequilíbrios internos e externos, criando gargalos que se não enfrentados, acarretariam entraves à manutenção do ritmo das transformações almejadas pelo projeto de desenvolvimento. O "objetivo central da programação", isto é, do planejamento estatal, deveria ser, portanto, o de coordenar os setores da economia para permitir a estabilidade necessária para manutenção do crescimento.[116]

Para Celso Furtado, a economia brasileira da década de 1950 teria potencial de sustentar uma taxa de crescimento anual de 7% a 8%, taxa que se confirmaria durante o mandato de JK. Mas, para sustentar esse crescimento, o governo precisaria enfrentar desequilíbrios internos e externos da economia. Por um lado, o balanço de pagamentos apontava para os limites de uma política de substituição de importações, que dependia de uma eficiente orientação de investimentos, valendo-se dos recursos gerados pelo setor exportador para produzir o desenvolvimento industrial. A inflação, por outro lado, indicava a inelasticidade da oferta de alimentos, pressionada pela crescente demanda gerada pelo crescimento urbano-industrial.

---

[116] Furtado ([1958] 2012, p. 187).

Para enfrentar a questão do balanço de pagamentos, Celso Furtado acreditava que o país deveria encontrar meios para elevar suas exportações. Como o algodão e o café, principais produtos da pauta de exportação, não seriam capazes de atender às necessidades do setor industrial, Furtado conclui: "para lograr razoável expansão de sua capacidade para importar, o Brasil deverá tentar, por todos os meios, maior diversificação de suas exportações".[117]

Direcionar os esforços de acumulação para o setor industrial era o "foco dinâmico do desenvolvimento da economia brasileira". Conforme os dados apresentados, a força de trabalho no setor industrial no país era ainda relativamente pequena, representando apenas 10% da população economicamente ativa, mas a renda do setor industrial, por outro lado, representava cerca de 25% da renda total. Assim, além da expansão do setor industrial ampliar a produtividade da economia como um todo, com a criação de uma massa salarial e de lucros no setor – diferentemente da tendência observada na economia exportadora –, seria possível para o país construir uma dinâmica de crescimento que se propagaria para outras atividades, gerando o autodinamismo da indústria que era presente nas economias avançadas.[118]

A programação do governo deveria, para Celso Furtado, entrar em campo para agir sobre outras duas características problemáticas da economia brasileira: a limitada poupança e as disparidades regionais. Sendo os investimentos mais escassos em países subdesenvolvidos, o Estado deveria direcionar a poupança do país para as atividades produtivas. Como alega o autor, a intenção não seria deslocar a poupança privada para o setor público, mas criar mecanismos de ampliação da poupança, limitando especialmente formas de consumo conspícuo.

---

[117] Furtado ([1958] 2012, p. 196-196).
[118] Furtado ([1958] 2012, p. 196-198).

Negando as teses de que políticas de concentração da renda produziam o crescimento da poupança necessário para os novos investimentos, o economista defendia, em *Perspectivas da economia brasileira*, a criação de impostos sobre as importações de bens de consumo suntuário, complementados com impostos de consumo para os bens supérfluos e substitutos. Assim, "o desenvolvimento implica desconcentração na distribuição de renda", que deveria ser enfrentada com instrumentos fiscais.[119]

Por meio da taxação de terra improdutivas o governo poderia estimular a expansão da produção capitalista no campo; com intervenção sobre a taxa de lucro, por outro lado, seria possível canalizar as rendas das empresas para o reinvestimento, e não para o consumo de seus proprietários. No caso das empresas públicas, como do setor de petróleo, essas poderiam aumentar a taxa de investimentos públicos em relação às despesas de custeio.

Quanto às disparidades regionais, Furtado reitera que a economia brasileira não era um sistema integrado e que o desenvolvimento da região Centro-Sul vinha contribuindo para agravar as disparidades regionais no país. Adicionalmente, o crescimento da população no Nordeste, região com baixo nível de renda por habitante e inelasticidade da oferta de alimentos, exigia quantidade crescente de capital. A elevação da poupança do país só se justificava se o Nordeste estivesse integrado ao programa nacional. Essa integração deveria ser acionada por meio do desenvolvimento industrial da região articulado com a construção de infraestrutura (energia e transporte) e "a melhor organização da agricultura destinada ao mercado local". A integração permitiria, por exemplo, que a região ampliasse a produtividade de sua agricultura – inclusive por meio da alfabetização que "facilita e barateia a difusão de numerosas

---

[119] Furtado ([1958] 2012, p. 211).

outras técnicas" –, para atender o crescimento do mercado do Sul do país.[120]

A partir do ensaio "A programação preliminar", Celso Furtado inicia um levantamento concreto de ações e instituições necessárias para o programa de desenvolvimento econômico. Na coordenação da programação, conforme o autor, seria preciso formar uma instituição subordinada à Presidência da República. Na realidade, a instituição já existia, era o Conselho de Desenvolvimento, criado pelo governo de Juscelino Kubitschek por meio do Decreto n.º 38.744, de fevereiro de 1956, reconhecido como o primeiro órgão central de planejamento do país.[121]

As convergências entre o Plano de Metas e a proposta de Furtado não param por aí. Para municiar as decisões políticas, Furtado defendia a existência de um órgão responsável pela sistematização de informações econômicas sobre o país. Coordenado pelo Conselho Nacional de Estatística, esse órgão já tinha sido criado por Getúlio Vargas em 1936, transformando anos depois no IBGE. Finalmente, a programação preliminar, fase de três anos de estudos dos dados e das propostas políticas, constituída antes da programação propriamente dita, de certa forma já teria sido conduzida por meio das atividades da Comissão Mista Brasil-Estados Unidos e do Grupo Misto Cepal-BNDE. Com objetivos detalhados, o Plano de Metas representava a concretização desse balanço sobre os gargalos estruturais e sobre as metas a serem atingidas.

Com a coordenação central do governo federal, subsidiada por órgãos técnicos voltados para os mais diferentes setores da economia, seria possível combinar as receitas de exportação com as demandas de importação; seria possível

---

[120] Furtado ([1958] 2012, p. 205-215).

[121] Lafer, Celso. Planejamento no Brasil: observações sobre o Plano de Metas (1956-1961). *In:* Mindlin, Betty (org.). *Planejamento no Brasil*. São Paulo: Perspectiva, 1987. p. 30.

evitar os desequilíbrios entre a oferta de alimentos e o crescimento da população urbana. Ao Estado cabia, também, atuar sobre os gargalos de infraestrutura, tal como já vinha fazendo o BNDE.

Como agenda de política econômica, Furtado aponta caminhos para a formação de poupança e o controle da inflação. A formação de poupança passaria tanto por uma política de crédito, a qual teria suporte importante em instituições como o BNDE e o Banco do Nordeste, como por uma reforma fiscal que ampliasse a carga tributária sobre o consumo e a produção de bens voltados para grupos de médias e altas rendas, enquanto os "impostos indiretos indiscriminados" deveriam ser "progressivamente eliminados".[122]

Sobre a inflação, Furtado procura fugir do dilema entre crescer com inflação ou ter estabilidade com estagnação. Para o autor: "é necessário abandonar os pontos de vista concorrentes sobre a inflação e penetrar mais fundo em sua análise. Convém partir de uma tomada de posição: o preço da estabilidade não deve ser a estagnação".[123]

O fenômeno da inflação no Brasil era resultado do perfil do crescimento dos países subdesenvolvidos, cuja estrutura econômica ainda não conseguia reagir tão rapidamente à demanda. Isto é, diferente das posições monetaristas, a inflação não seria um problema de demanda, mas de oferta. Mesmo assim, defende a ideia da formação de um Banco Central que pudesse controlar a desordenada política monetária do país. Como indica Carlos Mallorquin, o economista seguia sua compreensão exposta anos antes em *A economia brasileira*, omitindo a dimensão da "luta entre os diversos agentes produtivos", para produzir um texto mais "cauteloso e presumivelmente

---

[122] Furtado ([1958] 2012, p. 231).

[123] Furtado ([1958] 2012, p. 231).

matizado devido à sua audiência".[124] Essa cautela cede lugar ao senso de urgência na transformação da sociedade durante o período da Sudene.

Antes, no final de 1957, Furtado partiria para o seu ano sabático em Cambridge, para desligar-se da Cepal, em setembro de 1958, quando já se encontra em solo brasileiro. Prebisch responde a carta de Furtado em que este anuncia a sua saída da instituição, acatando-a, e mencionando que tinha até então "alguma esperança de que tentasse modificá-la". Compreende o desejo do colega brasileiro de se integrar à direção do BNDE dedicada ao enfrentamento do problema dos desequilíbrios regionais com ênfase para o Nordeste.[125]

Por mais que Furtado há muito acalentasse a intenção de passar uma temporada de estudos, palestras e debates em Cambridge, tendo inclusive relutado em assumir a chefia da Divisão de Desenvolvimento da Cepal, em 1955, a decepção com o engavetamento do estudo mexicano, e depois do venezuelano, contribuiu para a sua saída da Cepal. Antes dele, saíram Juan Noyola, Regino Boti e Víctor Urquidi, que trabalhavam na sede da Cepal no México.

A "era de ouro" da Cepal tinha chegado ao fim, segundo a avaliação de Dosman.[126] Furtado se dava conta de que "perdiam terreno", já em fevereiro de 1955, quando relata a Juan Noyola, em carta, sua frustração com o fato de terem sido "desencorajados a teorizar", a seguir adiante nas reflexões produzidas a partir dos estudos e relatórios.[127] A crítica velada

---

[124] Mallorquin (2005, p. 153).

[125] Furtado (2021, p. 398-400). Ver a correspondência entre Furtado e Prebisch em setembro de 1958.

[126] Dosman (2011, p. 378-380).

[127] Carta de Celso Furtado a Juan Noyola, 22 de fevereiro de 1955 (Furtado, 2021, p. 353-354).

é obviamente endereçada a Prebisch. Em termos mais duros, em carta de 1958, Regino Boti dirige-se a Furtado, mencionando o novo clima da Cepal, "agora que os heterodoxos foram expulsos do templo".[128]

Esse comentário nos traz de volta às metáforas religiosas. O "templo" apresentava rachaduras, pois novos apóstolos se destacavam, ao exercerem liderança intelectual, gerando assim um conflito geracional e de perspectivas teóricas. Muito provavelmente a fase "tecnoeclesiástica", tal como aponta Hodara, começara já no final dos anos 1950, com a predominância dos ritos de uma organização burocrática: formalização dos procedimentos de pesquisa e formação de quadros, e de um conjunto de conceitos e formulações teóricas respaldadas institucionalmente.

Entretanto, do ponto de vista intelectual, as relações entre os integrantes da primeira Cepal se aprofundariam, graças inclusive às novas formulações teóricas de alguns de seus quadros que, como Furtado, passaram a atuar fora da instituição. Como um rio que, ao avançar, precisa de afluentes.

---

[128] Carta de Regino Boti a Celso Furtado, em 21 de janeiro de 1958 (Furtado, 2021, p. 363-364).

Formação econômica: o método histórico-estrutural e uma ideia de Brasil

> *A visão centro-periferia que nos transmitiu Prebisch fornecia um marco estrutural sem vínculo direto com a história. [...] Minha preocupação foi colocar o sistema de divisão internacional do trabalho, que está na origem da estrutura centro-periferia, na história, pois ele se constituíra para servir os interesses de uma grande nação comercial, que controlava os meios de transporte e era o centro de um império colonial.*
>
> Carta de Celso Furtado a Joseph Love, 22 de dezembro de 1982. [129]

A publicação de *Formação econômica do Brasil* em 1959 pode ser considerada como um marco tanto na trajetória de Celso Furtado, como na história do pensamento econômico e social brasileiro e latino-americano. Como discutiremos neste capítulo, o importante economista da Cepal torna-se agora o intelectual Furtado. Ao apropriar-se das teses da instituição por meio de uma reflexão própria, ancorada no método histórico-estrutural, ele processa uma guinada na forma de pensar o Brasil.

A obra foi escrita entre novembro de 1957 e fevereiro de 1958, quando ele passava seu período "sabático" na Inglaterra, depois de quase dez anos trabalhando como funcionário da Cepal. Vivenciando o ambiente da Universidade de Cambridge, a convite de Nicholas Kaldor, frequentou os efervescentes seminários de macroeconomia do King's College. Próximo dos chamados "keynesianos de esquerda", entre os quais estavam

---

[129] Correspondência para Joseph Love, de 22 de dezembro de 1982 (Furtado, 2021, p. 350).

Piero Sraffa, Joan Robinson e Amartya Sen, acompanhou os debates em torno do modelo de crescimento de Kaldor.[130] Em seus diários, Furtado não deixa dúvidas sobre a influência dos seminários em seus estudos:

> Tenho semanalmente uns três ou quatro seminários para estudantes graduados que são extraordinariamente interessantes. Nesses seminários é que a gente pode ver como se forma um economista. As discussões teóricas são em nível muito elevado e todos têm uma base realmente sólida.[131]

No que diz respeito à sua vida pessoal, o período entre a redação e a publicação de *Formação econômica do Brasil* demarca uma fase de mudança do figurino de nosso personagem. Se antes da ida para a Inglaterra sua atuação era de um economista técnico da Cepal, ainda "vestindo o manto protetor" de um organismo internacional, a partir de seu retorno ao Brasil, em agosto de 1958, ele se transformaria no técnico-político atuando por dentro do Estado e buscando apoio em vários segmentos da sociedade, ao liderar o desafiador projeto de construção da Superintendência do Desenvolvimento do Nordeste – Sudene.

Antes de sua viagem para a Inglaterra, ao percorrer os bastidores da política nacional, Furtado conseguiu se distanciar dos embates mais imediatos do "campo de batalha ideológico" em que o Rio de Janeiro tinha se transformado já na primeira metade do governo de Juscelino Kubitschek. Para o economista, dois grupos críticos ao governo de Getúlio Vargas sustentavam

---

[130] Celso Furtado lembra do impacto que foi a apresentação do seminário sobre "modelo de crescimento econômico", apresentado por Nicholas Kaldor, cuja análise permitia incluir o determinante da distribuição de renda como elemento exógeno no modelo (Furtado, [1997] 2014, p. 183).

[131] Furtado (2019, p. 149).

um "enfoque conservador de política econômica": o primeiro defendendo um "liberalismo "tresnoitado", representado por Eugênio Gudin, e o segundo, a partir da Escola Superior de Guerra e de membros do BNDE, Lucas Lopes e Roberto Campos, que representavam para o autor, a posição dos "modernizantes mais sofisticados".[132]

No retorno de Cambridge, já não mais como funcionário da Cepal, passou a atuar como técnico do BNDE, antes de se engajar no desafio de constituir e defender o projeto da Sudene. Alçado ao papel de ator político de destaque, logo se transformou em figura reconhecida pelo grande público, presente nos jornais e nos programas de televisão, sendo parado pelas pessoas comuns nas ruas do país.[133]

Esse reconhecimento está atrelado a duas fontes que se complementam: autor de uma obra que segue ganhando corações e mentes e executor de um projeto que adquire visibilidade por parte do governo e da opinião pública nacional.

No palco político, como veremos com detalhes no próximo capítulo, sua crescente exposição e a necessidade de defender os projetos de desenvolvimento nacional o levam a travar embates mais duros com economistas, como Roberto Campos, e com políticos, como no caso dos grupos tradicionais do Nordeste. Prestes a completar seus quarenta anos, Celso Furtado atua como um "intelectual estadista", imerso na arena política e promotor de uma agenda de desenvolvimento para o país.[134]

---

[132] A menção de Furtado é a Glycon de Paiva, mas ele parece se referir a Lucas Lopes (então presidente do BNDE), que juntamente com Roberto Campos teria papel central na condução da política econômica na primeira metade do governo de Juscelino Kubitschek. Ver: Furtado ([2002] 2012, p. 173).

[133] Furtado (2019, p. 173).

[134] Para o ambiente conflituoso dos anos finais do governo de Juscelino Kubitschek, cf. Barbosa (2021).

O retorno para o Brasil vem acompanhado de uma mudança da posição de Furtado no campo da política nacional, no momento preciso em que adquire plena maturidade como intelectual.

A publicação de *Formação econômica do Brasil* sedimentava um percurso de aproximadamente dez anos – que compreende a defesa do doutorado, os primeiros artigos sobre o Brasil e o livro *A economia brasileira* – de lapidação de suas ideias para, enfim, oferecer uma poderosa interpretação sobre o Brasil. Interpretação que seria debatida nos meios universitários, lida direta ou indiretamente por agentes políticos e sociais e assimilada por várias gerações de servidores públicos.

A obra-prima de Furtado realiza uma síntese de múltiplas dimensões: uma síntese das continuidades e rupturas da história brasileira, o que a colocaria entre as principais obras para se compreender o Brasil naquela conjuntura;[135] uma síntese que dava concretude histórica à análise do estruturalismo latino-americano;[136] uma obra que inseriu os brasileiros no mundo, nos conceitos e na análise econômica.[137]

Para a literatura econômica e social do país, a publicação de *Formação econômica do Brasil* foi a síntese de uma ideia de Brasil em construção na década de 1950. Celso Furtado oferecia uma nova janela para a compreensão da sociedade brasileira a partir da economia, seguindo a tradição das poderosas interpretações de Gilberto Freyre, Sérgio Buarque de Holanda e Caio Prado Jr. Mas diferente das interpretações produzidas nas décadas de 1930 e 1940, *Formação econômica do Brasil* também trazia um projeto a ser efetivamente disputado naquela geração que

---

[135] Oliveira (2003).

[136] Bielschowsky (2000).

[137] Furtado, Celso. O descobrimento da economia. *In:* Cardoso, Fernando Henrique. *Pensadores que inventaram o Brasil*. São Paulo: Companhia das Letras, 2013. p. 329.

vivia o processo de industrialização e transformação da economia brasileira, fornecendo as bases históricas e teóricas para a defesa do desenvolvimento nacional. Conforme a afirmação enfática de Chico de Oliveira: "enquanto as obras anteriores explicaram e construíram o país do passado [...] a de Furtado era contemporânea da sua própria construção".[138]

Retrospectivamente, Furtado reforça o sentido do livro como síntese do passado, mas também como projeto de transformação social:

> Inclinei-me a pensar que ter escrito um livro como *Formação econômica do Brasil*, que poderia ajudar a nova geração a captar a realidade do país e identificar os verdadeiros problemas deste, representara o melhor emprego do meu tempo. Concluíra-o apontando para os dois desafios a ser enfrentados no futuro imediato: completar a industrialização e deter o processo de crescentes disparidades regionais.[139]

Nas próximas páginas vamos percorrer essa obra que possui papel tão central na vida intelectual e política brasileira da segunda metade do século XX. Não foram poucos os trabalhos que se dedicaram ao estudo de *Formação econômica do Brasil*. Um livro que se transformou em nome e insumo fundamental para as disciplinas das faculdades de Economia e de Ciências Sociais no país –, intituladas "FEB", conforme as letras iniciais do título;[140] uma obra que, por condensar o método histórico-estrutural, permite acompanhar como

---

[138] Oliveira (2003, p. 19).

[139] Furtado ([1997] 2014, p. 202).

[140] Saes, Alexandre Macchione; Manzatto, Rômulo; Sousa, Euler Santos. Ensino e pesquisa em história econômica: perfil docente e das disciplinas de História econômica nos cursos de graduação de Economia no Brasil. *História econômica & história de empresas*, n. 18, p. 229-263, 2015.

o autor constrói suas ideias e interpretações inovadoras;[141] e que segue sendo revisitada por meio de livros organizados para celebrar tanto os cinquenta quanto os sessenta anos de sua primeira edição.[142]

Por fim, como traço anedótico de sua história material, um livro que poderia não ter existido se, antes de enviar os originais com quatrocentas folhas escritas à mão, seu autor não fosse alertado do risco de extravio nos correios. Com o extravio consumado, Furtado recuperou o microfilme e, auxiliado por um aparelho de projeção, datilografou página por página numa máquina de escrever portátil, marca Olivetti. Assim, segundo conta, pôde "desbastar o texto de toda celulite verbal".[143]

Longe de esgotar os diversos olhares para se compreender a obra, e sem a pretensão de dar conta das várias camadas existentes em *FEB*, percorremos a produção de Furtado na década de 1950, buscando indicar como o autor mobilizou ideias e teorias para produzir o método histórico-estrutural à sua maneira, tirando daí uma nova leitura do Brasil. Adicionalmente, comentaremos como a obra foi lida e assimilada, com o intuito de revelar seu impacto sobre os debates econômicos, políticos e historiográficos brasileiros da segunda metade do século XX.

---

[141] Oliveira (2003); Vieira, Rosa Maria. *Celso Furtado: reforma, política e ideologia (1950-1964)*. São Paulo: Educ, 2007.

[142] Coelho, Francisco da Silva; Granziera, Rui (orgs.). *Celso Furtado e a Formação Econômica do Brasil*. São Paulo: Atlas, 2009; Araújo, Tarcísio; Vianna, Salvador Werneck; Macambira, Júnior (orgs.). D'Aguiar, Rosa Freire. Apresentação. *In:* Furtado, Celso. *Formação Econômica do Brasil: edição comemorativa 50 anos*. São Paulo: Companhia das Letras, 2009; Saes, Alexandre; Barbosa, Alexandre de Freitas (orgs.). *Celso Furtado e os 60 anos de Formação econômica do Brasil*. São Paulo: Edições SESC, 2021.

[143] Furtado (1985, p. 222-223).

Da história econômica do Brasil ao estruturalismo latino-americano

A redação de *Formação econômica do Brasil* foi realizada por Celso Furtado em quatro meses "nas sobras de tempo" roubadas do debate teórico em Cambridge.[144] O tempo rápido da escrita talvez se explique pelo fato de que as ideias ali contidas haviam sido lentamente trabalhadas e armazenadas em sua mente. Faltava elaborar o plano do livro e conferir um estilo próprio, costurando as ideias e os fatos com o método. O resultado foi uma obra plenamente original em sua forma, com densidade interpretativa e linguagem acessível e direta, o que ajuda a explicar sua rápida assimilação nos meses seguintes ao lançamento.

Entre rupturas e continuidades, há quem reconheça os principais traços de *Formação econômica do Brasil* em sua obra anterior, *A economia brasileira*. Publicado em 1954, esse livro já continha conceitos como "socialização das perdas" e "deslocamento do centro dinâmico", dialogando com as teses da Cepal, transpostas de forma original para a realidade brasileira.[145] O próprio Furtado recusara o convite para a sua republicação, por considerá-la "obra de circunstância, reunião de coisas heterogêneas". Queria "destacar a parte sobre o Brasil para uma publicação autônoma".[146]

Por outro lado, desde a publicação da tradução de *Economia colonial no Brasil nos séculos XVI e XVII*, seu doutorado defendido anos antes, em 1948, na Sorbonne, outros trabalhos

---

[144] Furtado (1985, p. 204).

[145] Especialmente Bielschowsky (2000). Conferir também Coutinho, Maurício. A economia brasileira (1954) de Celso Furtado. *História e economia*, v. 18, n. 1, 2017.

[146] Furtado (1985, p. 204).

procuraram estabelecer uma ponte entre a tese e a obra-prima por meio de uma reconstrução do período colonial.[147]

João Antônio de Paula propõe a existência de uma trilogia entre *Economia colonial no Brasil*, *A economia brasileira* e *Formação econômica do Brasil*. Diz o autor: "Os três livros citados aqui complementam-se: a tese de 1948 estabelece as bases historiográficas, os fundamentos históricos da economia colonial brasileira; o livro de 1954 explicita as características estruturais da economia brasileira, sua condição periférica, dependente, subdesenvolvida; *FEB*, de 1959, retoma as duas perspectivas anteriores e sintetiza-as mediante aprofundamento teórico-conceitual".[148]

Roberto Pereira Silva, reforçando o olhar integrado dessas três obras, considera que *Formação econômica do Brasil* é o resultado da costura entre história e economia buscada por Celso Furtado durante a década anterior. Se, em *Economia colonial no Brasil*, o peso da análise pende para a história, com a apropriação da historiografia econômica, em especial com os métodos da escola dos Annales; *A economia brasileira*, por outro lado, é redigida pelo economista, em que os modelos macroeconômicos ordenam os dados e os eventos, para oferecer os sentidos dos processos históricos.[149]

---

[147] Szmrecsányi, Tamás. Sobre a formação da Formação Econômica do Brasil de Celso Furtado. *Estudos Avançados*, v. 13, n. 37, 1999. Silva (2011).

[148] Paula, João Antônio de. A formação do mercado interno e a superação do subdesenvolvimento em Celso Furtado. *In*: Coelho, Francisco da Silva; Granziera, Rui (orgs.). *Celso Furtado e a Formação Econômica do Brasil*. São Paulo: Atlas, 2009. p. 112.

[149] Silva, Roberto Pereira. Os usos da história em *Formação econômica do Brasil*. *In*: Saes, Alexandre; Barbosa, Alexandre de Freitas (orgs.). *Celso Furtado e os 60 anos de Formação econômica do Brasil*. São Paulo: Edições SESC, 2021. p. 258 e 261.

Como exemplo, Pereira Silva examina como a dinâmica do período colonial é explicada na tese de doutorado a partir do diálogo com Henri Pirenne e António Sérgio, pelas relações entre as classes sociais e seus interesses econômicos; enquanto isso, o livro de 1954 se vale de categorias econômicas, como formação de capital, fluxo de renda e alocação de fatores produtivos, por meio da construção de modelos, reconstruindo as linhas gerais dos sistemas econômicos brasileiros.

Não parece ser exagero dizer que essas diferenças entre as duas obras, enfatizadas por Roberto Pereira Silva, se deviam aos dois ambientes intelectuais distintos que marcaram a trajetória do autor: na primeira conjuntura, como avaliado no Capítulo 1, o jovem Furtado navegava pelas páginas de autores das ciências sociais, ao produzir sua tese em Paris durante o impacto da revolução historiográfica dos Annales; no segundo contexto, o agora economista da Cepal era responsável pela elaboração de relatórios econômicos para países da América Latina e pela tradução das teses e ideias cepalinas para o público brasileiro. Sendo o único economista brasileiro na Cepal, Furtado rapidamente se destacaria não somente como porta-voz das ideias cepalinas no Brasil, mas também como efetivo formulador e disseminador de estudos a partir das contribuições do estruturalismo latino-americano.

O primeiro ensaio de Celso Furtado, em que já se percebe a influência das ideias da Cepal, é "Características gerais da economia brasileira".[150] Artigo publicado no segundo semestre de 1950, na *Revista Brasileira de Economia*, apresenta em suas considerações preliminares as devidas conexões com o questionamento de Prebisch à noção das vantagens comparativas. Partindo da consideração de que existia uma tendência secular de piora na relação de troca do Brasil no comércio internacio-

---

[150] Furtado, Celso. Características gerais da economia brasileira. *Revista Brasileira de Economia*. Rio de Janeiro, v. 3, n. 4, 1950.

nal – conforme tese central do *Manifesto latino-americano* –, Furtado associou a instabilidade econômica à desvalorização da taxa de câmbio com impactos na inflação e no déficit público.

Em suma, os desequilíbrios da economia brasileira eram uma herança do caráter colonial da economia, que aprofundava as disparidades entre a produtividade do Brasil e a dos países centrais, reforçando ainda mais o desequilíbrio resultante da deterioração dos termos de intercâmbio.

É notável como o artigo de 1950 já trazia conceitos e ideias que iriam figurar como uma marca recorrente de Celso Furtado naquela década: o uso de referenciais teóricos variados, mobilizando-os a partir de sua própria perspectiva. O artigo era mais do que uma aplicação direta dos textos seminais da Cepal para a história do Brasil. Com traços de originalidade, para compreender o caráter da economia brasileira naquele contexto, valia-se da noção de "deslocamento do centro dinâmico" como da dinâmica sobre a concentração da renda nas fases de prosperidade e de "socialização das perdas nas fases de depressão".[151] Ressalta, também, o que seria argumento fundamental de *FEB*, o vagaroso processo de formação do mercado interno brasileiro, em parte pela dualidade estrutural da economia.[152]

Furtado procura explicar a razão pela qual o crescimento econômico no Brasil não tinha gerado elevação da produtividade. Tendo como referência o processo de desenvolvimento das economias centrais, seu olhar ilumina as assimetrias para encontrar as disfunções do crescimento econômico local. Elevados lucros, baixa produtividade e consumo de luxo provocavam baixa poupança, elevados juros e reduzidos investimentos. A abundante mão de obra no campo, pressionando para baixo

---

[151] Bielschowsky (2000, p. 164).
[152] Vieira (2007, p. 48).

os salários dos trabalhadores, travava a plena constituição do mercado interno.

Por outro lado, a dimensão política da dinâmica econômica se evidenciava pela socialização das perdas, isto é, pela escolha do governo em desvalorizar a moeda, impedindo, assim, que a queda dos preços do café afetasse negativamente o mercado interno. Todos esses elementos seriam trabalhados pelo autor ao longo da década, para encontrar uma formulação definitiva em *Formação econômica do Brasil*.

Mas nem tudo seria continuidade. Algumas de suas ideias aparecem buriladas durante a década, outras superadas. Como sugere Carlos Mallorquin, ao trazer a noção do ambiente econômico como condição para o desenvolvimento da empresa, o artigo ainda estaria preso às noções da economia convencional, ideia suplantada nos anos seguintes.[153] A seguir o trecho do texto de 1950:

> Os lucros excessivamente elevados, a socialização das perdas, o controle parcial das atividades agroexportadoras por grupos financeiros estrangeiros, o elevado preço do dinheiro e a debilidade do mercado interno todos estes fatores concorrerão para retardar a formação no país de um autêntico espírito de empresa, condição básica do desenvolvimento de uma economia capitalista.[154]

Outro conceito passa por revisão nos trabalhos seguintes: "economia colonial".[155] Em 1950, possivelmente ainda

---

[153] Mallorquin (2005, p. 31).

[154] Furtado (1950, p. 12).

[155] Celso Furtado acompanha a perspectiva cepalina sobre o impacto dos ciclos econômicos para as economias periféricas, mas o uso de economia colonial carrega o sentido histórico em sua análise que é menos presente na noção de economia periférica, como utilizada por Raúl Prebisch. Ver: Vieira (2007, p. 48-51).

dialogando com as conclusões sobre os atavismos coloniais de sua tese e com a ideia caiopradiana de sentido da colonização, Furtado dava uma noção de longa duração para a economia colonial brasileira, cuja dinâmica seria rompida somente depois da década de 1930, com a economia de mercado interno que permitiria a efetiva realização do processo de industrialização. Assim, o crescimento industrial pioneiro, anterior à década de 1930, subordinado aos ciclos exportadores e sem gerar um mercado de caráter nacional, não conseguia romper com o "tipo de estrutura econômica colonial [que] se caracteriza pela tendência à concentração das rendas nas fases de prosperidade e à socialização das perdas nas fases de depressão".[156]

Em sua conclusão, seguindo as contribuições dos estudos pioneiros da Cepal, o choque externo causado pela crise da década de 1930 permitia o desenvolvimento industrial da periferia. A ruptura com a estrutura da economia colonial, também resultante das políticas ativas de manutenção da renda, vinha associada à expansão do mercado interno e à diversificação da produção nacional.[157]

A industrialização e o crescimento dos núcleos urbanos ampliou o grau de independência da economia periférica, produzindo mudanças no setor agrícola e gerando a integração das economias do país em uma verdadeira unidade econômica. Sem deixar de reconhecer os novos desafios, o autor não escondia um certo otimismo aberto pelas novas oportunidades: "O Brasil, ao entrar em sua nova fase de desenvolvimento econômico, não só encerrava seu ciclo colonial, mas ainda fundia todos os 'ciclos' anteriores em uma unidade econômica integrada, e concluía o processo histórico de sua formação nacional".[158]

---

[156] Furtado (1950, p. 11).
[157] Furtado (1950, p. 28).
[158] Furtado (1950, p. 31).

Nos anos seguintes, antes de redigir sua obra-prima, Furtado também publicaria o artigo "Formação de capital e desenvolvimento econômico" (1952) e os livros *A economia brasileira: contribuição* à *análise de seu desenvolvimento* (1954) e *A economia dependente* (1956).[159] *A economia brasileira*, seu primeiro livro de análise econômica é dedicado a Raúl Prebisch e publicado enquanto Furtado chefiava o grupo misto Cepal-BNDE.

O livro aprofunda temáticas desenvolvidas no artigo de 1950, ao mesmo tempo que demonstra cada vez mais sua autonomia intelectual. Redigida em seis capítulos, a obra é dividida em três grandes temáticas: uma primeira mais teórica, debatendo o crescimento econômico dentro de uma perspectiva histórica; uma segunda, sobre a evolução da economia brasileira propriamente dita; e uma terceira, teorizando sobre o problema do desenvolvimento econômico.[160]

A bagagem da Cepal é novamente evidente, tanto por meio das análises macroeconômicas, da dinâmica cambial, dos fluxos de renda, como também pela discussão sobre o caráter da inserção do país na economia internacional. Alguns capítulos foram publicados como artigos no exterior, proporcionando certo reconhecimento ao economista, fosse por sua crítica às teses do desenvolvimento equilibrado de Ragnar Nurkse, como por explicitar a dimensão da distribuição de renda para o crescimento econômico.

---

[159] Furtado, Celso. Formação de capital e desenvolvimento econômico. *Revista Brasileira de Economia*. Rio de Janeiro, v. 3, n. 6, 1952; *A economia brasileira: contribuição à análise de seu desenvolvimento*. Rio de Janeiro: A Noite, 1954; *Uma economia dependente*. Rio de Janeiro: Ministério da Educação e Cultura, 1956.

[160] Conforme Ricardo Bielschowsky, *A economia brasileira* já contém o arranjo conceitual básico de análise histórica que figuraria em *Formação econômica do Brasil*, mas também contém dois ensaios de caráter mais teóricos, ausentes em *FEB*, mas que serão retomados em *Desenvolvimento e Subdesenvolvimento* (Bielschowsky, 2000, p. 165).

Ainda que o argumento seja apresentado de maneira bastante sucinta – se comparado à análise mais aprofundada de *FEB* –, o processo histórico aparece como a chave central para a compreensão dos desafios do desenvolvimento. O setor de subsistência é mobilizado por seu duplo caráter histórico: como elemento de ocupação do território e também como instrumento de amortecimento dos custos do trabalho.

Para Furtado, esse elemento será decisivo para a compreensão do caráter do subdesenvolvimento, marcado pela heterogeneidade econômica estrutural, em que a vasta área de subsistência bloqueia a disseminação dos progressos das atividades modernas. Essa era a evidência central para a tese de "uma oferta totalmente elástica de mão de obra", aprofundada em *FEB*, e em sintonia com o artigo clássico sobre "a oferta ilimitada de mão de obra", de Arthur Lewis, publicado também em 1954.[161] Existe aqui uma diferença importante entre os dois autores: aquilo que Lewis transforma em modelo, em Furtado é um expediente analítico a ser confirmado ou não pela análise histórica das estruturas econômicas no tempo e no espaço.

O termo "economia colonial", utilizado em *A economia brasileira*, é abandonado em *Uma economia dependente*, de 1956, e substituído por "economia primário-dependente". Apesar da mudança do termo, seu sentido permanece a partir da noção de um sistema econômico sem dinamismo interno, "que não é capaz de criar o seu próprio impulso de crescimento", estando, portanto, subordinado à dinâmica dos mercados

---

[161] Furtado ([1997] 2014, p. 71-72). Arthur Lewis, ganhador do Nobel em economia em 1979, publicou o artigo "Economic Development with Unlimited Supplies of Labour" (Manchester School), em 1954, introduzindo a noção de um modelo de dois setores, o capitalista e o de subsistência, responsável pela oferta ilimitada de mão de obra que garantia elevada acumulação de capital ao manter estagnado o nível de salários por determinado tempo.

internacionais.[162] Nesse sentido, para o autor, a superação do caráter colonial era condição central para a "formação" da economia nacional, gestando assim um sistema autônomo e capaz de internalizar o processo de crescimento econômico.

A economia brasileira retoma duas peças-chave do artigo de 1950 para avaliar as possibilidades de superação do atraso naquele contexto. A socialização das perdas afeta todos os grupos que dependem dos custos de importação nos ciclos depressivos, os quais não são compensados nos ciclos expansivos, favorecendo a concentração de capital, por causa da manutenção dos salários rebaixados pela oferta elástica de mão de obra. A reversão desse quadro, que marcaria especialmente a Primeira República, se dá apenas com o deslocamento do centro dinâmico, a partir de 1930, e a transição para uma economia industrial. A queda dos preços internacionais e a desvalorização do câmbio, nesse novo contexto, tendo a seu favor uma ativa política anticíclica de manutenção da demanda agregada, acarretam o início da industrialização por substituição de importações.[163] As atividades industriais criam agora um fluxo de pagamentos que assegura a ampliação da renda, incorporando a noção do mecanismo multiplicador keynesiano.[164]

Em suma, os trabalhos produzidos por Celso Furtado na primeira metade da década de 1950 mostram a destreza com que navega no universo cepalino. Paralelamente, sua análise explicita o uso particular de categorias operacionalizadas pelo

---

[162] Vieira (2007, p. 56).

[163] Mallorquin advoga que Furtado ainda estaria preso à posição mais convencional do debate, se valendo de desenvolvimento como sinônimo de crescimento, em que a elevação da produtividade do trabalho, resultado da assimilação tecnológica, era condição indispensável para a superação do subdesenvolvimento. Ver: Mallorquin (2005, p. 54).

[164] Coutinho (2017, p. 43).

método histórico-estrutural: a divisão da economia mundial entre centro e periferia; a história como instrumento para compreensão da dinâmica econômica recente; e a defesa da industrialização como elemento estratégico para a superação do subdesenvolvimento.

Passados dez anos de estudos sobre a história do Brasil e a economia brasileira, Furtado estava pronto para "aproximar a História (visão global) da análise econômica": a economia forneceria as perguntas precisas "para obter respostas da História".[165] *Formação econômica do Brasil* seria o resultado mais fecundo de toda aquela geração de autores cepalinos, ao promover a fusão entre história e economia.

Formação econômica do Brasil: estruturalismo aplicado à história do Brasil

Em seus diários, em julho de 1958, no contexto de finalização de *Formação econômica do Brasil*, Celso Furtado anota:

> Sempre que na Cepal eu começava a estudar a economia de um país, procurava um livro que me desse uma ideia de conjunto do processo histórico que havia levado à situação atual. Quase nunca encontrei esse tipo de livro. Pois minha ideia foi escrevê-lo com respeito ao Brasil.[166]

A "ideia de conjunto do processo histórico" foi operacionalizada por meio de um quadro analítico – o método histórico-estrutural – em que a dinâmica das estruturas se fazia acompanhar de um esforço de reconstrução histórica. Diferente de *A economia brasileira*, em que separadamente capítulos teóricos e históricos compunham a obra, ou mesmo

---

[165] Furtado ([1997] 2014, p. 184-185).
[166] Furtado (2019, p. 150).

de *Desenvolvimento e subdesenvolvimento*, publicado em 1961, cuja ênfase recaía na discussão teórica de sua análise sobre o subdesenvolvimento, *FEB* não se preocupou em explicitar método e teoria. Curiosamente, a partir da síntese da história econômica do Brasil, concebida na longa duração, com rupturas e continuidades, seu método e interpretação alcançaram um novo patamar.

Se em *Formação econômica do Brasil* encontramos diálogos, muitas vezes implícitos, com elementos dos *Annales* e do materialismo histórico, por meio de autores como Henri Pirenne, Caio Prado Jr. e do próprio Marx; a presença do estruturalismo latino-americano da Cepal e da macroeconomia keynesiana é inegável. Todavia, sua história não é construída a partir da aplicação direta das teorias existentes, cujas premissas reducionistas dificultam o acesso à realidade objetiva que precisa vir à luz. A ciência econômica fornece perguntas e hipóteses, mas os parâmetros são definidos a partir do confronto com o próprio processo histórico. Em vez de pensar por meio de analogias com as experiências dos países centrais, o raciocínio por contraste, ao identificar novas dinâmicas na realidade, permite a construção de uma nova variante teórica.

Trata-se, portanto, do método histórico-estrutural em sua mais plena forma, concebido por Furtado como ferramenta analítica mais apropriada para se compreender os problemas do presente.[167] Um método potencialmente dialético, pois abarca a totalidade social em movimento e suas contradições.[168]

---

[167] Romano, Ruggiero. Prefácio à edição italiana [1970]. *In*: Furtado, Celso. *Formação Econômica do Brasil*: edição comemorativa 50 anos. São Paulo: Companhia das Letras, 2009, p. 434.

[168] Bresser-Pereira, Luiz Carlos. Celso Furtado e a teoria econômica. *In*: Coelho, Francisco da Silva; Granziera, Rui (orgs.). *Celso Furtado e a Formação Econômica do Brasil*. São Paulo: Atlas, 2009. p. 63.

A perspectiva teórica se alicerça na capacidade de generalização a partir do chão histórico, combinando criatividade interpretativa e rigor lógico. Ao reconhecer a centralidade das instituições no processo histórico – não como instituições apartadas da realidade –, Furtado se distancia das perspectivas mais recentes da literatura econômica. Para o economista, as instituições estão incrustadas na base do Estado e do desenvolvimento político e social de cada nação.[169]

Por isso a história é instrumento fundamental de análise. Por meio das novas categorias longamente sopesadas, ele acompanha "o vaivém permanente entre impossibilidades do passado, incompletudes do presente e potencialidades do futuro". Parece sugerir que "as transformações estruturais em curso na sociedade brasileira ('a conjuntura'), desde que empurradas por políticas e reformas no plano dos 'acontecimentos', poderiam romper com a 'história lenta', ou seja, com os traços ainda remanescentes do passivo colonial".[170] Uma "dialética das durações"[171] processada à sua maneira.

Tais transformações deveriam ser conduzidas, levando em consideração os constrangimentos internos e externos, mas a partir dos desígnios da própria nação, e não de pressupostos definidos *a priori* e supostamente universais, como aqueles sugeridos a partir dos tipos ideais de instituição caracterizados

---

[169] Bresser-Pereira, Luiz Carlos. Método e paixão em Celso Furtado. *In*: Bresser-Pereira, Luiz Carlos; Rego, José Márcio (orgs.). *A grande esperança em Celso Furtado*. São Paulo: 34, 2001. p. 30-32.

[170] Barbosa, Alexandre de Freitas. Celso Furtado, intérprete do Brasil. *Revista do IEB*, n. 78, abr. 2021. p. 93-95.

[171] Conferir o artigo "História e as Ciências Sociais: a longa duração", de Fernand Braudel, publicado originalmente na *Revue des Annales*, no número de outubro-dezembro de 1958 (Braudel, Fernand. *Escritos sobre a História*. 2. ed. São Paulo: Editora Perspectiva, 1992).

pela Nova Economia Institucional de Douglass North e outros autores em voga nos dias de hoje.[172]

Se a obra de 1959 é a concretização do método histórico-estrutural, possivelmente um dos poucos espaços para a sua reflexão sobre o método é a análise contida alguns anos depois no anexo metodológico de *Teoria de política do desenvolvimento econômico*. Como se, para o autor, a embocadura metodológica estivesse tão atada à narrativa histórica de *FEB* que dispensasse esclarecimentos no momento de sua publicação.

A tensão existente entre os modelos hipotético-dedutivos típicos da teoria econômica e a "dinamização dos parâmetros" desses modelos, como forma de captar as especificidades históricas e regionais, exigiu que Celso Furtado produzisse uma ruptura com a matriz da teoria econômica neoclássica, para inserir a noção de tempo em sua análise. Recusando-se a simplificar a explicação da realidade ao promover o transplante da análise sincrônica para o eixo diacrônico, seu método lhe permite realizar um exame dialético, deixando de tratar os fenômenos como variáveis fixas no tempo e espaço, e apontando para as possibilidades de superação à medida que o livro adentra no século XX. Essa "dinamização dos parâmetros", como afirma Pedro Fonseca, exige a incorporação de dimensões políticas, sociais, culturais, institucionais, dentre outras.[173]

Formação econômica do Brasil está organizado em cinco partes: uma primeira sobre o que o autor chama de "Fundamentos

---

[172] Saes, Alexandre Macchione. Heranças históricas da desigualdade no Brasil: um debate entre o estruturalismo e a nova economia institucional. *In:* Mattos, Fernando; Hallak Neto, João; Silveira, Fernando Geiger (orgs.). *Desigualdades: visões do Brasil e do mundo*. São Paulo: Hucitec, 2022, v. 1. p. 73-89.

[173] Fonseca, Pedro Cezar Dutra. Furtado e o estruturalismo como método. *In:* Saes, Alexandre; Barbosa, Alexandre de Freitas (orgs.). *Celso Furtado e os 60 anos de Formação econômica do Brasil*. São Paulo: Edições SESC, 2021. p. 230-233.

da ocupação territorial", avaliando os primórdios da colonização; as duas seguintes dedicadas à dinâmica da economia escravista de agricultura tropical nos séculos XVI e XVII e da economia escravista mineira de século XVIII; uma longa quarta parte sobre a transição para o trabalho assalariado no século XIX; e, por fim, sua análise sobre a economia de transição para o sistema industrial.[174]

A reconstrução do processo histórico da economia brasileira recupera a lógica dos ciclos econômicos, estabelecendo diálogos com as obras de Roberto Simonsen e Caio Prado Jr. Mas essa reconstrução é feita à sua maneira, por meio dos instrumentos da análise econômica, tais como os ajustamentos entre as estruturas de demanda e oferta, o fluxo de renda e o mecanismo multiplicador.[175] A noção do excedente, termo absorvido dos economistas clássicos e ausente entre os neoclássicos, permite-lhe captar a dimensão política da acumulação, do deslocamento no tempo e no espaço e da concentração da renda.

Ainda que tal sistematização esteja presente em textos da década de 1950, reunidos em 1961, no livro *Desenvolvimento e subdesenvolvimento*, ela foi plenamente mobilizada

---

[174] Por meio de uma cuidadosa radiografia de *Formação econômica do Brasil*, Ricardo Bielschowsky elenca três linhas de argumentação fundamentais para entender a obra: a comparação da trajetória da colonização do Brasil com aquela dos Estados Unidos; o papel da teoria keynesiana para avaliar os limites da constituição da renda, da formação do mercado interno e da diversificação das atividades produtivas no Brasil; e, por fim, a discussão em torno da heterogeneidade da economia brasileira, resultado da ampla economia de subsistência. Ver: Bielschowsky (2000, p. 166).

[175] Coutinho, Maurício. A teoria econômica de Celso Furtado: formação econômica do Brasil. *In:* Lima, Marcos Costa; David, Mauricio Dias (orgs.). *A atualidade do pensamento de Celso Furtado*. Leste Vila Nova: Verbena, 2008. p. 139-159.

historicamente na análise dos fluxos da renda dos sistemas econômicos brasileiros, que podem ser basicamente divididos em dois grandes blocos em *Formação econômica do Brasil*. O primeiro voltado para acompanhar a formação da estrutura subdesenvolvida, entre 1500 e 1850, destacando a ocupação territorial, as economias escravistas açucareira, mineradora e as primeiras fases da economia cafeeira.

O segundo bloco, sobre a transição para a economia industrial na estrutura subdesenvolvida brasileira, entre 1850 e 1950, quando sobressai o problemático caráter do desenvolvimento em uma economia periférica.[176] O binômio "fluxo da renda e mercado interno" assume o papel de ator principal na narrativa condensada sobre a evolução da economia brasileira do século XX, explicitado adiante como classe operária, trabalhadores rurais, empresários industriais, burocratas estatais e demais segmentos sociais em *A pré-revolução brasileira* e *Dialética do desenvolvimento*, como veremos no capítulo seguinte.

A economia escravista açucareira instalada desde o primeiro século de colonização produziu elevada renda de exportação, condição preliminar para gerar um processo de ocupação efetiva de segmentos do território. Mas sendo uma renda extremamente concentrada entre os proprietários de engenho, cujo consumo se realizava no exterior, a renda monetária gerada na economia era quase inexistente. Portanto, o crescimento não vinha acompanhado de mudanças estruturais.

Nos ciclos expansivos da economia escravista de agricultura tropical, sem que a estrutura produtiva tivesse estímulos à inovação ou aos ganhos de produtividade, considerando sua expansão extensiva dependente exclusivamente de escravos e terras, a elevação da renda trazia a ampliação dos gastos em produtos importados. O excedente produzido localmente era, portanto, enviado para o exterior, fosse como pagamento do

---

[176] Bielschowsky (2000).

financiamento da estrutura produtiva – empréstimos holandeses e compra de plantéis de escravos –, ou via consumo das classes dominantes açucareiras.

Na crise da economia escravista, por seu turno, a regressão levava a economia para a subsistência. Como os gastos para a manutenção do engenho eram praticamente nulos, verifica-se a sobrevivência da estrutura por meio de sua involução.[177] A crise da economia açucareira e a deterioração dos ativos, por quase trezentos anos, acarretou a manutenção de uma estrutura atrofiada, tanto na exportadora açucareira como na "economia criatória", que compunham o complexo econômico nordestino. No caso da pecuária, cessado o impulso externo e sem a demanda criada pela economia açucareira, o gado se transformava em produção para o próprio consumo, gerando toda uma cultura peculiar no sertão nordestino.

Portanto, na conclusão de Furtado, a economia escravista açucareira era resistente à mudança.[178] O complexo econômico nordestino, composto pela economia açucareira e pela pecuária, não apresentava mecanismos de autopropulsão, isto é, mecanismos multiplicadores da renda internos ao país. Sendo parte de um sistema econômico maior, com suas rendas consumidas no comércio internacional, a economia açucareira não permitiu a formação de um mercado interno, imprimindo assim o caráter subdesenvolvido da economia colonial.

A economia escravista mineira, ainda que estabelecida em menores unidades produtivas e produzindo menor renda *per capita* do que a açucareira, chegou a constituir uma pioneira integração econômica a partir do Centro-Sul, gerando "nexos de solidariedade econômica" com outras regiões do país.[179]

---

[177] Furtado, Celso. *Formação econômica do Brasil* [1959], 34. ed. São Paulo: Companhia das Letras, 2006, p. 91.

[178] Furtado ([1959] 2006, cap. 9, 12 e 14).

[179] Furtado ([1959] 2006, parte 3).

Mas a rápida expansão setecentista da economia mineradora, mesmo com a formação de alguns núcleos urbanos, não conseguiu romper com seu caráter cíclico. A crise da economia mineradora, com o esgotamento das jazidas, levaria a região para uma "regressão econômica", como afirma o economista, desmobilizando o "capital" investido na região.

No início da quarta parte do livro, Furtado realiza um "confronto com o desenvolvimento dos Estados Unidos", que nos aparece apropriado para penetrar de cheio em seu método. Padrão de desenvolvimento, estrutura social, papel do Estado e hábitos de pensamento conformam um todo que explica "por que se industrializaram os EUA no século XIX, emparelhando-se com as nações europeias, enquanto o Brasil evoluía no sentido de transformar-se no século XX numa vasta região subdesenvolvida".[180]

Furtado responde a questão recorrendo à história, encarada não como uma fatalidade, mas por meio de uma investigação da complexa interação entre as estruturas econômicas e sociais e os centros de decisão. Aqui os personagens históricos Alexander Hamilton e Visconde de Cairu surgem imbricados com um processo de longa duração, cada qual empunhando sua leitura de Adam Smith, que encontra respaldo na estrutura social. O estadunidense, paladino da industrialização, e o brasileiro, defensor da mão invisível. Sem alarde, a sociologia da cultura dá o ar de sua graça num livro de "história econômica".[181]

Somente nas décadas finais do século XIX, com o avanço da fronteira cafeeira e a disseminação do trabalho assalariado, o fluxo de renda da economia brasileira seria verdadeiramente transformado.[182] A partir de 1870, com a crescente escassez de

---

[180] Furtado ([1959] 2006, p. 150-158).
[181] Barbosa (2021, p. 95-96).
[182] Furtado ([1959] 2006, cap. 25 e 26).

mão de obra escrava para atender à economia em expansão, segmentos das classes dominantes cafeeiras optam pela imigração de trabalhadores europeus. A decisão de recrutar os trabalhadores imigrantes, em vez dos recém-libertos ou trabalhadores livres nacionais das áreas de subsistência, reforçava a manutenção da economia de subsistência. Garantia-se uma massa de trabalhadores à disposição, permitindo o rebaixamento dos salários nas fases de elevação da produção cafeeira ou mesmo durante a industrialização – condição central para caracterizar o fenômeno do subdesenvolvimento.

A imigração, não obstante, seria para Furtado a "mudança mais significativa do século XIX", por alterar a forma de vinculação do complexo cafeeiro à economia internacional, gerando mudanças estruturais no núcleo dinâmico. Com a introdução dos trabalhadores assalariados iniciava-se a formação de uma economia de mercado interno, com a diversificação da economia – de transição das fazendas autárquicas para a formação de um mundo urbano industrial –, e o efetivo consumo monetário dos agricultores.[183] Agora que uma parcela do excedente era mantida na economia, como pagamento dos salários dos trabalhadores, aguçavam-se as tendências ao desequilíbrio externo: o multiplicador monetário produzia uma maior demanda de importação do que as reservas geradas pelas exportações.

O desequilíbrio externo disparava duas outras tendências marcantes que representavam os limites de uma economia subdesenvolvida no período de transição para o século XX. No campo da política monetária, reforçava a frágil inserção internacional da periferia no comércio internacional. Dependendo de rendas de produtos primários, a queda dos preços no exterior gerava a incapacidade das economias para honrar os compromissos internacionais. A manutenção do padrão ouro na periferia, como explicita Furtado, era tarefa muito

---

[183] Furtado ([1959] 2006, p. 218).

mais custosa. No Brasil, os políticos presos a uma "série de preceitos doutrinários em matéria monetária" possuíam uma "inibição mental para captar a realidade de um ponto de vista crítico-científico".[184]

A segunda tendência, bastante presente nos trabalhos dos anos 1950, era a noção de socialização das perdas. Por causa da desvalorização da moeda nacional, os cafeicultores conseguiram compensar suas perdas com os preços de exportações. Os custos elevados recaíam sobre toda a população que era consumidora e dependente de produtos importados. O resultado era reforçar a concentração da renda tanto na crise como também na alta dos ciclos, considerando a abundante quantidade de mão de obra e terras disponíveis para a produção de café.

Novo capítulo na dinâmica do fluxo de renda e do mercado interno ocorreria somente em 1930, quando a Grande Depressão, provocada pela quebra da Bolsa de Nova Iorque, criasse as condições para o "deslocamento do centro dinâmico".[185] Como narra Celso Furtado, com a propagação da crise de 1929 e a brusca queda dos preços internacionais do café, restava ao governo de Getúlio Vargas duas opções: colher o café ou deixá-lo apodrecer? Aceitando que colher seria importante para manter a renda do principal produto do país, outras questões eram impostas: colhendo o café, devia-se vendê-lo no mercado internacional ou destruí-lo? E como financiar a operação?

Furtado indica que as escolhas de Getúlio Vargas, diferentemente das opções da política de valorização realizadas na Primeira República, teriam produzido uma "política keynesiana antes de Keynes".[186] Com a queima dos estoques, o governo conseguiu: (1) evitar a quebra do setor cafeeiro;

---

[184] Furtado ([1959] 2006, p. 224-225 e 230).
[185] Furtado ([1959] 2006, cap. 30-32).
[186] Furtado ([1959] 2006, p. 271).

(2) manter a demanda agregada do país, em decorrência do efeito multiplicador gerado pela atividade cafeeira; e (3) por meio da desvalorização da moeda nacional lograva-se proteger as atividades do mercado interno, dando início ao processo de industrialização por substituição de importações no Brasil.

O deslocamento do centro dinâmico se materializou com a expansão das atividades voltadas ao mercado interno. A nova dinâmica econômica deixava de ser conduzida pela agricultura exportadora, pois o mercado interno assumia papel estratégico na definição do nível do produto e da renda da economia nacional. A poderosa narrativa histórica de Furtado produzia evidências no sentido de questionar as máximas econômicas que defendiam uma inserção econômica subordinada no mercado internacional, por meio da teoria das vantagens comparativas, assim como os preceitos liberais da gestão da política econômica.

Seguindo o programa cepalino, Furtado indicava como a Grande Depressão teria aberto a oportunidade para que o país iniciasse seu processo de industrialização, tendo rompido com alguns dos principais pilares da teoria econômica. A intervenção do governo na economia tinha garantido a manutenção da renda e do emprego; a emissão de moeda teria sido instrumento fundamental para manter a demanda agregada; o crescimento da economia voltado ao mercado interno vinha estimulando o crescimento da economia e da produtividade; e o protecionismo, via desvalorização, ou por tarifas como ocorreria depois do pós-guerra, beneficiava a nascente indústria nacional.

Não deixava de reconhecer o caráter particular e difícil da industrialização brasileira, pois sua disseminação provocava um conjunto de desequilíbrios, tais como a pressão na balança comercial, as disparidades regionais e a inflação. O desenvolvimento industrial, ainda sem uma estrutura produtiva diversificada, e com a rigidez da oferta numa economia de agricultura agrário-exportadora, exigia o planejamento como instrumento de política econômica. Assim, cabia ao Estado coordenar os esforços no processo de industrialização por substituição de importações, reunindo as condições de superação dos obstáculos estruturais que limitam o desenvolvimento.[187]

Formação econômica do Brasil era, portanto, uma obra que também oferecia um projeto de futuro, um convite para que aquela geração enfrentasse o desafio de superação do subdesenvolvimento. Mas era um futuro como possibilidade, e não como resultado inevitável, como deixa registrado Furtado no último capítulo "Perspectivas para o próximo decênio":

> O processo de integração econômica dos próximos decênios, se por um lado exigirá a ruptura de formas arcaicas de aproveitamento de recursos em certas regiões, por outro lado requererá uma visão de conjunto do aproveitamento de recursos e fatores no país. [...] Sendo assim [a partir das projeções de crescimento da economia], o Brasil por essa época [final do século] ainda figurará como uma das grandes áreas da terra em que maior é a disparidade entre o grau de desenvolvimento e a constelação de recursos potenciais.[188]

Esse parágrafo que encerra a sua obra-prima comporta uma "antiprofecia".[189] O livro não fora escrito para defender a industrialização por substituição de importações como salvação nacional. O conceito se refere a um diagnóstico de como se industrializava o país, de modo distinto ao verificado na história dos países desenvolvidos. Tratava-se de orientar a industrialização com planejamento, participação da sociedade e alteração das relações entre centro e periferia.

Furtado não procura dourar a pílula de uma industrialização que era "problemática" pela maneira como se dava

---

[187] Bielschowsky (2000, p. 136).
[188] Furtado ([1959] 2006, p. 334-335).
[189] Barbosa (2021, p. 97).

– marcada pelas disparidades sociais e regionais – e pelos vínculos de subordinação com as economias centrais. A antiprofecia era um chamado para a ação, para que o processo iniciado não fosse encarado como o fim da história. Para que os leitores fechassem o livro e estivessem dispostos a prosseguir no combate. A superação do subdesenvolvimento era uma tarefa de gerações.

Os leitores e as leituras de *Formação econômica do Brasil*[190]

Formação econômica do Brasil teve uma assimilação quase imediata nos meios acadêmicos e nos debates intelectuais e políticos brasileiros. Nos dois volumes do livro *Conversas com economistas*,[191] a obra-prima de Celso Furtado é recorrentemente mencionada como aquela de maior influência nas gerações de economistas formados a partir de 1959. Partindo da perspectiva cepalina no sentido de ampliá-la, ele apresentava um projeto de intervenção e transformação da sociedade brasileira que se distanciava tanto das abordagens marxistas do período como das teses de matriz liberal.[192]

---

[190] Aproveitamos parte das ideias contidas em: Saes, Alexandre; Manzatto, Rômulo. Os sessenta anos de Formação econômica do Brasil: pensamento, história e historiografia. *In:* Saes, Alexandre; Barbosa, Alexandre de Freitas (orgs.). *Celso Furtado e os 60 anos de Formação econômica do Brasil*. São Paulo: Edições SESC, 2021. p. 230-233.

[191] Biderman; Cozac; Rego (1996, volume 1); Mantega; Rego (1999, volume 2).

[192] Sobre Furtado, o historiador Francisco Iglésias afirma: "pela primeira vez no Brasil um economista se tornou figura popular, sem que cortejasse a opinião com linguagem política: mantendo sempre o tom do técnico, sem exibicionismo pedante nem tom de quem faz campanha eleitoral" (Iglésias, Francisco. [1963]. Prefácio à Edição Especial da Coleção Biblioteca Básica Brasileira – UNB. *In:* Furtado, Celso. *Formação econômica do Brasil: edição comemorativa 50 anos*.

Foram cinco mil exemplares impressos na primeira tiragem, em janeiro de 1959, esgotados em alguns poucos meses. No ano seguinte, o livro já estava na terceira edição, sendo impresso agora com dez mil exemplares. Livro pensado para um público mais especializado, de "estudantes de ciências sociais, das faculdades de economia e filosofia em particular", como sugere o autor em sua apresentação, *Formação econômica do Brasil* tinha se tornado o terceiro livro mais vendido no país, atrás apenas de *Gabriela, cravo e canela*, de Jorge Amado, e *A imaginária*, de Adalgisa Nery.

A recepção da obra entre leitores estrangeiros não foi menos relevante. Nas décadas de 1960 e 1970, *Formação econômica do Brasil* foi traduzido para sete línguas: espanhol (1962), inglês (1963), polonês (1967), italiano (1970), japonês (1972) e alemão (1975), transformando-se numa porta de entrada para os interessados em conhecer a história daquele país do futebol, da bossa nova e da rápida industrialização dos tempos de JK.[193]

A edição comemorativa dos cinquenta anos da obra, organizada por Rosa Freire d'Aguiar, em 2009, ao apresentar uma robusta fortuna crítica de *Formação econômica do Brasil*, composta de resenhas e apresentações das edições traduzidas para as mais diversas línguas, ilustra o alcance das ideias de Furtado. Num olhar retrospectivo, a partir do conjunto da seleção publicada na edição, é possível observar basicamente dois tipos de leituras sobre a obra. Se, de maneira geral, os autores nacionais publicam resenhas para analisar *Formação econômica do Brasil* dentro do campo da historiografia econômica brasileira; os autores estrangeiros aparecem em prefácios e apresentações,

---

Organização de Rosa Freire d'Aguiar Furtado. São Paulo: Companhia das Letras, 2009, p. 416).

[193] Os dados estão na apresentação de Rosa d'Aguiar Furtado na edição comemorativa dos 50 anos do livro *Formação Econômica do Brasil* (São Paulo: Companhia das Letras, 2009, p. 16).

compreendendo a obra como uma contribuição para o debate do subdesenvolvimento ao abrir novas vertentes interpretativas para o estruturalismo latino-americano.[194]

As primeiras resenhas publicadas revelam certo estranhamento ou mesmo incompreensão de parte dos leitores. Sendo uma obra de síntese da história econômica brasileira, assentada numa estrutura analítica dos fluxos de renda e sem o uso abundante de fontes primárias, *Formação econômica do Brasil* falhava, para alguns críticos, por se valer de generalizações da teoria econômica, sem ter o devido cuidado com as evidências históricas.[195]

Nos anos 1960, a obra passaria a ser inserida no cânone da historiografia nacional, recebendo o reconhecimento de sua originalidade. Fernando Novais, em 1961, foi possivelmente quem primeiro valorizou a riqueza da estrutura interpretativa de *Formação econômica do Brasil*. Resgatando a dimensão do fluxo de renda da economia escravista e da cafeeira de trabalho assalariado, observa "alto nível de seu esquema explicativo e a riqueza de suas sugestões" para entender a economia no processo de industrialização. Francisco Iglésias, em sua apresentação à edição do livro de 1963, consagra os chamados pioneiros da história econômica brasileira, inserindo Celso Furtado ao lado de Caio Prado Jr. e Roberto Simonsen.[196]

No que diz respeito a autores estrangeiros, a difusão da *Formação econômica do Brasil* ocorria paralelamente à circulação de outros

---

[194] Conferir a resenha de Roberto Pereira Silva. A trajetória de um clássico: Formação econômica do Brasil de Celso Furtado. *Economia e Sociedade*, v. 20, n. 2, p. 443-448, 2016.

[195] Para essas críticas, conferir, por exemplo, as resenhas de Nelson Werneck Sodré [1959], Renato Arena [1959] e Paul Singer [1959]. Resenhas publicadas em Furtado (2009).

[196] Fernando Novais [1961], Francisco Iglesias [1963]. Textos publicados em Furtado (2009).

livros de Furtado no exterior, especialmente *Desenvolvimento e subdesenvolvimento*, publicado em 1961. Com essa obra, Furtado sistematizava suas contribuições sobre a teoria do subdesenvolvimento, tornando-se uma voz poderosa no debate internacional. É por meio dessa chave que as traduções de *FEB* chegavam ao exterior, como diz Hans Muller, obra de autoria do "primeiro teórico moderno de economia do Brasil".[197] Essa qualificação é reiterada por autores como Warren Dean, que caracterizava o autor como "o principal porta-voz de uma escola de pensamento", ou por Ignacy Sachs, que advogava o papel da obra como um modelo para a análise de outras realidades periféricas nacionais.

Para além da recepção no campo da historiografia econômica ou da teoria do desenvolvimento econômico, *FEB* também deve ser compreendido como a síntese dos dilemas do país no momento em que é escrito, quando vários projetos se encontravam em disputa.

Num duplo movimento, enquanto procurava explicar o Brasil aos brasileiros, por meio de sua obra, Celso Furtado também dava concretude e caráter histórico às ideias da Cepal. Se, por um lado, a análise histórica de Furtado conferia sentido à formação da nacionalidade, por outro, a trajetória do desenvolvimento brasileiro legitimava a análise e os projetos correspondentes de transformação das estruturas, dotando-os de conteúdo histórico.

Sustentando os quatro principais traços analíticos centrais da produção cepalina – a saber, o enfoque histórico-estrutural, a análise da inserção internacional, dos condicionantes internos e das necessidades e possibilidades de ação estatal –, *Formação econômica do Brasil* era a materialização de uma ideia de país.[198]

---

[197] Muller, Hans. Resenha [1963] (em Furtado, 2009, p. 389).

[198] Bielschowsky, Ricardo. Formação Econômica do Brasil: uma obra-prima do estruturalismo cepalino. *Revista de Economia Política*, v. 9, n. 4, out./dez. 1989.

Perspectiva ressaltada por Francisco Oliveira, ao considerar que "ninguém, nestes anos, pensou o Brasil a não ser nos termos furtadianos", assim como por Maria da Conceição Tavares, ao afirmar que "ninguém ficou imune a um Furtado".[199]

A partir das décadas de 1980 e 1990, *Formação econômica do Brasil* passa a receber seus maiores questionamentos. No campo da historiografia econômica, enquanto as pesquisas monográficas se avolumavam nos recém-constituídos programas de pós-graduação das universidades brasileiras, as sínteses sobre o processo histórico brasileiro produzidas por Celso Furtado eram colocadas à prova. Um movimento que Frédéric Mauro, em certo sentido, antecipava na apresentação à edição francesa da obra em 1971, ao afirmar que cabia aos pesquisadores a investigação das hipóteses levantadas por Furtado. A ampla disseminação de estudos a partir das formulações presentes em *FEB* produziu avanços notáveis na produção historiográfica, como na discussão sobre a estrutura da economia açucareira, a "decadência" da economia mineira e, inclusive, sobre o deslocamento do centro dinâmico para uma economia industrial. Não obstante, a nova historiografia não conseguiu produzir novas sínteses capazes de substituir o conjunto da obra. Mesmo sessenta e cinco anos depois, os alicerces interpretativos de *FEB* permanecem lançando questões pertinentes para pensar o país do presente.[200]

Vale lembrar que, na introdução da obra, Furtado já na primeira linha afirma o que seu livro "pretende ser": "um esboço

---

[199] Oliveira (2003, p. 19); depoimento de Tavares para Biderman, Ciro; Cozac, Luiz Felipe; Rego, José Márcio. *Conversas com economistas brasileiros*. São Paulo: Ed. 34, 1996. p. 421.

[200] Sobre os debates historiográficos gerados a partir de *FEB*, recomendamos os capítulos: Flávio Rabelo Versiani. "*Formação econômica do Brasil:* Celso Furtado como historiador econômico"; e Flávio Saes, "*Formação econômica do Brasil* e a nova historiografia econômica brasileira". Ambos estão publicados em Saes e Barbosa (2021).

do processo histórico de formação da economia brasileira". Sua preocupação é "a análise dos processos econômicos", "com profundidade de perspectiva", para "captar inter-relações e cadeias de causalidade". Não se propõe, portanto, a "reconstituir os eventos históricos".[201] Pode-se discutir se o livro é mais do que ele se propusera, mas fica explícito que, ao mobilizar o método histórico-estrutural, ele não procurara fazer um livro de "história econômica". Os cortes transversais empreendidos no tempo e no espaço lhe permitiram montar um "afresco" com "segmentos estruturados" (as cinco partes do livro), de modo a "estimular outras pessoas a aprofundar a investigação" partindo da coleção de hipóteses lançadas.[202]

No debate econômico, por sua vez, tendo sido a obra que formara os economistas e pautara os debates nas décadas nas décadas de 1960 e 1970, *FEB* receberia fortes ataques no contexto da abertura econômica brasileira dos anos 1990. Por se situar na origem do projeto "nacional- desenvolvimentista", os economistas ortodoxos a elegeram como objeto a ser desfigurado. Suas "desleituras" associavam, de forma equivocada, substituição de importações com autossuficiência, intervencionismo e inflacionismo.[203] As ideias de Furtado precisavam se transformar numa caricatura de mau gosto, para que os neoliberais se colocassem como seus antípodas, pregando com espalhafato o ingresso na pretendida "nova modernidade" – ilusão desfeita com a desvalorização do real em 1999.

Por sua vez, as ideias de Furtado não ficaram estáticas entre *FEB* e os anos 1990, pois ele atualiza suas perspectivas analíticas

---

[201] Furtado ([1959] 2006, p. 21-22).

[202] Furtado (1985, p. 205 e 215).

[203] Para a economia política de *FEB,* conferir Barbosa, Alexandre de Freitas. Formação, 60 anos depois. *In:* Saes, Alexandre; Barbosa, Alexandre de Freitas (orgs.). *Celso Furtado e os 60 anos de Formação econômica do Brasil.* São Paulo: Edições SESC, 2021.

conforme as mudanças na conjuntura econômica internacional. Mais importante ainda, elas retornam ao centro do debate econômico nos anos 2000. Como bem lembra Carlos Lessa:

> A chave para interpretar a obra de Furtado na juventude é pensar a industrialização voltada para dentro da economia como modo de superação do atraso. A obra de maturidade é entender como a periferia do mundo não foi capaz de reproduzir os padrões de vida social, política e cultura do centro.[204]

Mais de sessenta anos depois de sua publicação, entre críticas e adesões às teses de Furtado, *Formação econômica do Brasil* continua demonstrando seu vigor interpretativo. Um livro cuja síntese capta os principais sentidos e movimentos da economia brasileira até meados do século XX; uma ideia de Brasil que pauta o debate social e político em toda a segunda metade do século XX; um método de análise histórico-estrutural, nosso legado para pensar o Brasil do século XXI em toda a sua complexidade.

---

[204] Lessa, Carlos. Apresentação. Mallorquin, Carlos. *Celso Furtado: um retrato intelectual*. São Paulo: Xamã; Rio de Janeiro: Contraponto, 2005. p. 12.

O intelectual estadista
(1958-1964)

> *O país está maduro para começar a refletir sobre seu próprio destino. Dos debates gerais e das manifestações da opinião pública deverão surgir as plataformas que servirão de base à renovação da representação popular.*
> Celso Furtado, *A pré-revolução brasileira*, 1962.[205]

Formação econômica do Brasil, que procuramos destrinchar no capítulo anterior, é uma espécie de romance da formação da nação que se transforma num capítulo de nossa história, pois continua atuando sobre ela depois de escrito. A leitura da obra passa a fazer parte do repertório essencial não somente dos intelectuais, mas também dos agentes políticos e sociais logo quando vem à luz.

A interpretação que Furtado oferece em sua obra-prima vem impregnada de projeto e de utopia, que ele dá continuidade nas atividades que exerce e passam a ser do conhecimento da sociedade. Como se saltasse do romance para entrar na história, o autor se transforma em personagem protagonista de seu próprio livro, ao conclamar a "coletividade nacional" para a "superação do subdesenvolvimento".

Desvendar essa transição da posição de analista para a de ator político não é uma tarefa fácil. No dizer de Carlos Mallorquin, o Furtado desse período, com as suas várias facetas, parece coberto por um mistério extraordinário.[206] Enquanto *FEB* sai

---

[205] Furtado, Celso. *A pré-revolução brasileira*. Rio de Janeiro: Fundo de Cultura, 1962. p. 32.
[206] Mallorquin (2013, p. 295-296).

da gráfica, seu autor já se encontra empenhado na batalha pela Sudene, sob sua liderança entre 1959 e 1964. Mais adiante, em outubro de 1962, ele assume o Ministério Extraordinário do Planejamento para se alistar em outra frente: assegurar a estabilização da inflação com a implementação das reformas de base e o esforço de programação dos investimentos.

Se, no primeiro caso, Furtado se enfrenta com as oligarquias dos proprietários de terra de sua região natal; no segundo caso, vai se deparar com toda a ordem de interesses, dos industriais aos assalariados do setor privado e funcionários públicos, dos representantes do capital internacional e da diplomacia dos Estados Unidos, além da oposição de setores de dentro e fora do governo.

Na Sudene, ele conta inicialmente com o apoio exultante do presidente JK, logrando manter-se à frente da entidade durante as gestões de Jânio Quadros e João Goulart, que o têm em alta conta. Já o Plano Trienal, por ele concebido, funciona como a principal aposta política do governo Jango com o retorno do presidencialismo em janeiro de 1963.

É, nesse sentido, que o caracterizamos como "intelectual estadista",[207] não apenas por ocupar altas funções no âmbito do Estado e de, a partir delas, costurar consensos possíveis, de forma transparente e democrática, num contexto de radicalização política.

Mas também porque sua atuação política é respaldada por sua transfiguração enquanto intelectual. Em 1962, Furtado publica *A pré-revolução brasileira*, um panfleto político por meio do qual se dirige à nação. No ano anterior, ele já havia lançado outra obra, *Desenvolvimento e subdesenvolvimento*, quando apresenta as coordenadas de seu método histórico-estrutural e fornece o quadro conceitual operacionalizado em *FEB*.

Esses livros compõem uma espécie de trilogia do pensamento do intelectual no período. Aqui podem ser encontrados:

---

[207] Barbosa (2021, p. 234-235, 332-333).

seu método de investigação e as categorias utilizadas; a forma como ele o "aplica" na história para desvendar as estruturas remanescentes do passado, mas agora sob um novo ordenamento instável e contraditório; e as potencialidades do futuro em face da encruzilhada.

Um último livro fecha o período, quando as perspectivas utópicas parecem não orientar mais o curso da história. Em meio à tormenta que se avizinha, Furtado se coloca à altura do contexto histórico, para fornecer sua interpretação sobre o que "deu errado". Nesse sentido, *Dialética do desenvolvimento* funciona como o anticlímax do processo, em contraposição ao clímax, simbolizado por *A pré-revolução brasileira*.

Assim, para além da discussão existente entre os dois livros que simbolizam a síntese e a crise de uma utopia de país, no presente capítulo apresentamos de forma sumária as experiências da Sudene e do Plano Trienal. Como sempre, na obra de Furtado, o contexto político atua sobre sua reflexão, que se projeta sobre o campo dos possíveis, de maneira a transformar a análise sobre o real em ferramenta de ação. É nesse sentido que Francisco de Oliveira o qualifica como o "mais ideológico" dos pensadores brasileiros.[208]

Senão como explicar que num espaço de apenas dois anos o intelectual nos forneça diagnósticos tão distintos? Duas hipóteses nos parecem igualmente sugestivas. Teria o processo histórico se acelerado, conferindo nova forma e significado às contradições, antes apenas latentes e ainda passíveis de equacionamento? Ou teria o personagem protagonista compreendido sua posição ambígua de intelectual estadista, já que na ausência de apoio social e político substantivo, sua atuação corria o risco de ser tragada pela nova encruzilhada histórica não restrita ao território nacional?

Ambas as hipóteses nos parecem sugestivas. O que nos interessa é ressaltar que antes de sair da cena política, Furtado oferece

---

[208] Oliveira (2003, p. 34-35).

um denso diagnóstico crítico do processo de desenvolvimento no Brasil, especialmente dos anos em que ocupou posição de destaque. Afinal, essa é a "responsabilidade dos intelectuais", muitas vezes "traída pela ação de uns e a omissão de outros".[209]

A Sudene e a invenção do Nordeste

Em agosto de 1958, em seu retorno da temporada de Cambridge, Furtado é recebido no aeroporto do Rio de Janeiro por Cleanto de Paiva Leite e Ewaldo Correia Lima – dois importantes quadros da diretoria do BNDE dos anos 1950. Com o apoio de Roberto Campos, que acabara de assumir a presidência da instituição, os dois colegas o convidam para assumir uma das diretorias do banco de desenvolvimento. Furtado aceita com a condição de que o banco criasse uma área especializada "para se ocupar dos problemas do Nordeste".[210]

A condição exigida por Furtado foi acolhida por Roberto Campos. Algumas relevantes ideias sobre a região já estavam esboçadas no curso sobre problemas brasileiros oferecido no Rio de Janeiro em 1957, valendo-se de estudos produzidos pelo Grupo Misto BNDE-Cepal. Conforme o próprio economista rememora décadas depois, aquelas conferências teriam explicitado como a industrialização não era suficiente para produzir uma política de desenvolvimento econômico, afinal, seus resultados vinham ampliando a disparidade econômica entre o Nordeste e o Centro-Sul.[211]

---

[209] Furtado, Celso. Introdução. *Dialética do Desenvolvimento*. Rio de Janeiro: Fundo de Cultura, 1964, p. 9.

[210] Furtado, Celso. Entrevista. *Memórias do Desenvolvimento*, ano 3, n. 3. Rio de Janeiro: Centro Internacional Celso Furtado, out. 2009, p. 110-111. A entrevista foi realizada em 22 de junho de 1982. A entrevista foi realizada em 22 de junho de 1982.

[211] Furtado ([2002] 2012, p. 178-180).

Agora, no BNDE, Furtado passaria por uma metamorfose: de técnico de uma agência internacional, começaria a assumir uma posição política, atuando como um intelectual estadista. Em julho de 1959, Furtado redige a seguinte anotação em seu diário: "começo a ser uma pessoa notória".[212] O que está por trás desse registro? Depois de lançada a Operação Nordeste e enviada a mensagem para o Congresso com o projeto da Sudene, em fevereiro de 1959, nosso intelectual inicia uma maratona de reuniões e encontros com governadores, bispos e lideranças políticas e sociais do Nordeste.

Resumo da história: a *FEB* e a Sudene projetam o intelectual no cenário nacional, transformando o ex-economista da Cepal no Celso Furtado que ingressa de forma definitiva na história do Brasil, precisamente no período 1958-1964.

Até então ele fora o técnico de uma organização da ONU, com influência junto aos gestores públicos brasileiros. Chegara a criar, em 1955, o Clube dos Economistas e a revista *Econômica Brasileira* – um espaço para a formulação de políticas e concepções teóricas alternativas às veiculadas nas publicações convencionais da área no país. Mas não circulava no mundo da grande política. O próprio presidente Juscelino, ele o conhece apenas no Palácio Rio Negro, em Petrópolis, no fatídico dia 6 de janeiro de 1959.

A "questão nordestina" tirava o sono do presidente JK. A seca de 1958 com seu meio milhão de flagelados, as vitórias da oposição em Pernambuco e Bahia, a irrupção das Ligas Camponesas, os discursos inflamados das elites políticas regionais, a insatisfação dos militares – tudo reunido num barril de pólvora prestes a estourar, desviando as atenções da construção da nova capital.

O encontro em Petrópolis tem o objetivo de promover um amplo debate sobre o Nordeste. O que fazer? O grupo reunido não conta sequer com uma dezena de presentes. A palavra é

---

[212] Anotação de 8 de julho de 1959. Furtado (2019, p. 173).

passada ao economista, que o presidente acaba de conhecer: "de quanto tempo disporia para dizer algo significativo?", pondera Furtado. Fala por trinta minutos tomado por forte carga emotiva, enquanto vê o presidente contrair a fisionomia, sem saber se seria por desinteresse ou perplexidade.[213]

Em sua fala, Furtado expõe a ineficácia das políticas do governo voltadas à região, reproduzindo as fórmulas do passado. A economia nordestina encontra-se em estado de desagregação e, portanto, incapaz de acompanhar o desenvolvimento do país. Falta-lhe uma "política global de desenvolvimento", no lugar de iniciativas desconexas que apenas agravam o quadro da região. Por exemplo, a política de subsídio do açúcar e a construção de açudes pelo governo federal. O maior problema reside no setor de produção de alimentos, o qual se ressente da ausência de uma política séria de irrigação.

Enfim, não se trata de "combater as secas", mas de criar uma atividade agropecuária adequada às condições ecológicas do semiárido, transformando as políticas públicas e as estruturas sociais. E, em paralelo, de erguer as bases para um projeto de industrialização capaz de aproveitar o excedente de mão de obra e alterar a composição das elites dirigentes, neutralizando assim os grupos oligárquicos.

Os movimentos faciais do presidente detectados pelo expositor, em seu estado de tensão, na verdade refletiam sua irritação: "por que ninguém viera lhe dizer isso antes?". Juscelino, o governante que racionalizava mais do que raciocinava, pois vivia de transformar problemas em ações e estas em *slogans*, "compra em Furtado o seu próprio otimismo".[214]

---

[213] Celso Furtado. *A fantasia desfeita*. São Paulo: Paz e Terra, 1989, p. 42-44.

[214] Depoimento de Francisco Oliveira. Cf. O longo amanhecer: cinebiografia de Celso Furtado. Direção: Jose Mariani. Rio de Janeiro: Andaluz Produções, 2004. (73 min.)

Resultado: a reunião termina de forma abrupta, quase num monólogo. "De quanto tempo você precisa para esboçar um plano de ação? Três semanas?" "Fica então incumbido de tomar todas as providências para lançar uma nova política que se chamará Operação Nordeste."[215]

Para a sua "sorte", desde que assumira a diretoria do BNDE, Furtado estava empenhado em compreender esse "subdesenvolvimento de segundo grau" – subdesenvolvimento de uma região dentro de um país subdesenvolvido – por meio de um diagnóstico sintético seguido de uma estratégia de ação. Seu trabalho era quase solitário e do conhecimento de "pouquíssimas pessoas". Partia do que havia sido escrito sobre a região e de suas "andanças" pelo Nordeste durante a seca de 1958, quando o drama social, que ele conhecia da infância, lhe "salta aos olhos" de forma brutal.[216]

Considerava, então, que o projeto ambicioso poderia causar impacto na próxima campanha presidencial. Até que se depara com o furacão JK. Agora tudo era para ontem. Não poderia imaginar que o Nordeste se somasse em tão curto espaço de tempo a outras trinta metas do presidente mineiro, empolgado pela industrialização até então confinada ao Sudeste do país.

Mais uma vez, vemos o personagem sair de sua obra e saltar para o plano da ação. Depois de ter captado o essencial da realidade por meio do exercício mental, o economista volta à carga para transformar a própria realidade. Como enunciado nas últimas páginas de *FEB*,[217] "as tensões de caráter regional" tendem a acentuar-se durante a industrialização. Em *Perspectivas da economia brasileira*, de 1958, no capítulo sobre "o problema das disparidades regionais", ele vaticina que "a

---

[215] Furtado (1989, p. 45).

[216] Furtado (1989, p. 37-40).

[217] Furtado ([1959] 2006, p. 332-333).

economia brasileira não é um sistema integrado", mas "um complexo de sistemas mais ou menos autônomos".[218]

Porém, em nosso entender, não se trata apenas de um regresso ao tema, agora transformado em objeto de política pública. Se antes ele já estava lá, demarcado e colocado como desequilíbrio estrutural, agora ele passa a ser *o* tema, em torno do qual giram todos os demais. A própria concepção sobre a questão regional se altera, não sendo mais suficiente apenas "uma nova forma de integração na economia nacional", tal como em seus escritos anteriores. Isso fica claro quando nos deparamos com os documentos elaborados após o lançamento da Operação Nordeste e com a publicação do relatório do Grupo de Trabalho para o Desenvolvimento do Nordeste (GTDN).[219]

Mas antes do diagnóstico, façamos uma recuperação das principais instâncias administrativas criadas com a Sudene e dos principais atos da trama que refletem sua conflituosa história entre 1959 e 1964.[220] Sim, porque depois do golpe de 1964, a Sudene seria desvirtuada de seus propósitos.

No dia 17 de fevereiro de 1959, o presidente e o economista ocupam as cabeceiras de uma ampla mesa no salão do palácio do Catete. Vêm-se rodeados de governadores, senadores

---

[218] Furtado ([1958] 2012, p. 61-62).

[219] O documento não conta com sua autoria, o que se revelou estratégico para que ele fosse utilizado como a matriz de referência da Sudene, mesmo depois de o seu autor ter sido enviado para o exílio. Publicado originalmente como: Grupo de trabalho de desenvolvimento econômico para o Nordeste (GTDN). *Uma política de desenvolvimento econômico para o Nordeste*. Rio de Janeiro: Imprensa Nacional, 1959.

[220] No Capítulo 6 de seus *Diários*, Furtado relata seu estado de espírito nos vários momentos dessa saga. Em julho de 1959, sente "que a tarefa ainda não é realizável", para, no mês seguinte, afirmar que "tenho fé em que mudarei as o curso das coisas no Nordeste". Furtado (2019, p. 159, 172).

e deputados nordestinos. A expectativa é imensa. Eles não perdem tempo. Furtado é nomeado responsável pela Operação Nordeste (Openo), que surge junto com o Conselho de Desenvolvimento do Nordeste (Codeno). Paralelamente, o projeto de lei com a criação da Sudene é enviado ao Congresso.

Os apoios surgem de várias frentes, envolvendo movimentos sociais, bispos, militares, jornalistas e, inclusive, industriais do Sudeste sob a liderança da CNI. Os próprios governadores que integram o Codeno, depois transformado em Conselho Deliberativo da Sudene, percebem que podem exercer vigilância sobre os recursos liberados entre si. Os estados de oposição não têm porque perder em relação aos situacionistas, assim como os estados menores com relação aos maiores. Os projetos fundamentados pelo secretariado técnico seguem as diretrizes do Conselho. Os planos devem ser plurianuais e os órgãos federais, com atuação na região, precisam funcionar em sintonia sob o comando da futura instituição.

No dizer de Furtado,[221] o alcance da Sudene era equivalente ao de uma mudança constitucional, tendo em vista que sistema federativo implica a separação entre as esferas federal e estadual de governo. No caso em questão, ao contrário, o orçamento federal se somava ao que cada governador se comprometia no próprio orçamento, bloqueando ao menos em tese a competição clientelista por recursos políticos. Tudo era estabelecido de forma consensual e transparente.

O clima inicial é assim descrito por Francisco de Oliveira: "um vasto sopro de esperança varreu a região",[222] contando com o apoio do campesinato e de trabalhadores urbanos, estudantes,

---

[221] Furtado (1989, p. 48-51).

[222] Oliveira, Francisco de. Depoimento na CPI sobre a Sudene (1978). *In:* Furtado, Celso. *O Nordeste e a saga da Sudene.* Rosa Freire d'Aguiar (org.). Arquivos Celso Furtado, v. 3. Rio de Janeiro: Contraponto; CICEF, 2009. p. 194-197.

intelectuais e industriais, com a exceção de apenas uma força política e social, a oligarquia agrária nordestina.

Num clima de exagerada confiança, sem antever a tempestade que se divisava no horizonte, Furtado mobiliza os principais especialistas para elaborar uma lei de irrigação. O objetivo é disciplinar o uso das bacias dos açudes, favorecendo a agricultura familiar em atividades de policultura, além de explorar as potencialidades de irrigação no médio São Francisco por meio da colonização agrícola. Mexia-se assim no vespeiro ao atacar de frente os "industriais das secas", conforme termo cunhado pelo jornalista Antonio Callado em livro publicado no ano de 1960.

Não somente o projeto é engavetado para sempre, como a própria lei de criação da Sudene corre risco, sofrendo consecutivas manobras protelatórias. Os expedientes dos seus opositores são os mais diversos. Desde a acusação do líder da Operação Nordeste como "comunista" com base numa ficha da polícia do Distrito Federal, de 1948; até a elaboração de emendas ao projeto, a mais importante delas proveniente do senador paraibano Argemiro Figueiredo, que procura retirar o DNOCS da alçada da Sudene, descaracterizando assim toda a política de desenvolvimento.

Furtado percebe a necessidade de apoio das bancadas do Sudeste, mesmo consciente dos preconceitos que nutriam com relação ao Nordeste, lugar de origem dos migrantes que inundavam o centro dinâmico do país. A Sudene era encarada como a alternativa à "revolução" das Ligas Camponesas, além de não serem poucas as vantagens que traria para a indústria nucleada em São Paulo.

Enfim, o economista procura todo tipo de apoio. Realiza uma exposição para uma plateia de mais de cem oficiais, dos quais trinta generais, e obtém apoio do comandante do IV Exército, responsável pela região. Conversa com todo o tipo de gente, transformando os aviões, hotéis e acampamentos em locais de trabalho. Não deixa de enfrentar uma violenta oposição, por meio das pressões políticas e de uma feroz campanha nos jornais.[223]

Por fim, dá o xeque-mate: se a lei não for aprovada até o fim da sessão legislativa de 1959, "ele dá por encerrada a sua missão". Recebe então apoios substantivos de vários segmentos da sociedade civil nordestina. O projeto é, enfim, aprovado sem alterações, tendo contra si a maioria dos votos da bancada nordestina, e graças ao apoio dos demais estados da federação.[224]

A batalha mal havia começado. A Sudene pode agora funcionar graças a recursos orçamentários previstos para o ano de 1960. Contudo, o mais importante era aprovar o I Plano Diretor de Desenvolvimento do Nordeste, que ficaria parado por um ano e sete meses nas várias comissões do Congresso. Nele encontravam-se definidas as ações de eletrificação, transportes, aproveitamento de recursos hídricos e saneamento, melhoria das condições de abastecimento, reestruturação da economia rural, educação básica e superior, além dos investimentos privados no setor industrial.

O próximo Plano Diretor, esse efetivamente plurianual, cobre o período 1963-1965, tendo sido aprovado em maio de 1963. Isso permite ao economista, quando se desincumbe do cargo de Ministro do Planejamento, completar sua missão no tocante ao Nordeste, ao menos assim ele o imaginava. Os recursos agora priorizam mais a economia produtiva e a capacitação do fator humano, ainda que a infraestrutura cobrisse quase a metade do total dos investimentos previstos.[225]

---

[223] D'Aguiar, Rosa Freire. Introdução. *In:* Furtado, Celso. *O Nordeste e a saga da Sudene.* Introdução, seleção e organização Rosa Freire d'Aguiar. Rio de Janeiro: Contraponto; CICEF, 2009.

[224] Furtado (1989, p. 66, 78-80).

[225] Furtado (1989, p. 77, 81-82, 141, 169-170).

Dois elementos novos entraram em cena nos anos 1960 depois da aprovação da Sudene. Com a Revolução Cubana, a América Latina entra de vez na Guerra Fria. Furtado chega a ser recebido pelo presidente Kennedy na Casa Branca, em julho de 1961. Logo percebe uma divergência entre os assessores da Casa Branca e o pessoal do Departamento do Estado. Paulatinamente, esse segundo grupo passa a predominar nas ações da Aliança para o Progresso no Nordeste.

A tal ponto que se estabeleceu uma "missão de operações dos Estados Unidos no Brasil", como foco no Nordeste, em desacordo com as iniciativas da Sudene. Em vez de apoiar o projeto de desenvolvimento do Estado brasileiro, a Aliança para o Progresso priorizou a distribuição de recursos aos governos mais próximos de seu figurino ideológico. O mantra era evitar a "revolução comunista" sob o comando de Furtado, tendo para tanto o apoio de Carlos Lacerda, Assis Chateaubriand e dos governos locais cooptados pela chantagem.[226]

O outro elemento a alterar o papel da Sudene foi a aprovação dos incentivos fiscais. Duas leis deram conta disso: uma de 1961, que permitia o abatimento de 50% do imposto de renda por parte das pessoas jurídicas de capital nacional, com a condição de que os investimentos se adequassem à política da Sudene; a outra, de 1963, expandia o benefício para as empresas de capital estrangeiro, desde que não realizassem remessas ao exterior provenientes das receitas oriundas do montante aplicado. Como veremos, o mecanismo 34/18 – como seria apelidada essa modalidade de incentivo fiscal – transforma a Sudene, no pós-1964, numa simples agência de repasse de recursos desvinculados de qualquer projeto mais amplo, ao sabor dos interesses privados de fora da região em associação com os interesses locais.[227]

---

[226] Furtado (1989, p. 113-116, 129-134).
[227] Furtado (1989, p. 120-121); Oliveira (2009, p. 195, 199, 202-206).

Mas e o relatório do GTDN? Cabe agora apontarmos suas linhas mestras – a partir das quais Furtado logrou inventar um novo Nordeste, fundindo diagnóstico e projeto de transformação social – para, em seguida, discutirmos como esse projeto acabou servindo a outros fins.

O início do relatório revela o sentido de urgência da questão regional, então associada ao Nordeste. Furtado propõe uma "análise sucinta", seguida de "recomendações concretas" para "encaminhar uma solução definitiva do problema".[228]

Logo em seguida, o problema é apresentado de uma forma facilmente compreensível. O Nordeste representa a mais vasta área do hemisfério ocidental contendo uma população com renda inferior a 100 dólares anuais por habitante. A renda média do nordestino é menos de um terço da renda média dos habitantes do Sudeste.

Se o atraso da economia nordestina responde a uma tendência histórica, ela é acentuada pela forma como se deu o processo de industrialização do país. Furtado utiliza-se de um recurso analítico para mostrar que o Nordeste contribui para o desenvolvimento do país, invertendo o argumento corrente.

É o que ele chama de desequilíbrio triangular: o Nordeste subsidia por meio de suas exportações para o exterior a compra de maquinário e insumos importados a preços mais baixos pelos empresários industriais do Sudeste que despejam seus produtos no mercado regional. Ainda que seja "louvável" o desenvolvimento da indústria nacional, esse não pode ocorrer "em desfavor da região potencialmente mais pobre".[229] É chegado o momento de alterar a lógica: a nação se somar ao desenvolvimento do Nordeste.

---

[228] *Uma política de desenvolvimento do Nordeste* [GTDN,1959]. Furtado (2009, p. 83).

[229] *Uma política de desenvolvimento do Nordeste* [GTDN,1959]. Furtado (2009, p. 98-104).

Paralelamente ao desequilíbrio externo, que funciona mais como uma deterioração dos preços relativos, levando a uma redução da produtividade econômica da região mais pobre, as transferências do setor privado (via aplicações financeiras) se fazem contra o Nordeste, enquanto as transferências do setor público, concentradas nos anos de secas, favorecem a região, ainda que se diluam em obras assistenciais de pouco valor econômico e social.

O objetivo, portanto, é planejar o investimento dos recursos públicos e permitir a alocação de capitais da região no sentido de promover a expansão industrial e a diversificação produtiva. O sentido de urgência dá o tom. Conforme suas simulações, 460 mil nordestinos encontravam-se em situação de "subemprego" ou de "desemprego disfarçado" nas cidades, o que significa quase um terço da população urbana em idade de trabalhar.[230]

Mas como compatibilizar esses objetivos com as secas? Para Furtado, a economia do semiárido se constitui pelo complexo formado pela pecuária extensiva e agricultura de baixo rendimento. A agricultura de subsistência integra-se a um sistema de meação na produção do algodão mocó, adaptado à região. Quando vem a seca, o agricultor fica sem a produção para o autoconsumo, que representa boa parte de sua renda que não é monetária. A manutenção desse sistema econômico estruturalmente vulnerável e instável é o principal responsável pela crise no período das secas.

Por isso, a seca aparece como "crise de produção", além de refletir a secular tendência de concentração da renda no semiárido, num contexto de sucessivas levas migratórias voltadas para o litoral. Crise de produção de alimentos que não pode ser resolvida com a ampliação de sua oferta, haja vista que a população do sertão não possui renda monetária. Assim

---

[230] *Uma política de desenvolvimento do Nordeste* [GTDN, 1959]. Furtado (2009, p. 124-126).

se explica o porquê de as terras irrigadas não serem utilizadas para a produção de alimentos. E de a solução passar por uma "ampliação da faixa monetária" da agricultura de subsistência, ampliando-se a renda do trabalhador por meio da produção e comercialização de alimentos.[231]

Vale perceber que a compreensão do fenômeno das secas, circunscrito ao semiárido, e a concepção sobre a necessidade de uma nova política de desenvolvimento regional exigem uma ação sobre o território nordestino em suas várias sub-regiões: litoral, agreste e semiárido.

O Plano de Ação do GTDN é formulado de acordo com as seguintes diretrizes básicas:

(i) transformação da economia agrícola da faixa úmida, reduzindo o alcance da monocultura açucareira em termos territoriais, de modo a ampliar a produção de alimentos nessa área, mas também no agreste e na faixa irrigável do rio São Francisco, para reduzir o custo de vida da população;

(ii) intensificação dos investimentos industriais de modo a criar no Nordeste um centro autônomo de produção manufatureira;

(iii) alteração das bases da economia do semiárido, de modo a elevar sua produtividade econômica e torná-la mais resiliente aos efeitos das secas;

(iv) deslocamento da fronteira agrícola do Nordeste no sentido das terras úmidas do Maranhão, de modo a receber parte dos excedentes populacionais do semiárido.

Em síntese, trata-se de elevar a produtividade por meio da industrialização e da reorganização da economia agrária, incorporando o segmento subempregado nas cidades nas novas atividades e parte dos excedentes populacionais do campo na

---

[231] *Uma política de desenvolvimento do Nordeste* [GTDN, 1959]. Furtado (2009, p. 136-144).

produção de alimentos, o que não é possível sem a alteração das estruturas sociais. O aumento da produção de alimentos é, aliás, estratégico para impedir o aumento do custo de vida das cidades, pois as novas indústrias precisam competir com as mercadorias provenientes do Sudeste.

O projeto sofreu várias críticas à direita, como vimos anteriormente, e também à esquerda, por sua suposta inclinação tecnocrática, advinda da proposta de deslocamento populacional para o Maranhão. Entretanto, estava ali de forma condensada um projeto de alteração das estruturas produtivas e sociais das várias sub-regiões do Nordeste, que, num contexto democrático, e de ampla participação das forças sociais e políticas, passaria por um constante aperfeiçoamento.

Talvez a melhor definição do líder da Sudene tenha vindo de seu grande opositor Assis Chateaubriand: "Antônio Conselheiro de fraque".[232] No sentido de movido pelo "evangelho da razão", como ele nos dá a entender em seus diários em maio de 1959.[233]

O trecho abaixo de um livro de Furtado publicado pelo Instituto Superior de Estudos Brasileiros (ISEB), sob o título *A Operação Nordeste*, nos parece elucidativo:

> como um astrônomo que, ao provocar pequena alteração na posição do seu telescópio, desloca a objetiva através de enormes distâncias siderais, acreditamos poder condicionar todo o processo histórico, modificando elementos estratégicos e alterando tendências de setores fundamentais.[234]

Cabe ressaltar que, antes de proferir esta frase, o autor anuncia a complexidade do problema e combate a ilusão de

---

[232] D'Aguiar (2009, p. 16).
[233] Furtado (2019, p. 154-155).
[234] Celso Furtado. *A Operação Nordeste*. Rio de Janeiro: ISEB, 1959, p. 16.

qualquer solução no curto prazo. Seu objetivo, mais modesto, está fundado no anseio de mudar a sua compreensão, de tal modo que "não seja possível voltar atrás".[235]

O aparelhamento da Sudene pela ditadura militar significou um salto adiante, mas num sentido totalmente diverso do defendido pelo GTDN e seu mentor intelectual. Na análise autocrítica empreendida por Francisco de Oliveira, um dos principais assessores de Furtado na instituição, a Sudene pós-1964 "resolve" o conflito de classes nacional. Nesse sentido, segundo o autor, teria funcionado como uma "espécie de aviso prévio do Estado autoritário",[236] ao exacerbar a fusão entre Estado e burguesia, e permitir a ampliação da hegemonia do capital estrangeiro, também ele financiado com recursos públicos, por meio de sua instalação no Nordeste.

A economia nordestina deixa de existir em si, para se integrar completamente à economia "nacional", sob a rédeas do capital monopolista, por meio de investimentos intensivos em capital na região com maior reservatório de mão de obra. Não é diverso o diagnóstico de Furtado, realizado no início dos anos 1980, quando percebe que o sistema econômico nordestino perdeu completamente sua autonomia, inserindo-se de forma subordinada e precária ao capitalismo dependente. Para vaticinar que no Nordeste se manifestam, de forma "mais brutal" e "sem disfarces", "as malformações maiores do nosso desenvolvimento".[237] O Nordeste deixa de ser a região problema, para se tornar a caricatura do subdesenvolvimento industrializado que caracteriza o país pós-"milagre".

---

[235] Furtado (1959, p. 16).

[236] Oliveira (2008, p. 263-265).

[237] Furtado, Celso. Uma política para o desenvolvimento do Nordeste. *Novos Estudos CEBRAP*, v. 1, n. 1, dez. 1981a, p. 13-14.

Clímax: *A pré-revolução brasileira*

Em meados de 1962, Furtado elabora um documento para unificar as "forças progressistas" nas eleições parlamentares do fim do ano. O objetivo é dar organicidade programática à Frente Parlamentar pelas Reformas de Base. Reúne-se então com as principais lideranças políticas do campo reformista. Conta com o aval do presidente Jango – pouco entusiasta, conforme seu relato – e mobiliza seu capital intelectual para o projeto político de superação do "marco institucional anacrônico".[238]

Furtado opta por "uma via intermediária não disruptiva", entre a direita liberal, muitas vezes associada a interesses oligárquicos, e a esquerda marxista.[239] Em vez de se retirar do campo do conflito, procura processá-lo por meio de reformas capazes de viabilizar uma democracia de alta intensidade, alterando assim o padrão de desenvolvimento.[240] O Estado é encarado não só como agente propulsor do desenvolvimento, mas também como campo de atuação das forças sociais e de resolução dos embates políticos.

Pouco antes desse documento – que não circulou por falta de apoio político –, ele escreve, em abril de 1962, um ensaio intitulado "Reflexões sobre a pré-revolução brasileira", que obtém grande alcance, sendo publicado no México, no Uruguai e na revista estadunidense *Foreign Affairs*. Também repercute largamente na imprensa brasileira, recebendo uma

---

[238] Furtado (1989, p. 142-146, 149, 151).

[239] Cepêda, Vera Alves. O pensamento de Celso Furtado: desenvolvimento e democracia. *In:* Bresser-Pereira, Luiz Carlos; Rego, José Márcio (orgs.). *A grande esperança em Celso Furtado: ensaios em homenagem aos seus 80 anos.* São Paulo: Editora 34, 2001, p. 179-183.

[240] Para leituras alternativas sobre o papel de Furtado no período, conferir Vieira (2007) e Moraes (1995).

série de quatro editoriais de *O Estado de São Paulo*, que caracteriza o ensaio como um "trabalho de colorido intensamente marxista-leninista".[241]

O livro *A pré-revolução brasileira* inicia-se com o ensaio de abril de 1962, seguido de outros oito capítulos. Os capítulos 6 e 7 foram originalmente elaborados como discursos na condição de paraninfo de turmas de graduados em Economia.[242] Contudo, o livro – mais um entre suas várias coletâneas – em nada se assemelha a uma colagem de artigos esparsos. Eles aparecem cuidadosamente costurados como se proviessem do mesmo molde.[243]

Aqui o autor já se porta como intelectual estadista, quando afirma que "uma política deliberada de desenvolvimento" apenas se faz possível a partir de "uma lúcida tomada de consciência do problema do subdesenvolvimento".[244] Existe, portanto, um descompasso entre as potencialidades do real e sua compreensão ("consciência do subdesenvolvimento"), que precisa ser compartilhada.

Já na introdução, Furtado aponta para o grau de diferenciação da economia brasileira, no sentido de ter internalizado "os principais centros de decisão de sua vida econômica". Nesse sentido, a "conquista da autodeterminação" parece menos uma

---

[241] Furtado (1989, p. 136-139). O teor do ensaio é justamente o oposto do que sugere o título da manchete, como descrevemos em seguida.

[242] Klüger, Elisa. Celso Furtado: por uma ciência econômica iconoclasta e inconformista. *Revista do Instituto de Estudos Brasileiros*, n. 78, abr. 2021.

[243] Vale destacar que Furtado, ao longo de sua trajetória, sempre tratou de dar algum fim aos seus escritos. Como se a não publicação fosse uma espécie de desperdício do trabalho intelectual, cujo valor apenas existe se compartilhado com a sociedade.

[244] Furtado (1962, p. 30-31, 68-69, 72).

questão de ordem econômica, mas essencialmente de ordem política e cultural.[245]

Qual é o desafio, em seu entender? Injetar, a partir da análise objetiva, "alguns elementos de racionalidade" à política de desenvolvimento, "tanto com respeito aos instrumentos, quanto em função dos juízos de valor em que se apoia".[246]

Percebe-se, assim, que o problema central não reside propriamente na economia, que dispõe dos recursos reais ou em potencial para o desenvolvimento, mas nas estruturas sociais e políticas rígidas. A relevância da questão valorativa é característica de um intelectual que não assume uma posição de neutralidade em face do contexto histórico. E que é capaz de explicitar, com simplicidade retórica, e talvez por isso de forma mais efetiva, a dimensão dos desafios com alto potencial de mobilização: "o mais importante não é que podemos autodirigir-nos, e sim que não nos resta outra saída senão fazê-lo".[247]

Exploramos a seguir alguns aspectos que merecem especial atenção nesse manifesto em busca da autodeterminação nacional: a relação entre fins e meios num projeto de transformação social; o papel do economista e da objetividade científica; e o processo de desenvolvimento "recente", seus dilemas e potencialidades.

No primeiro capítulo do livro, Furtado dá continuidade ao diálogo travado nas várias universidades brasileiras com a juventude. Cabe notar o seu estilo direto e sem jargões, explicando sempre os conceitos que utiliza, a sua marca desde *Formação*. Trata-se de um diálogo no melhor sentido socrático.

---

[245] Furtado (1962, p. 9).

[246] Furtado (1962, p. 11).

[247] Furtado (1962, p. 10).

Partindo do pressuposto de que a análise dos processos deve produzir um guia para a ação, ele aponta o marxismo como uma das vias analíticas possíveis. Quais são as atitudes de fundo, no entender dele, desse aparato teórico: a ordem social dividida em classes; o reconhecimento da realidade social como histórica; e a capacidade de identificar fatores estratégicos que viabilizam uma reconstrução social.

Furtado se dirige à juventude impregnada de marxismo, apontando-lhe que o sentido último dessa filosofia é o "humanismo". Entretanto, o marxismo, na condição de ideologia, encontra-se vinculado a um dos grandes centros do poder militar moderno. Levando em conta "nossa impotência em face do impasse mundial", os objetivos da ação política devem estar alicerçados "em função do nosso destino como povo e cultura".

O que vem em seguida? Sacrificar a liberdade em prol do desenvolvimento econômico significa uma "falsa alternativa", demonstrada pela experiência histórica da União Soviética. Essa técnica revolucionária apenas pode funcionar em sociedades rígidas e à custa de desmedido custo humano.

Mas onde predominam sociedades minimamente abertas, o Estado deixa de ser uma simples ditadura de classe para assumir a feição de um "sistema compósito". Aqui a técnica revolucionária deixa de fazer sentido. Como se não bastasse, o subdesenvolvimento em si afigura-se "profundamente anti-humano". Finalmente, no caso brasileiro, a rigidez da sociedade manifesta-se "num grande segmento formado pelo setor rural", mais suscetível de arregimentação para as técnicas revolucionárias de tipo marxista-leninista.[248]

Como se movesse o diálogo para a outra direção, Furtado aponta que as ansiedades pré-revolucionárias estão relacionadas ao fato de o desenvolvimento não ter se transformado

---

[248] Furtado (1962, p. 16-28).

em "imperativo político". Nesse sentido, parte dos seguintes pressupostos: não podemos retroceder em nosso sistema político-social e devemos "criar as condições para uma mudança rápida e efetiva da estrutura agrária do país".[249]

Enfim, trata-se de "organizar a opinião pública" – composta de "estudantes, operários, empresários, intelectuais, quiçá os camponeses, através de suas organizações incipientes" –, por meio de um debate em torno dos fins do desenvolvimento e das opções disponíveis no quadro de uma sociedade democrática.[250] A "nossa revolução" – esse parece ser o recado – está em preparar as reformas para que o desenvolvimento, além de se revelar autônomo, não acarrete desmedido custo social.

Para dar cabo de tal desafio, além de contar com o apoio da opinião pública organizada, Furtado destaca a importância da elaboração de estudos sistemáticos por grupos de especialistas. É neste contexto que se encaixam os capítulos 6, 7 e 8, um deles curiosamente intitulado "a formação do economista em país subdesenvolvido". O período se caracteriza pela ascensão dos economistas no centro das decisões políticas, parte importante deles reféns de modelos importados e abstratos, inacessíveis a uma explicação histórica dos processos.

No entender de Furtado, a ciência econômica, se dissociada das premissas que norteiam as várias estruturas econômicas e sociais, "raramente passa do campo da doutrina para o da teoria científica". Daí a necessidade de formular "variantes teóricas", capazes de dar conta da problemática das economias subdesenvolvidas. É preciso "dar prioridade ao domínio das técnicas que capacitam a observar de forma sistemática nossa realidade econômica", descobrindo os desafios pertinentes

---

[249] Furtado (1962, p. 30-31).
[250] Furtado (1962, p. 32).

para, apenas então, forjar "uma autêntica doutrina do desenvolvimento nacional".[251]

Quer dizer que devemos elaborar uma "ciência econômica nova" nos trópicos e abandonar o cabedal de técnicas de análise oferecidas pelos países desenvolvidos? Nada mais equivocado para o economista. Trata-se, ao contrário, de generalizar a partir de premissas objetivas. Como pensar "uma economia subdesenvolvida, semi-industrializada, com insuficiência crônica da capacidade de importar e com excedente de mão de obra"? – eis o desafio.

Para completar, a "objetividade" deve ser auxiliada pela "imaginação", isso mesmo, pois, sem ela, não é possível pensar com independência, fundamentando conceitos novos, com pleno conhecimento das teorias em vigor, mas a partir de determinadas situações concretas.

Em "economia", ensina o mestre, "explica-se dez para poder prever um",[252] em virtude da multiplicidade dos fenômenos humanos. Em outras palavras, o economista de um país subdesenvolvido não pode desperdiçar sua capacidade teórica na "previsão" pura e simples, devendo dedicar-se a uma explicação sintética da dinâmica das estruturas econômicas e sociais, no sentido de antecipar mudanças requeridas conforme sua concepção objetiva e valorativa do desenvolvimento.

Para elevar o nível da política econômica – que "é política, antes de ser economia",[253] como ele não deixa de insistir – torna-se fundamental a criação de "um ambiente científico no setor econômico", o que não tem nada que ver com a roupagem científica dos modelos com elevado grau de sofisticação. No entender dele, "somente assim superaremos o dogmatismo simplório dos economistas que escrevem crônicas de jornal

---

[251] Furtado (1962, p. 80-81, 90, 94-98, 100-101).

[252] Furtado (1962, p. 98).

[253] Furtado (1962, p. 68-69).

com tom oracular".²⁵⁴ O trecho anterior demonstra o desafio permanente no campo de disputa da política econômica, não podendo se encaixar melhor no Brasil contemporâneo.

E quanto ao processo de desenvolvimento propriamente dito? Aqui Furtado utiliza-se da história para enfrentar o desafio de eleger o "futuro como opção".²⁵⁵

Entre 1930 e 1960, o país teria experimentado uma "etapa decisiva de desagregação da economia colonial". Entretanto, a industrialização deixara em seu rastro "desequilíbrios estruturais acumulados". Isso porque as linhas de pensamento eram aquelas herdadas da "velha estrutura colonial". No momento em que escreve, "tem-se agora a consciência das reformas básicas inadiáveis para acelerar o desenvolvimento industrial".²⁵⁶ Trata-se, portanto, de "dar maior elasticidade às estruturas", por meio de "modificações constitucionais" que permitam realizar a reforma agrária, do sistema fiscal, da estrutura bancária, além de uma profunda reestruturação na máquina administrativa estatal.²⁵⁷

O Brasil teria enfim controlado seus centros internos de decisão. Vale reforçar as críticas de Furtado ao "irrealismo" dos economistas do FMI e as expectativas quanto à possível renovação do pensamento econômico pelos economistas formados em países subdesenvolvidos. Surgia então uma economia conduzida por Estado mais consciente de sua autodeterminação, constituído por novos órgãos técnicos e instituições, como os Grupos de Executivos da Indústria Automobilística (GEIA),

---

[254] Furtado (1962, p. 101).

[255] O trecho entre aspas é o "título" de um tópico do último capítulo, situado duas páginas antes do desfecho do livro.

[256] Furtado (1962, p. 64-68).

[257] Furtado (1962, p. 31-32). No documento escrito para a Frente Parlamentar das Reformas de Base, ele cita ainda a reforma eleitoral, a reforma universitária e o estatuto disciplinar do capital estrangeiro. Ver: Furtado (1989, p. 148-149).

da Indústria da Construção Naval (Geicon), da Indústria da Mecânica Pesada (Geimape), e pela própria Sudene, que pareciam representar o modelo institucional almejado por Furtado para a promoção de políticas de desenvolvimento.

Em menos de um quarto de século, o país teria saltado da condição de "simples constelação de economias periféricas do mercado mundial", para encontrar-se no "umbral da transmutação industrial", já antevendo a aurora de um "sistema nacional progressivamente integrado". Daí a "posição singular desta geração", finalmente capaz de "intuir as potencialidades deste imenso país".[258]

Não obstante o tom efusivo, o político se faz acompanhar pelo intelectual, que pesando as contradições não deixa de advertir sobre as opções em disputa: "abriremos uma nova fase de transformações qualitativas, ou caminharemos para uma cristalização da estrutura já estabelecida?".[259]

O curto verão do Plano Trienal

Em plena atividade da Sudene, Furtado recebe uma incumbência inesperada. Em setembro de 1962, o então presidente João Goulart, seguindo conselho de San Tiago Dantas, o escolhe para apresentar em tempo recorde um plano de governo. Jango precisa de um plano bem elaborado tecnicamente e que lhe dê sustentação política no triênio seguinte, uma vez aprovado o presidencialismo em janeiro de 1963. Com a criação do Ministério Extraordinário do Planejamento, o novo ministro estaria em pé de igualdade com seus colegas de governo. A condução do plano ficaria por conta do próprio San Tiago, que assume o Ministério da Fazenda em janeiro de 1963.

---

[258] Furtado (1962, p. 110, 114-115).
[259] Furtado (1962, p. 107).

Portanto, Furtado não é o executor do Plano Trienal, e sim seu formulador, o que implica também a articulação política em torno de suas ideias fundamentais. Durante dez semanas, o economista tem consigo um "estado-maior", composto pelas "experimentadas equipes do BNDE e SUMOC".[260] Seus parceiros de ministério – entre eles, Darcy Ribeiro, na pasta da Educação, por exemplo – mobilizam-se para que o plano condense um projeto de transformação social no longo prazo, e não apenas um plano de estabilização monetária no curto prazo.

O significado político do plano não pode ser menosprezado: ele é anunciado no dia 31 de dezembro, às 19h30, na *Voz do Brasil*, durante a mensagem de Ano-Novo do presidente à nação.[261] Contudo, seu tom alvissareiro não menciona as nuvens que despontavam no horizonte e que selariam o futuro do plano.

Em primeiro lugar, os níveis de inflação, que já haviam se elevado para o patamar de 40% ao final do governo JK, tiveram uma nova aceleração após a desvalorização cambial implementada durante o governo Jânio Quadros. Em 1962, um novo patamar de 55% é atingido. Em segundo lugar, o esforço de industrialização sem mudança na pauta de exportações havia gerado um considerável aumento da dívida externa.

Essa era a herança do governo João Goulart, em nada atenuada, durante o período parlamentarista. Para culminar, o quadro de radicalização política tornava, por um lado, difícil a aprovação do Congresso de reformas substantivas (especialmente a reforma fiscal), assim como a renegociação da dívida externa junto ao FMI e aos Estados Unidos, que se ressentiam

---

[260] Furtado (1989, p. 155-157).

[261] D'Aguiar, Rosa Freire. A história de um plano. *In:* Furtado, Celso. *O plano Trienal e o Ministério do Planejamento*. Organização de Rosa Freire d'Aguiar. Rio de Janeiro: Contraponto, 2011. (Arquivos Celso Furtado, v. 4). p. 9.

da "infiltração comunista" no governo. Por outro lado, a mobilização popular não aceitava que a queda da inflação fosse paga com a redução de salários.[262]

O quadro citado sintetiza o desafio do economista cepalino, que havia escrito um clássico sobre a formação econômica do país, teorizado sobre o subdesenvolvimento, enfrentando a estabilização segundo o receituário ortodoxo, pois colocava em xeque o desenvolvimento nacional – inclusive questionando a renegociação da dívida externa proposta no governo JK e o programa de estabilização então formulado pela dupla Lucas Lopes e Roberto Campos –, e que agora liderava um projeto de transformação econômica e social do Nordeste.

Furtado se comporta como um verdadeiro malabarista. Os quatro objetivos do plano são os seguintes: (1) manter o crescimento econômico elevado em torno de 7%; (2) reduzir a inflação à metade do nível observado em 1962; (3) reduzir o custo social do desenvolvimento e melhorar a distribuição dos seus frutos; e (4) atenuar as disparidades regionais de níveis de vida. Adicionalmente, existe um escalonamento entre os objetivos: os dois últimos dependem da viabilização dos dois primeiros.[263]

Para dar conta de metas aparentemente divergentes, a planificação é o mote: um dos itens do plano é intitulado

---

[262] Mello, Hildete Pereira de; Bastos, Carlos Pinkusfeld; Araújo, Victor Leonardo de. A Política Macroeconômica e o reformismo social: impasses de um governo sitiado. *In*: Araújo, Victor Leonardo de; Mattos, Fernando Augusto Mansor de (orgs.). *A economia brasileira de Getúlio a Dilma: novas interpretações*. São Paulo: Hucitec, 2021, p. 227-236; Bastos, Pedro Paulo Zahluth. O Plano Trienal e a sua economia política. *In*: Furtado, Celso. *O Plano Trienal e o Ministério do Planejamento*. Organização de Rosa Freire d'Aguiar. Rio de Janeiro: Contraponto; CICEF, 2011. (Arquivos Celso Furtado, v. 4), p. 446-447.

[263] Furtado (2011, p. 43-48, 73-78).

"alcance da planificação em uma economia subdesenvolvida". Trata-se de assegurar os investimentos a serem realizados pelo setor público e pelo setor privado. Mas, para dar conta da estabilidade de preços, o crédito ao setor privado deve se expandir apenas o equivalente ao crescimento do produto projetado em termos nominais. Uma redução das despesas de custeio do governo federal deve ser obtida com o fim dos subsídios à importação do trigo e dos derivados do petróleo e com o aumento das tarifas dos serviços públicos. O crescimento dos salários acompanharia os níveis de produtividade. Por fim, um conjunto de reformas – administrativa, bancária, fiscal e agrária – viabilizaria o desenvolvimento no longo prazo. Tudo mensurado no papel. Parecia possível.

O próprio Furtado, em seu discurso de posse, apresenta os elementos que nos ajudam a explicar o fracasso do plano. Diz ele: "as maiores dificuldades terão de ser enfrentadas nas fases iniciais, em que medidas de curto prazo se impõem, mesmo antes que seja possível enquadrá-las em função dos objetivos de longo prazo". Em outro trecho, ele menciona que o planejamento trata de "disciplinar o uso de meios" para dar conta, da maneira mais eficiente, dos "fins previamente estabelecidos". Os requisitos para o êxito do planejamento são dois: "a coerência dos objetivos e a compatibilidade entre fins e meios".[264]

No papel, havia coerência e compatibilidade, mas não do ponto de vista dos agentes econômicos, políticos e sociais internos e externos. Abria-se um fosso entre o curto e o longo prazo.

O plano tinha poucas chances concretas de viabilidade. Mesmo com a linguagem estruturalista e reformista, a implementação acaba se circunscrevendo a seu conteúdo ortodoxo.

---

[264] Furtado, Celso. Discurso de posse (setembro de 1962). *In:* Furtado, Celso. *O Plano Trienal e o Ministério do Planejamento*. Organização de Rosa Freire d'Aguiar. Rio de Janeiro: Contraponto; CICEF, 2011. (Arquivos Celso Furtado, v. 4), p. 33-34.

Em abril de 1963, na ausência de aprovação da reforma fiscal e com o fracasso na renegociação da dívida externa, o plano está com seus dias contados.

A liberação das tarifas públicas e a eliminação dos subsídios cambiais aos derivados do petróleo e ao trigo turbinam a inflação, por meio da elevação dos custos, injetando lenha na fogueira de uma sociedade em que os trabalhadores organizados se recusam a aceitar a queda do poder de compra. Os reajustes salariais do funcionalismo e do salário mínimo acima do previsto no plano refletem o cenário de guerra de posição na sociedade.

No fim das contas, a inflação chega a 80% em 1963 e a economia fica praticamente estagnada por causa do aperto monetário e fiscal, que contribui para a contração dos investimentos públicos.

A coerência de objetivos e a compatibilidade entre meios e fins seria assegurada durante a gestão da política econômica da ditadura militar, graças a um Legislativo subserviente e um Império complacente. Os objetivos de controle da inflação e aceleração do crescimento se mostram facilitados pela reforma fiscal, com financiamento público ao grande capital, e pela renegociação da dívida externa, ambos regados com confisco salarial, exponenciando os níveis de acumulação e desigualdade.

Saem de cena o intelectual estadista, o povo como agente político e o projeto de desenvolvimento nacional autônomo; com todo o espalhafato, os tecnocratas, os generais e a hegemonia burguesa entram na marra.

Anticlímax: *Dialética do desenvolvimento*

Como já dissemos antes, o livro *A pré-revolução brasileira* sintetiza o clímax do processo histórico a partir das expectativas desse personagem estrategicamente colocado nas esferas intelectual e política. Em 1962, as potencialidades do Brasil desenvolvimentista ainda aparecem em toda a sua plenitude. Já *Dialética do desenvolvimento* – escrito por Furtado ao final de 1963, e publicado no ano seguinte, ainda antes do golpe – pode ser lido como o anticlímax da história, agora com suas contradições expostas, pois, como ele próprio relata, "o horizonte se fechava".[265]

Dialética do desenvolvimento não é um testemunho das frustrações do intelectual que regressa do *front* da batalha. Seu desencanto com o poder e a "irracionalidade da política" transformam-se em uma oportunidade para revisar os conceitos, interpretações e cenários esboçados dois anos antes, pois a história dera um salto adiante.

O livro[266] é dividido em duas partes principais: de um lado, ele discute o processo de desenvolvimento capitalista no centro do sistema e como as contradições de classe atuam como força motriz do processo histórico. Furtado destaca a expansão das instituições do Estado, a flexibilidade das instituições políticas e a crescente participação da classe trabalhadora no poder e na renda; de outro lado, mergulha no caso brasileiro, em que as contradições sociais não levam a uma resolução no sentido do desenvolvimento, mas antes prefiguram o enraizamento do subdesenvolvimento.

A estrutura social, em vez de se dinamizar com a industrialização, gera novas clivagens de classe, sem desalojar as velhas. O "dualismo estrutural" se irradia para o âmbito do poder e da ideologia, transformando as classes dirigentes em antirreformistas. O subdesenvolvimento é agora um capitalismo que não engendra um centro decisório nacional.

Logo no prefácio, ele explicita sua posição de elo potencial entre a sociedade política e a sociedade civil. Depois de afirmar que "não existe uma moral dos intelectuais por cima de quaisquer escalas de valores", pois eles estão "necessariamente inseridos em

---

[265] Furtado (1989, p. 181-182).

[266] Furtado, Celso. *Dialética do desenvolvimento*. Rio de Janeiro: Fundo de Cultura, 1964.

algum contexto social", Furtado se refere à "responsabilidade social intelectual", justamente por compor o "único segmento da sociedade que não somente pode, mas deve sobrepor-se aos condicionantes sociais imediatos do comportamento individual".

Seu papel estratégico deriva desse "plano de racionalidade mais elevado", para além de suas vinculações de grupo e de cultura.[267] Não se trata de um "iluminado", mas de alguém que ainda procura atuar sobre a sociedade em seu projeto de transformação, apesar dos obstáculos acumulados, por meio da influência que sabe exercer.

Seu instrumental analítico aparece agora com uma embocadura marxista.[268] O desenvolvimento econômico precisa ser capturado como aspecto de um processo mais amplo de mudança social, cujos contornos apenas são perceptíveis no contexto de uma realidade histórica. O fator detonador da mudança, a infraestrutura, pode ser encontrado na cultura material, ou seja, nas inovações tecnológicas (endógenas ou de empréstimo).

No caso específico dos países do capitalismo industrial, à medida que os conflitos são concentrados na relação entre capital e trabalho, a luta de classes, em vez de ampliar a instabilidade do sistema, passa a atuar como mecanismo de renovação de seu impulso dinâmico. Os requisitos para o aumento na participação do produto, por parte da classe trabalhadora, criam as condições para o avanço da tecnologia.

Furtado – em seu novo "modelo" para o desenvolvimento dos países centrais, sempre elaborado teoricamente a partir de

---

[267] Furtado (1964, p. 9-10).

[268] Furtado (1964, p. 17-23). Furtado atribui a Marx "o primeiro modelo explicativo da mudança social, dando à dialética uma extraordinária eficácia no estudo dos processos históricos". Contudo, este modelo peca, no seu entender, pelo "elevadíssimo nível de abstração". Daí a necessidade de sua superação para compreender o movimento da história, no tempo e no espaço, ao longo do século XX.

uma generalização do fluxo da história, com o objetivo de servir como contraste para a sua compreensão da periferia – revela como o papel do Estado se faz estratégico ao amortecer os conflitos de classe, além de atuar em novas searas: na produção de infraestrutura física e na prestação de serviços sociais coletivos.

A democracia no capitalismo central parece assegurar, no plano da superestrutura, uma "polivalência ideológica", pois abriga distintas e conflitantes interpretações do interesse social e do projeto de futuro da sociedade. Esse dilema é parcialmente resolvido pelo aprofundamento do mercado interno, que tem como expressão política o "nacionalismo", por sua capacidade integradora. Não obstante a ampliação dos direitos dos trabalhadores e de sua participação social, mantêm-se os privilégios de classe dos capitalistas.[269]

Montado o panorama conceitual mais amplo, Furtado passa a analisar "as projeções políticas do subdesenvolvimento". Aqui, em virtude do subemprego estrutural, o dualismo da estrutura econômica – que se reflete sobre "uma distribuição extremamente desigual da renda" e sobre "uma demanda de bens finais pouco vigorosa" – faz com que a consciência de classe só se defina lentamente. O entorpecimento do mercado interno leva a uma classe trabalhadora pouco aguerrida, pois "privilegiada" em relação ao conjunto da estrutura social. Portanto, o subdesenvolvimento se coloca em termos de estrutura social.[270] O método histórico-estrutural lhe permite fisgar o que ficara oculto em seu diagnóstico anterior, quando o político formulador de consensos democráticos predominava. Agora o intelectual crítico dá o tom.

O "dualismo estrutural" não é discutido em termos estáticos ou de oposição entre tradicional e moderno. A transformação

---

[269] Furtado (1964, p. 25-30, 35-45, 63-75).
[270] Furtado (1964, p. 33, 79).

da estrutura social depende, de um lado, "dos conflitos internos do setor capitalista" e, de outro, "das tensões criadas entre este e a economia preexistente" (setor exportador e setor de subsistência). A evolução do setor capitalista se deu pela via da substituição de importações, transferindo renda de outros setores (exportadores e consumidores), via mecanismo cambial ou inflação, financiando assim o processo de investimento.

Apesar de não ter sido o fator primário do desenvolvimento, a inflação permitiu "afrouxar as estruturas" sem transformá-las. Com a saturação desse processo, antes da autonomia tecnológica e da internalização do setor de equipamentos, cria-se, a partir dos anos 1960, uma "barreira ao desenvolvimento".[271]

Os limites do processo expansivo são explicados pela superestrutura. A transição da economia colonial para industrial, mesmo tendo viabilizado o desenvolvimento das forças produtivas, não trouxe o deslocamento da estrutura arcaica no plano político.

O potencial de atuação do Estado foi limitado pela instabilidade interna das classes dirigentes, que se mantiveram em posição de comando, equilibrando os interesses em muitos aspectos antagônicos. A rigidez da estrutura social, por sua vez, impediu que os conflitos atuassem como força renovadora. As lideranças das classes dirigentes, por meio da "ação populista", assumiram uma atitude divisionista ao oferecer vantagens salariais provisórias, "desorientando os trabalhadores" e "incapacitando-os para distinguir os seus próprios interesses".

Contudo, em vez de assumir uma atitude em prol da "neutralidade distributiva", Furtado defende a "superação do populismo" por "movimentos surgidos dentro da classe trabalhadora, conducentes à sua determinação política" e "orientados a uma estratégia de longo prazo". Do contrário, o sistema político fica "em permanente suspense", pressionando pelo "jogo populista"

---

[271] Furtado (1964, p. 81-82, 118-124).

– capaz de algumas conquistas –, mas gerando "pânico" sobre os segmentos mais retrógrados sediados no Congresso.[272]

Esse contexto de atuação crescente das classes trabalhadoras e de extensão dos conflitos para o campo teria contribuído para ofuscar ainda mais as "contradições dentro da própria classe capitalista" e para manter "formas ideológicas superadas". A postura tímida dos industriais se fazia sentir, desde os anos 1950, por meio de sua resistência a mudanças fiscais mais profundas que permitissem uma melhor orientação dos investimentos; ou pela falta de percepção sobre a "parasitagem do setor agrário semifeudal" que gerava uma "esclerose no processo de industrialização". Essa atitude também se manifesta pela forma com que se associaram ao capital externo para a solução de seus problemas ocasionais, adotando a linha de menor resistência, por "falta de experiência e de maior profundidade de visão".[273]

Publicado na mesma época em que o clássico de Fernando Henrique Cardoso,[274] as análises contidas nesses dois livros se mostram convergentes. Enquanto Fernando Henrique busca suas conclusões por meio de entrevistas com o empresariado, as fontes empíricas do intelectual estadista são outras. Furtado se confronta como personagem da história, lançando luz metodicamente sobre os agentes que conheceu em carne e osso, para colocar em xeque algumas das convicções que lhe levaram a ocupar o centro da cena. As diferentes experiências e esquemas metodológicos desses dois intelectuais vão contribuir para a crítica às concepções da Cepal, dando início à teoria da dependência, já no exílio.

---

[272] Furtado (1964, p. 84-89, 110-111, 116).

[273] Furtado (1964, p. 131-138).

[274] Cardoso, Fernando Henrique. *Empresário industrial e desenvolvimento econômico no Brasil*. [1964]. 2. ed. São Paulo: Difel, 1972.

O intelectual no exílio 1:
repensando o Brasil (1964-1974)

> *Nosso ponto de partida é uma simples constatação: a economia brasileira, após dois decênios de rápido crescimento, ao impulso da industrialização substitutiva de importações, quando parecia haver reunido condições para autogerar o seu desenvolvimento, foi afetada de uma paralisia que está transformando o atual decênio em uma das mais prolongadas crises de nossa história econômica moderna.*
> Celso Furtado, *Um projeto para o Brasil*, 1968.[275]

Tendo papel destacado no governo de João Goulart, como ministro extraordinário do Planejamento e superintendente da Sudene, em abril de 1964, Celso Furtado foi incluído na primeira lista do Ato Institucional n.º 1 (AI-1), que lhe cassou os direitos políticos por dez anos. Renomado economista no exterior, especialmente por suas contribuições para a teoria do subdesenvolvimento, logo passou a receber convites para atuar em universidades estrangeiras, como as estadunidenses Harvard, Yale e Columbia. Sua escolha mais imediata, entretanto, foi seguir para Santiago do Chile, onde participaria da organização dos seminários do Instituto Latino-Americano de Planificação Econômica e Social (ILPES), órgão ligado à Cepal.

Ao retornar para a cidade que o acolhera quinze anos antes e o transformara em economista, Furtado iniciava um acerto de contas com seu passado. Um retorno para o berço de suas reflexões originais sobre o caráter específico do subdesenvolvimento

---

[275] Furtado (1968, p. 13).

latino-americano, para aquele ambiente em que produzira estudos e recomendações de políticas para diferentes países da região. Agora, contudo, no cenário de esgotamento do ciclo de substituição de importações na região e da crise política que levou o Brasil ao golpe militar, era preciso retomar as teses pioneiras e reavaliá-las.[276] Era preciso repensar o Brasil.

Por meio do ciclo de seminários no ILPES, com economistas e sociólogos latino-americanos, Celso Furtado buscava fazer um balanço das contribuições da Cepal, debatendo temas como a perda de dinamismo das economias latino-americanas e os limites das políticas empreendidas a partir das diretrizes cepalinas. Participaram dos seminários, entre outros, José Medina Echavarría, Fernando Henrique Cardoso, Osvaldo Sunkel e Francisco Weffort.[277]

Para os seminários, Furtado preparou um documento inicial para a discussão, no qual elencava duas teses: a primeira, sobre a forma de propagação do progresso técnico dos países centrais para a periferia; a segunda, sobre o caráter da industrialização periférica, que – ao avançar rumo a setores de alta produtividade, reproduzindo padrões de consumo restritos às classes média e alta – provocava desaceleração econômica e novos constrangimentos políticos e sociais para o desenvolvimento periférico. Estavam rascunhadas ali as primeiras ideias de sua interpretação sobre a crise, mais tarde reunidas em *Subdesenvolvimento e estagnação na América Latina*, livro publicado em 1966.

A obra incorpora a discussão sobre as empresas transnacionais e a nova conjuntura da economia mundial, temática

---

[276] Esse será um percurso comum entre economistas e cientistas sociais brasileiros no pós-1964. O projeto de desenvolvimento com distribuição de renda e justiça social, perseguido pelos estruturalistas cepalinos na década de 1950, seria revisado a partir de novas interpretações do desenvolvimento capitalista na região. Ver: Bielschowsky (2000, p. 422).

[277] Furtado (2014, p. 410-411).

trabalhada durante sua breve estadia em Yale, nos Estados Unidos, entre 1964 e 1965. Num contexto de reduzida capacidade de controle dos centros internos de decisão e complexificação da estrutura industrial, como defende Carlos Lessa, Furtado fazia sua passagem da "juventude", em que via a industrialização como um instrumento para o efetivo desenvolvimento nacional, para a "maturidade", quando a análise recaía na compreensão do subdesenvolvimento industrializado.[278]

A crise econômica de meados dos anos 1960, para Furtado, era resultado do aprofundamento do processo de industrialização por substituição de importações latino-americano. A incorporação da estrutura industrial de bens duráveis de consumo e de capital, superando a fase da substituição de bens de consumo não duráveis, produzia um padrão de crescimento nos países da região que pouco rompia com a estrutura social e a concentração da renda. Como *Subdesenvolvimento e estagnação* indicava, ao internalizar uma estrutura industrial moderna e diversificada, voltada para o consumo das elites, introduzia-se uma tecnologia poupadora de mão de obra, típica dos países desenvolvidos. Assim, o crescimento da economia não absorvia a quantidade de trabalhadores disponíveis, mantendo seus salários rebaixados e fragilizando sua capacidade de organização.

Para Furtado, a redução do ritmo de crescimento da economia latino-americana na primeira metade da década de 1960

---

[278] Lessa (2005). Flávio Saes, por sua vez, defende que a publicação de *Subdesenvolvimento e estagnação* marcava a ampliação das lentes de Celso Furtado, que outrora se voltava mais detidamente para a dinâmica interna do desenvolvimento nacional e, agora, passava a avaliar a inserção da periferia no capitalismo internacional e os obstáculos políticos internacionais para a superação do subdesenvolvimento (Saes, Flávio. Subdesenvolvimento e desenvolvimento na obra de Celso Furtado. *In:* Corsi, Francisco; Camargo, José Marangoni (orgs.). *Celso Furtado: os desafios do desenvolvimento*. São Paulo; Marília: Cultura Acadêmica; Oficina Universitária, 2010).

era resultado da disseminação da nova fase do processo de substituição de importações. Pelo lado da produção, como os setores mais intensivos em capital eram poupadores de mão de obra, aumentava-se a participação dos lucros empresariais e a concentração da renda; do lado do consumo, por sua vez, com menor distribuição da renda para os trabalhadores, o mercado mantinha-se limitado, impactando negativamente o crescimento da economia como um todo.

Em vez de reverter o subdesenvolvimento, a industrialização periférica acentuava o dualismo do mercado de trabalho – caracterizado por um núcleo de assalariamento circundado pela ampla presença do subemprego urbano e rural. Diferentemente da dinâmica de desenvolvimento das economias centrais, em que os benefícios do progresso tecnológico eram repassados para a população como um todo, a ausência de equilíbrio político entre os capitalistas e trabalhadores, não somente impedia a homogeneização social, como também produzia a crise econômica. Para o economista, "a estagnação econômica engendra o enfraquecimento do marco político e a perda progressiva da capacidade de autodeterminação, o que por seu lado limita a capacidade para superar os obstáculos que se opõem ao desenvolvimento", para então concluir: "a luta pela superação do subdesenvolvimento e pela preservação de uma personalidade nacional com autodeterminação, se integram dialeticamente na prática da ação política".[279]

As razões para a estagnação defendidas por Celso Furtado seriam criticadas por Tavares e Serra anos mais tarde.[280] Para os autores, a crise daquele período não era consequência da

---

[279] Furtado, Celso. *Subdesenvolvimento e estagnação na América Latina*. [1966] Rio de Janeiro: Editora Civilização Brasileira, 1968. p. 17.

[280] Tavares, Maria da Conceição; Serra, José. Além da estagnação: uma discussão sobre o estilo de desenvolvimento recente [1971]. *In*: Bielschowsky, Ricardo (org.). *Cinquenta anos de pensamento na Cepal*. Rio de Janeiro: Record, 2000.

concentração de renda, mas de um ciclo de crescimento oriundo da própria dinâmica do capitalismo interno. Escrevendo, em 1971, os autores vivenciavam a retomada do crescimento econômico brasileiro, durante o chamado milagre.

Para além das críticas de Tavares e Serra, e de outros de seus discípulos, Furtado se deparava com a transformação da economia mundial, que, na passagem dos anos 1960 para os 1970, veria a ampliação do papel das multinacionais na economia mundial, a expansão da industrialização em outros países da periferia, a crise do sistema monetário instaurado a partir de Bretton Woods, e a primeira crise do petróleo. Isso tudo contribuía para uma revisão de suas ideias, tarefa a que se dedica aprimorando o método histórico-estrutural de modo a incorporar novos parâmetros de análise.

Repensar o Brasil foi a tarefa empreendida por Furtado em sua primeira década no exílio. Entre os seminários de Santiago do Chile, sua passagem por Yale e a definitiva instalação como professor da Universidade de Sorbonne em Paris – quando escreve *Formação econômica da América Latina*, retomando a narrativa histórica do estruturalismo presente em *FEB* – suas lentes estão voltadas para a compreensão do Brasil, que se transforma de maneira acelerada.

Mas com a diferença de que agora sua reflexão encontra-se dissociada da "ideia de fazer 'política'", pois nunca fora, antes do exílio, "apenas ou principalmente um intelectual". É então que adquire a consciência de que "a sua paixão pelos problemas sociais correspondia a uma necessidade quase fisiológica". Chega a se ressentir inclusive de ter "vestido a pele de um professor universitário europeu".[281]

Dando continuidade a *Subdesenvolvimento e estagnação*, entre 1968 e 1972, Celso Furtado escreve *Um projeto para o*

---

[281] Furtado (2019, p. 224-230). Os trechos referem às anotações em seu diário entre 1964 e 1970.

Brasil e *Análise do "modelo" brasileiro*. As duas obras nos fornecem sua apreciação sobre a economia brasileira, separadas por pouco mais de quatro anos. Quatro anos que marcam praticamente o ciclo de início e fim do chamado "milagre" brasileiro. Se é possível encontrar continuidades no diagnóstico sobre a política econômica do governo militar, entre 1968 e 1972, *Análise do "modelo" brasileiro* pode ser lida como uma obra em que sua crítica se torna mais acurada. As páginas a seguir revisitam essas duas obras, explicitando a preocupação de Celso Furtado com os dilemas econômicos e sociais do Brasil. Mesmo apartado do debate político mais direto, ele não deixava de reavaliar seus diagnósticos e sugerir novos caminhos para a economia brasileira. Um período relativamente curto, mas fértil para compreender como Furtado revisou as próprias teses e precisou ampliar o escopo de análise, ultrapassando as fronteiras das ciências sociais e nutrindo-se de novos instrumentos para interferir no debate econômico.

Um projeto para o Brasil

Em junho de 1968, depois de quatro anos afastado do país, Celso Furtado foi convidado pelo deputado Adolfo de Oliveira para apresentar suas ideias na Comissão de Economia da Câmara dos Deputados. Voltava ao Brasil pela primeira vez depois de ter seus direitos políticos cassados em 1964. A intermediação para a sua viagem foi conduzida por Gabriel Valdés, fundador do Instituto de Estudos Internacionais, da Universidade do Chile, quem não somente realizou o convite para o seminário nesse país, como conseguiu autorização para que a viagem de Furtado pudesse ser estendida de Santiago para o Brasil.

Como resultado dessas duas atividades, Furtado publica o livro *Um projeto para o Brasil*, reunindo três ensaios. O primeiro com a sistematização de suas duas falas na Câmara dos Deputados; os outros dois contendo as conferências realizadas no

Chile e que para o autor representavam uma "fundamentação complementar" a alguns tópicos tratados no ensaio inicial.[282]

Em seu livro de memórias, Celso Furtado descreve o contexto da publicação, marcado pela dubiedade do ambiente político brasileiro naquele momento. Conforme sua impressão, se, por um lado a "onda de abertura do governo brasileiro, sob Costa e Silva", teria autorizado seu retorno ao país, por outro lado, não deixava de sentir a "efervescência nos meios universitários", com informações de que se preparava o "golpe dentro do golpe".[283]

Mesmo com seus direitos políticos cassados, além de exilado em Paris como professor da Sorbonne, ainda era possível encontrar alguma esperança sobre o futuro nas páginas da obra *Um projeto para o Brasil*. Com a considerável repercussão na imprensa das apresentações de Furtado no Congresso, o livro disseminou-se rapidamente naqueles meses de meados de 1968, alcançando muitas tiragens. Talvez sua real expectativa de reversão dos recentes rumos tomados pela política nacional fosse pequena, mas como homem público, dotado repentinamente de voz política, cabia-lhe o papel de contagiar aquela parte da sociedade que esposava suas ideias.

O tom de sua análise sobre as ações políticas e econômicas do regime militar é evidentemente crítico, mas como um manifesto para superar a "paralisia do sistema econômico", buscando "soluções efetivas e factíveis", Furtado indicava as possibilidades de reconstrução de um projeto nacional.[284] A ilusão de alguma mudança seria apagada meses mais tarde, com o recrudescimento do regime, por meio do Ato Institucional n.º 5 (AI-5), em 13 de dezembro de 1968.

---

[282] Furtado, Celso. *Um projeto para o Brasil*. Rio de Janeiro: Editora Saga, 1968, p. 9.

[283] Furtado (2014, p. 496).

[284] Furtado (1968, p. 9).

Nesse livro de intervenção no debate público, Celso Furtado se preocupa menos com longas digressões históricas ou análises teóricas, para expor suas ideias no sentido de enfrentar a crise estrutural em que se encontrava o país. Não obstante tenha esse estilo mais propositivo e direto, característica especialmente presente no primeiro ensaio resultante das exposições voltadas para os deputados federais, ao percorrer os argumentos de Furtado é possível reconhecer, nas entrelinhas – ou mesmo em algumas subpartes do texto –, a síntese teórica e histórica que sustenta sua interpretação. Por outro lado, suas proposições de política econômica para a Câmara dos Deputados estavam assentadas numa apreciação das transformações da economia internacional, sistematizadas nos dois ensaios apresentados no Instituto de Estudos Internacionais da Universidade do Chile.

As reflexões presentes nos ensaios, "A reestruturação da economia internacional" e "A concentração do poder econômico nos Estados Unidos e a integração latino-americana" devem ser compreendidos como um esforço amplo de sistematização das transformações da economia internacional nos anos 1960 e de compreensão dos resultados dessas mudanças para a América Latina.

O vigoroso crescimento da economia internacional observado no período do pós-guerra se explica pela centralidade do poder econômico e militar dos Estados Unidos. Já na nova conjuntura, a hegemonia americana militar teria perdido substância. Com a significativa diminuição da probabilidade de uma guerra generalizada e a queda da taxa de crescimento da economia americana, observa-se a reestruturação da economia internacional, inclusive com a ascensão de novas potências econômicas na Europa Ocidental e na Ásia, com o fortalecimento da Alemanha, Japão e China.[285] A observação de Furtado antecipava de alguma forma o cenário da primeira

---

[285] Furtado (1968, p. 97 e 110).

metade dos anos 1970, quando a crise internacional romperia com o sistema monetário construído em Bretton Woods.

Mas certamente a principal discussão de Celso Furtado nos dois ensaios apresentados no Chile, no intuito de compreender a nova dinâmica da década de 1960, era sobre o papel desempenhado pelas empresas transnacionais na economia internacional. Antes de se instalar em Paris, Furtado passou um ano no Centro de Estudos sobre o Crescimento Econômico da Universidade de Yale, tendo como colega de trabalho o economista Stephen Hymer, autor de *The International Operations of National Firms: A Study of Direct Foreign Investment*.[286] Provavelmente ali ele se convenceu de que essas empresas haviam trazido uma alteração profunda no funcionamento da economia internacional e das relações entre centro e periferia.

Hymer fora um dos autores pioneiros a destacar a importância do papel das empresas multinacionais na dinâmica econômica do período e teria impressionado Furtado por indicar seu poder como forma de organização econômica que se sobrepunha aos mercados. No testemunho de Furtado, "foi-me possível captar nos anos seguintes a verdadeira natureza do sistema bancário internacional, o qual viria a ser o elemento determinante na evolução da economia capitalista a partir dos anos 1970".[287]

O processo de instalação das transnacionais nas economias subdesenvolvidas passaria a cumprir papel relevante na

---

[286] O livro de Hymer foi publicado somente postumamente, em 1976, por intermédio de seu orientador, Charles P. Kindleberger, mas o trabalho era resultado da tese de Doutorado defendida no Departamento de Economia do Massachusetts Institute of Technology em 1960. Cf. Hymer, Stephen. *The international operations of national firms*: A study of direct foreign investments. Cambridge, MA: MIT Press, 1976.

[287] Furtado (2014, p. 496-470).

interpretação de Celso Furtado a partir de então. Para o economista, a presença dessas empresas desarticulava os centros nacionais de decisão. Se a instalação dos conglomerados já era realidade no Brasil desde o Plano de Metas, com o golpe militar a estratégia de industrialização via investimento estrangeiro se aprofundaria. Para o autor, a conjuntura de crise econômica latino-americana dos anos 1960 teria aberto maiores oportunidades para a entrada dos investimentos estrangeiros: "A estagnação econômica na América Latina, coincidiu com uma grande expansão das empresas americanas que atuam nessa região".[288]

Assim, mesmo com a industrialização de países da América Latina, Celso Furtado argumentava que à pauta de exportação desses países, ainda dependentes das velhas estruturas exportadoras de matérias-primas, acrescia-se agora uma nova forma de dependência com o exterior.[289] A crescente presença das empresas multinacionais nas economias estagnadas agravava a crise estrutural da capacidade de importar, por conta das remessas de lucros e dividendos, reduzia a integração do setor industrial e debilitava os centros nacionais de decisão.

A reflexão de Furtado indicava que o estreitamento da capacidade de ação dos Estados nacionais, assim como do papel das classes empresariais internas, era decorrência do caráter da dependência das estruturas periféricas, reiterada pela expansão das empresas transnacionais. Nas palavras do autor: "A redução a um papel de dependência da classe de empresários nacionais interrompeu na América Latina o processo de desenvolvimento autônomo de tipo capitalista, o qual chegara apenas a esboçar-se".[290]

---

[288] Furtado (1968, p. 95).

[289] Furtado (1968, p. 114).

[290] Furtado (1968, p. 132).

Tais ideias podem ser cotejadas com os debates gestados nos anos 1960. De um lado, no livro de 1968, Celso Furtado parece incorporar a ideia dos limites do papel do empresariado brasileiro na condução de um projeto nacional. Há proximidade entre suas ideias e aquelas que podem ser encontradas nos trabalhos sobre o empresariado nacional de Fernando Henrique Cardoso e Luiz Carlos Bresser-Pereira.[291] Para esses autores, a burguesia brasileira não teria cumprido seu papel histórico de produzir um projeto nacional, preferindo atuar nas franjas de uma industrialização comandada pelas empresas multinacionais, conduzindo o país à nova dependência. Como já apontamos no Capítulo 4, essa hipótese já está no seu radar em *Dialética do Desenvolvimento*, de 1964.

Por outro lado, também é possível encontrar identidades entre *Um projeto para o Brasil*, de Celso Furtado, e a obra *Dependência e desenvolvimento na América Latina* de Fernando Henrique Cardoso e Enzo Faletto, na temática sobre a perda de autonomia do Estado nacional como resultado da expansão das empresas multinacionais no Brasil. Segundo Furtado, "Fernando Henrique Cardoso chegou a conclusão similar [à minha] pela mesma época quando introduziu o conceito internacionalização do mercado interno". Em meio aos seminários de Santiago do Chile, em julho de 1964, os autores teriam tido oportunidade de discutir a nova realidade latino-americana, marcada pela perda de autonomia de decisão, pois a industrialização produzia formas mais complexas de dependência.[292]

---

[291] Bresser-Pereira, Luiz Carlos. O empresário industrial e a revolução Brasileira. *Revista de Administração de Empresas*. São Paulo, v. 2, n. 8, p. 11-27, jul. 1963; Bresser-Pereira, Luiz Carlos. Origens étnicas e sociais do empresário paulista. *Revista de Administração de Empresas*. São Paulo, v. 3, n. 11, p. 83-103, 1964.

[292] Furtado (2014, p. 416-417).

Portanto, em 1968, o caminho para o desenvolvimento se colocava em novo patamar. A presença das multinacionais em solo brasileiro e o cenário de estagnação da economia recolocavam a necessidade de planejamento. Como alertava Furtado, as estruturas econômicas subdesenvolvidas demandavam respostas políticas de complexa solução, exigindo um conjunto de medidas que pudessem produzir efetivas transformações estruturais na sociedade, sem as quais o caminho para um projeto de autotransformação social não ocorreria.

Esse esforço de articular diferentes medidas em torno de um projeto para a coletividade foi apresentado por Furtado na Câmara dos Deputados. O ensaio publicado como "A reforma das estruturas econômicas: ensaio de estratégia global" apresenta uma síntese de suas ideias sobre os desafios do desenvolvimento periférico e uma agenda de reformas econômicas para o país. No texto, o autor parte do diagnóstico da crise econômica latino-americana dos anos 1960, apresentando em seguida sugestões para a alteração na estrutura agrária; a mudança no perfil da demanda e do padrão de consumo do país; e a necessária reorientação dos processos produtivos; além de indicar a importância de realização de pesquisa e investimento no fator humano. A discussão prática, não obstante, está alicerçada em sua compreensão dos limites e desafios de transformação de uma economia subdesenvolvida e em sua avaliação da nova conjuntura internacional.[293]

---

[293] Dentro os poucos trabalhos que discutiram especificamente a obra, é possível encontrar uma resenha de Aníbal Villela. Na resenha o autor sumariza suas discordâncias com a obra de Furtado, considerando que esse teria desprezado o problema da inflação; não teria feito análises microeconômicas sobre a estrutura do setor industrial; e refuta a sugestão de Furtado para realizar a distribuição de renda, defendendo que o caminho deveria ser percorrido pela elevação da produtividade, tendo como exemplos países como Japão, Iugoslávia e Taiwan. Cf. Villela, Aníbal. Alguns reparos

Em poucas páginas, o autor sumariza a trajetória da industrialização brasileira, que alcançava nos anos 1960 uma terceira e nova fase. Na primeira fase, ocorrida até 1930, a indústria teria sido induzida pelas exportações de café. O que houve de crescimento do mercado interno e diversificação da economia resultava das rendas geradas no comércio exportador. A segunda fase, caracterizada pelo processo de industrialização por substituição de importações, fora marcada por tensões estruturais, geradas pelo declínio da capacidade de importar, assim como pela crescente "implantação no país de filiais (estrangeiras) de empresas que anteriormente controlavam o mercado através de exportações".[294]

Assim, depois de dois decênios de significativo crescimento conduzido pela política de substituição de importações, para enfrentar o cenário de crise do modelo de industrialização da terceira fase, seria necessária uma "ação global" para "assegurar uma reversão das tendências paralisantes". Partia da hipótese explicativa de que "existe no sistema econômico deste país uma deformação estrutural que se traduz no perfil da demanda global".[295]

Diferentemente da posição cepalina dos anos 1950, que encontrava na industrialização o caminho para a superação do subdesenvolvimento, agora com o aprofundamento da instalação do parque industrial brasileiro, ele percebe que o tipo de indústria também importa. Em suas memórias, ao tratar da temática logo após o golpe militar, considera que "a industrialização não leva necessariamente à autonomia de decisão, ao desenvolvimento autossustentado, como estava implícito no modelo da Cepal".[296]

---

para *Um projeto para o Brasil* por Celso Furtado. *Revista brasileira de economia*, n. 4, 1968.

[294] Furtado (1968, p. 30).
[295] Furtado (1968, p. 14-15).
[296] Furtado (2014, p. 416).

Conforme o novo diagnóstico, havia um "processo causal circular entre a forma como se assimila a tecnologia moderna e a concentração da renda".[297] Sugerindo a revisão do perfil da demanda nacional, acreditava que seria possível elevar as taxas de poupança e de investimento da economia. Ao discorrer sobre "o projeto de autotransformação social", Celso Furtado sintetiza em poucos parágrafos o conceito de desenvolvimento, como fenômeno que deveria ser captado pela dimensão econômica e cultural. Quando comparamos com seus escritos de anos anteriores, os aspectos culturais tomam cores mais fortes em 1968:

> O desenvolvimento, demais de ser o fenômeno de aumento de produtividade do fator trabalho que interessa ao economista, é um processo de adaptação das estruturas sociais a um horizonte em expansão de possibilidades abertas ao homem. As duas dimensões do desenvolvimento – a econômica e a cultural – não podem ser captadas senão em conjunto.[298]

Em *Desenvolvimento e subdesenvolvimento*, por exemplo, o principal limite para a concretização do processo de instalação da indústria nos países periféricos se localizava na tendência de desequilíbrio externo da economia. Mesmo reconhecendo que a estrutura desigual da sociedade periférica fosse decisiva para a superação do subdesenvolvimento, a discussão sobre a dimensão cultural do desenvolvimento – do padrão de consumo da sociedade e do próprio perfil da estrutura industrial instalada – parecia escapar ao autor no início da década de 1960.[299]

---

[297] Furtado (1968, p. 15).

[298] Furtado (1968, p. 18).

[299] É verdade que, nas duas últimas páginas do livro, Celso Furtado aponta para sua desconfiança sobre o dilema do esgotamento da fase de substituição de importações: "É, portanto, perfeitamente possível que estejamos entrando numa daquelas fases decisivas em que os

A crítica de Furtado endereçada aos economistas partia da constatação de que os fatores não econômicos do desenvolvimento teriam desaparecido de seu campo de observação, produzindo uma simplificação metodológica. Em suma, recuperar "variáveis" como a estrutura social, os hábitos dos consumidores, o comportamento das empresas e o quadro institucional permitiria uma análise sobre o desenvolvimento em sua acepção mais ampla. Isto é, ao superar uma análise restrita à a oferta de bens ou à acumulação de capital, seria possível encontrar o *sentido* do projeto de autotransformação de uma coletividade humana, atendendo ao "horizonte de aspirações da coletividade".[300]

Celso Furtado explicitava que a estrutura industrial instalada no país não se mostrava adequada para suprir a demanda de toda a sociedade. Tais ideias já estavam de alguma forma presentes em sua obra anterior, *Subdesenvolvimento e estagnação na América Latina*. A industrialização dependente, estruturada a partir da demanda dos grupos privilegiados, de uma sociedade com elevada concentração da renda, permitia implantar uma indústria com alta produtividade e significada diversificação.[301]

O modelo de assimilação do progresso tecnológico era um complexo problema que o Brasil precisava enfrentar, evitando decisões irracionais do ponto de vista econômico para o conjunto da população. A instalação das transnacionais no mercado brasileiro indicava que as distorções da estrutura produtiva vinham se acentuando, gerando as "decisões irracionais": padrão de consumo complexo e elevado numa estrutura industrial poupadora de mão de obra, reiterando assim a dinâmica de concentração

---

problemas tipicamente políticos adquirem forte ascendência sobre os demais, inclusive os econômicos". Ver: Furtado, Celso. *Desenvolvimento e subdesenvolvimento* [1961]. Rio de Janeiro: Contraponto, 2009, p. 233.

[300] Furtado (1968, p. 19).

[301] Furtado (1968, p. 42).

da renda no país. Para reverter essa tendência, ele defendia que a política de desenvolvimento, voltada ao setor industrial, deveria transformar a estrutura do sistema econômico, por meio do planejamento, de modo a alterar o perfil da demanda global.[302]

A transformação da estrutura do sistema econômico teria que limitar o comando das empresas multinacionais sobre o destino do país. Sua presença massiva na economia brasileira vinha reduzindo o poder dos centros nacionais de decisão. Ao depender do capital internacional para sustentar o crescimento econômico, o país passava a se subordinar aos interesses das corporações.

A modificação do perfil da demanda global comportava uma discussão sociológica sobre os padrões de consumo das elites nacionais, que consumindo uma parcela significativa da poupança nacional, acabavam por produzir profundos impactos na estrutura econômica do país. Assim, para além de uma leitura econômica, Furtado sintetiza: "Não seria descabido afirmar que existe uma correlação positiva entre o nível de consumo das massas modernas e a pobreza imaginativa com que os homens utilizam os frutos de seu trabalho".[303] Por "nível de consumo das massas modernas", ele se refere ao chamado "consumo conspícuo", e não às necessidades básicas da população. A reorientação do progresso técnico deveria inclusive contribuir para ampliar o consumo dos trabalhadores.

Para reverter essa deformação concentradora dos benefícios do progresso técnico, Furtado indicava a necessidade não só de atuar contra a concentração da renda nacional, por meio de uma política fiscal, via imposto de renda, mas também de impostos que incidissem em produtos e serviços voltados para as classes altas do país.

---

[302] Furtado (1968, p. 57).

[303] Furtado (1968, p. 75).

Mas além de interferir na estrutura da renda, seria preciso reduzir o condicionamento das grandes empresas na definição do padrão de consumo nacional. Nesse ponto, Furtado chega a sugerir que artistas, intelectuais e "escalões do sistema de decisões", deveriam interferir no comportamento dos consumidores. Por outro lado, o Estado, via planejamento e "co-gestão", deveria reduzir a autonomia das empresas, buscando a nacionalização das direções das empresas, permitindo que os frutos do progresso técnico fossem transferidos para a população.[304]

Adicionalmente, outra tarefa fundamental a ser conduzida pelo governo, no entender de Furtado, residia na transformação da estrutura agrária do país, com foco no latifúndio improdutivo. Reiterando suas posições presentes em obras anteriores, a concentração fundiária produzia uma massa de trabalhadores que pouco teriam se beneficiado do desenvolvimento econômico ocorrido no país no último quarto de século.[305]

Se a posição de Furtado permanecia a mesma de trabalhos anteriores, de caminhar na direção de uma reforma agrária que pudesse ampliar a base de proprietários, em 1968, o autor esclarece que essa não deveria conduzir a uma massa de pequenas propriedades: "O minifúndio e o latifúndio são responsáveis por grande desperdício de recursos; no que respeita ao primeiro, recursos de mão de obra, e ao segundo, recursos de terra e capital".[306] Adicionalmente, alega que a baixa produtividade no minifúndio é resultado da limitada capacidade financeira dos pequenos proprietários para incorporação de progresso tecnológico, enquanto os latifúndios, com abundância de terras e mão de obra, produziam extensivamente com poucos investimentos em produtividade.

---

[304] Furtado (1968, p. 82).

[305] Furtado (1968, p. 59).

[306] Furtado (1968, p. 61).

Assim, a transformação da estrutura agrária brasileira deveria ser acompanhada de esforços para aumentar o nível de vida do trabalhador rural, acarretando assim a elevação da produtividade no campo. A melhoria da renda dos trabalhadores do campo, diz Furtado, produziria dois efeitos na economia: com a ampliação da produtividade, uma maior oferta de produtos seria disponibilizada para a população, enquanto, por outro lado, aumentaria o mercado para os produtos industriais.[307]

A "nota final" do ensaio se volta para a necessidade de investimentos em pesquisa e educação, pois "o progresso tecnológico é principalmente uma questão de qualidade do fator humano". Para Furtado, eram abundantes os estudos demonstrando que o "nível de desenvolvimento de um país é função da massa de investimentos incorporados no fator humano".[308] Aqui estava uma janela importante para a superação do caráter dependente das economias subdesenvolvidas, que exigiria formas de apropriação e de controle do progresso tecnológico. Uma política de desenvolvimento naquela conjuntura deveria prever uma política de assimilação, adaptação e de criação de novas técnicas. Para o Brasil, segundo o economista, estariam abertas relevantes oportunidades, por conta do potencial do país, para o desenvolvimento de pesquisas nas áreas de recursos naturais, de fontes de energia e de produção de alimentos.

Cumpre ressaltar que a reflexão de Furtado sobre educação e pesquisa não se encaixa no marco teórico limitado da "teoria do capital humano", em voga nos anos 1960, tendo como principal expoente Theodore Schultz, professor

---

[307] Furtado (1968, p. 64).

[308] Furtado (1968, p. 83). Possivelmente o autor se refere aos estudos de Theodore Schultz e Gary Becker, publicados em 1964, que ofereciam evidências sobre a relevância do capital humano, exercendo influência no campo dos economistas naquele momento.

da Universidade de Chicago. Educação, para o nosso economista, além de vital para a expansão da cidadania numa sociedade democrática, estava associada a uma concepção de geração de novos conhecimentos científicos, decisivos para a criação de sistemas nacionais de inovação, inclusive com o apoio do Estado.

Ao escrever *Um projeto para o Brasil* poucos meses antes do AI-5, Celso Furtado apresentou mais uma agenda de reformas para o país, ancorada numa análise da conjuntura econômica nacional e das transformações que vinham ocorrendo na economia internacional.

Se com a apresentação de "um projeto" existia a esperança de que os nebulosos dias do período militar pudessem se dissipar, a frustração política com a chegada do dia 13 de dezembro de 1968 não invalidou a crítica de Furtado à política econômica do governo, pois, de certa forma, as bases para a "análise do modelo brasileiro" já estavam aí presentes.

Com o golpe militar e a crescente interferência das multinacionais nos sistemas de decisão nacionais, a interpretação de Celso Furtado vai expondo, de maneira cada vez mais aberta e crítica, como as trajetórias econômicas nacionais dependiam, antes de tudo, de escolhas e decisões políticas. Sendo o golpe de 1964 a materialização dessa relação entre escolhas políticas e decisões econômicas, estavam estabelecidos em 1968 os primeiros traços de sua discordância com o novo *sentido* do projeto empreendido pelo governo militar.

Assim, é possível dizer que *Um projeto para o Brasil* apresenta alguns elementos que seriam refinados posteriormente em obras como *Análise do modelo brasileiro* (1972) e *O mito do desenvolvimento econômico* (1974), constituindo um bloco de textos voltados para a reflexão sobre os limites do desenvolvimento dependente. Mas ele ainda precisaria dar um importante salto interpretativo, pois o "milagre econômico" não estava em seu radar.

"Um milagre brasileiro"?: a análise do modelo

Apesar da distância física do Brasil, consequência do exílio imposto pelo regime militar, Celso Furtado mantinha-se firmemente na tarefa de pensar a sociedade brasileira no período pós-1964. Em Paris, por meio dos seminários de pós-graduação, o economista reunia estudantes e pesquisadores com o intuito de avaliar as transformações das economias latino-americanas e, em especial, a brasileira.

No campo da reflexão mais teórica, sendo responsável pelo oferecimento de cursos sobre desenvolvimento econômico lhe permitiu retomar sua obra *Desenvolvimento e subdesenvolvimento* para reescrevê-la como *Teoria e política do desenvolvimento econômico*. O livro, de 1967, saiu do roteiro para as suas aulas, que percorriam a evolução das ideias sobre desenvolvimento econômico, além de explicitarem sua proposta metodológica de análise econômica e social, mais conhecida como método histórico-estrutural.

Ao final dos anos 1960, o desejo de estudar o Brasil, segundo Furtado, acentuou-se por conta do crescente interesse acadêmico internacional em compreender as características do chamado "milagre" brasileiro.[309] Com as elevadas taxas de crescimento, a economia brasileira era exaltada, como lembra Furtado, por brasilianistas em discussões nos Estados Unidos, ou mesmo por impressões mais apressadas de estudantes que imaginavam estar o país caminhando rumo ao Primeiro Mundo.

Em 1971, Furtado visita o Brasil para "tomar conhecimento direto dessa *realidade nova*", que professores brasilianistas viam com algum otimismo. Furtado relata o ambiente de "neurose coletiva" existente no Rio de Janeiro, causado pela ditadura militar, a tal ponto que mal conseguia encontrar pessoas dispostas a debater a conjuntura. Depois de um

---

[309] Furtado (2014b, p. 507-508).

imbróglio com sua documentação, o que lhe custaria três meses para conseguir o visto de saída do Brasil, ele afirma em suas memórias: "agora eu já podia falar do 'milagre' brasileiro com conhecimento de causa".[310]

Nesse contexto, de volta a Paris, escreveu os ensaios "Análise do 'modelo' brasileiro" e "A estrutura agrária no subdesenvolvimento brasileiro", que comporiam o livro *A análise do "modelo" brasileiro*, publicado no início de 1972. Os ensaios foram elaborados a partir de seu método, como explicitado em sua introdução. Continham uma análise estrutural, reduzindo a realidade social a um sistema que poderia ser apreendido por meio dos instrumentos econômicos processados à sua maneira. Dessa forma, o autor captava o comportamento das variáveis endógenas "descortinando as opções com que se confrontam os agentes responsáveis pelas decisões".[311]

Furtado redige um texto com grande rigor técnico, "sem envolvimento emocional", para evitar a censura do governo brasileiro do período militar. Em suas memórias, o economista lembra-se do drama enfrentado por Ênio Silveira, o editor do livro, cuja livraria no Rio de Janeiro fora desapropriada pelo regime militar meses depois da publicação, causando enormes prejuízos à editora.[312]

Em ensaio apresentado nos Estados Unidos, em setembro de 1972, Celso Furtado respondia à provocação de Rosenstein-Rodan, cuja problemática do seminário era centrada na questão

---

[310] Furtado (2014, p. 508-509).

[311] Furtado, Celso. *Análise do "modelo" brasileiro*. Rio de Janeiro: Civilização Brasileira, 1972. p. 4.

[312] Furtado (2014, p. 509). *Análise do "modelo" brasileiro* deve ser compreendida como a principal e mais direta obra de Celso Furtado contra a política econômica e social do regime militar. O livro *A nova economia brasileira* de Mario Henrique Simonsen e Roberto Campos (1974) procura rebater as críticas de Furtado ao "modelo" brasileiro.

"para onde vai a América Latina?". Argumentava no ensaio que: "além da satisfação das necessidades fundamentais da população, nada é tão importante como atingir formas superiores de convivência social". Era uma resposta direta ao ambiente ditatorial brasileiro, que não criava uma sociedade "aberta ao diálogo e à participação". E assim, concluía: "E nenhum diálogo é mais difícil e mais fundamental do que aquele que temos com a nova geração. Fazer guerra à juventude, tentar destruir-lhe o desejo de luta é comprometer gravemente o futuro de um povo. *Quo vadis*, se te suprimes o futuro?".[313]

No período que compreende o "milagre", o crescimento da economia brasileira ultrapassou os 10% ao ano, tendo mantido a taxa de inflação relativamente controlada e o balanço de pagamentos com saldos positivos. O Plano Estratégico de Desenvolvimento (PED), lançado em meados dos anos 1968, tinha como prioridade uma estabilização gradual dos preços, o fortalecimento da iniciativa privada, a consolidação da infraestrutura, a cargo do Estado, e a ampliação do mercado interno, especialmente para manter a demanda de bens de consumo duráveis. O governo valia-se de um cenário favorável, beneficiando-se das reformas introduzidas pelo Programa de Ação Econômica do Governo (PAEG), da substantiva melhora do cenário internacional – com ampliação da liquidez e crescimento da demanda por exportações nacionais – e da capacidade ociosa existente, resultado da crise do lustro anterior.

Se os resultados positivos do crescimento econômico brasileiro chamavam atenção para o suposto "milagre", não passaram em branco as críticas sobre as consequências sociais. A forte repressão do governo militar bloqueava as manifestações e greves de trabalhadores, que viram seus salários crescerem abaixo da produtividade, sem falar das categorias que tiveram declínio real. Com a divulgação do Censo de 1970, materializou-se a

---

[313] Furtado (2014, p. 536).

constatação do forte crescimento na concentração da renda do país, cuja análise a partir do artigo de Albert Fishlow daria início à chamada "controvérsia sobre a distribuição de renda" ao longo dos anos 1970.[314]

É nesse conflito entre indicadores econômicos e consequências sociais produzidos pelo "milagre" que a proposta de interpretação de Celso Furtado deve ser apreendida. O Brasil, em seu entender, figurava como caso especial para o estudo do subdesenvolvimento: uma economia com um relevante setor industrial moderno, mas que sustentava, por outro lado, metade da população empregada na agricultura, apresentando baixíssimo índice de produtividade.[315] A economia brasileira ilustrava como a industrialização não era suficiente para reduzir a pobreza nas áreas subdesenvolvidas, produzindo na periferia resultados distintos dos verificados nas economias centrais.[316]

Nesse momento, a discussão do autor em torno da diferenciação das estruturas econômicas entre os países periféricos e centrais remetia, em parte, ao legado cepalino. Se a dimensão

---

[314] Para o artigo que inicia a controvérsia: Fishlow, Albert. Brazilian size distribution of income. *American Economic Review*, v. 62, n. 2, p. 391-402, May 1972. O livro que reúne tais contribuições é: Tolipan, Ricardo; Tinelli, Arthur Carlos (orgs.). *A controvérsia sobre a distribuição de renda e desenvolvimento*. Rio de Janeiro: Zahar, 1978.

[315] O segundo ensaio do livro, "A estrutura agrária no subdesenvolvimento brasileiro", recupera as teses de Furtado sobre a direção de uma reestruturação da produção agrícola no Brasil. Numa breve síntese histórica, aponta para as permanências de "um sistema de privilégios concedidos à empresa agromercantil". Assim, uma agricultura que dispunha tanto de abundância de terras como de mão de obra, pressionava os salários para baixo e limitava o progresso técnico. Ver: Furtado (1972, p. 119-121). Como essas teses estão presentes em livros anteriores, daremos prioridade para a discussão do primeiro ensaio, que trata da apreciação do autor sobre o "modelo" brasileiro.

[316] Furtado (1972, p. 7-8).

da desigual difusão do progresso técnico continuava como base de sua análise, agora, contudo, a dimensão das modificações do padrão de consumo teria papel decisivo para esclarecer os limites do crescimento econômico na periferia. Para os países subdesenvolvidos o processo de difusão da Revolução Industrial ocorria, acima de tudo, por meio da transformação dos padrões de consumo para uma minoria da população. Sendo a renda *per capita* incompatível com o nível de acumulação desejado pelas classes abastadas, a concentração da renda tornava-se peça central na engrenagem do subdesenvolvimento.

Emergia, então, o conceito que atua como o fio condutor da obra: a ideia de "modernização" das economias periféricas, em oposição à noção de desenvolvimento das economias centrais: "A história do subdesenvolvimento consiste, fundamentalmente, no desdobramento desse modelo de economia em que o progresso tecnológico serviu muito mais para modernizar os hábitos de consumo do que para transformar os processos produtivos".[317]

Assim, o subdesenvolvimento não reproduzia o "verdadeiro desenvolvimento", processo restrito às economias centrais, em que o fluxo de novos produtos e de inovações tecnológicas era acompanhado tanto pela expansão do mercado como pela assimilação do novo padrão de consumo por amplos segmentos da sociedade. Esse contraponto tem como base a experiência das economias ocidentais do pós-guerra na Era de Ouro do capitalismo, de pleno emprego e difusão do Estado de bem-estar social, que o autor acompanhara de perto.

A economia subdesenvolvida, no entanto, ao fomentar o processo de modernização, produzia uma rápida assimilação do progresso tecnológico no padrão de consumo, mas que somente podia ser disponibilizada para uma parcela restrita da sociedade. O "milagre" brasileiro, para Furtado, era a materialização

---

[317] Furtado (1972, p. 11).

desse processo: uma rápida industrialização, alicerçada na instalação de empresas transnacionais com elevada intensidade tecnológica, garantindo a uma reduzida parcela da população o acesso aos bens de consumo mais "modernos" do capitalismo. Quanto mais rápida e diversificada fosse a assimilação do consumo – para países com limitados recursos financeiros e estruturas sociais tão desiguais –, mais lenta seria a difusão do progresso tecnológico para os demais setores da economia, gerando heterogeneidade estrutural e concentração de renda.

Em 1972, depois de uma fase de acelerado crescimento econômico no Brasil, Furtado se afasta paulatinamente da leitura estagnacionista realizada logo após o golpe de 1964.[318] Admitia não existir "evidência de correlação negativa entre o grau de concentração da renda e o nível de produtividade industrial".[319] Como discute mais ao final do ensaio, sobre a "possibilidade de generalização do 'modelo'", acreditava que na América Latina eram poucos os países que poderiam superar a crise do ciclo da industrialização por substituição de importações.

No entender de Furtado, Brasil e México teriam perseguido, por meios distintos, o "modelo" de modernização, em que a

---

[318] Sua posição defendida em *Subdesenvolvimento e estagnação na América Latina* e criticada por Maria da Conceição Tavares e José Serra, em "Além da estagnação: uma discussão sobre o estilo de desenvolvimento recente", ainda era presente em *Um projeto para o Brasil*, mas assume uma versão mais tímida em 1972. Para Maurício Coutinho, a interpretação de Celso Furtado na década de 1970 preservou sua leitura sobre a tendência de estagnação da economia latino-americana: "os novos temas e desenvolvimentos trazidos pelos trabalhos do início dos anos setenta não deixam de ser compatíveis com variantes da abordagem histórico-estrutural apresentadas em textos de anos anteriores, especialmente *Subdesenvolvimento e Estagnação*" (Coutinho, Mauricio. Furtado e seus críticos: da estagnação à retomada do crescimento econômico. *Economia e Sociedade*, v. 28, n. 3, p. 741-759, 2019).

[319] Furtado (1972, p. 28).

concentração da renda, numa populosa estrutura demográfica, assegurava um mercado compatível com a disseminação dos modernos padrões de consumo internacionais. Seu dinamismo se devia ao tamanho das classes de rendas elevadas, que se assemelhavam à população inteira de alguns pequenos países da Europa. Em suas palavras:

> O chamado 'modelo' brasileiro constitui uma tentativa de correção dessa insuficiência [da tendência de estagnação por estreitamento da demanda numa sociedade desigual], mediante um esforço de adaptação da demanda à estrutura da oferta – crescimento mais rápido do poder de compra dos consumidores de bens duráveis – e uma ação mais ampla do Estado na geração de empregos.[320]

Para viabilizar o modelo brasileiro, o governo precisou reunir um conjunto de medidas que construíram a nova estratégia de crescimento econômico no período pós-1964. Na inexistência de uma burguesia nacional, o novo ciclo de crescimento tinha como estratégia de crescimento industrial o incentivo de novos investimentos por parte das empresas multinacionais.

A execução da política, para o autor, era facilitada no país por certa divisão de funções na estrutura produtiva que já vinha sendo estabelecida na economia por aquilo que Peter Evans[321] chamaria de "tríplice aliança": as multinacionais em setores industriais modernos, de bens duráveis de consumo; o setor privado nacional, controlando as atividades de construção, manufaturas tradicionais e atuando como firmas subcontratadas

---

[320] Furtado (1972, p. 66).

[321] Evans, Peter. *A tríplice aliança*: as multinacionais, as estatais e o capital nacional no desenvolvimento dependente brasileiro. Rio de Janeiro: Zahar, 1980.

das multinacionais e das empresas estatais; e, finalmente, as empresas estatais, predominando em atividades de infraestrutura e de bens intermediários.[322]

Para garantir a permanência dos investimentos das empresas multinacionais, o governo precisou eliminar os "pontos de estrangulamento" presentes na crise econômica dos anos 1960. A recuperação era também garantida pela retomada dos investimentos do Estado, como resultado das reformas do sistema tributário e também do sistema de financiamento público.

A retomada da industrialização, segundo a estratégia do "modelo", todavia, era efetivada pela aceleração do processo de concentração da renda. O governo estimulava, assim, a ampliação do mercado consumidor de bens duráveis com crédito ao consumo e políticas de aumento da renda disponível das classes médias e altas. Em contraposição, acionava uma política de controle do salário real da massa dos trabalhadores, cuja evolução ocorria abaixo da produtividade industrial. A oferta elástica de mão de obra reiterava a dinâmica de descolamento da produtividade da economia com a taxa de salário. Em suma, "criaram-se privilégios para a fração da classe média, habilitada a gerar, a curto prazo, o tipo de demanda que se pretendia dinamizar".[323]

Ao observar o "milagre" brasileiro, Furtado produzia sua primeira síntese sobre os limites da industrialização periférica no novo contexto internacional. Se o processo fora iniciado com *Subdesenvolvimento e estagnação na América Latina* e *Um projeto para o Brasil*, somente com a *Análise do "modelo" brasileiro* o autor passa a contemplar os resultados sociais e econômicos do período pós-1964, incluindo os anos do milagre, por meio de uma nova chave interpretativa.

---

[322] Furtado (1972, p. 35).

[323] Furtado (1972, p. 42).

A nova face do subdesenvolvimento passa a ser compreendida pela "modernização" da economia, que aproximava a periferia dos padrões de consumo dos países industrializados; que alimentava o processo de crescimento econômico por meio da assimilação do progresso técnico para uma minoria da população; e que realimentava a própria tendência de concentração da renda. Uma modernização que teria tornado a indústria brasileira diversificada e complexa na oferta de bens de consumo, mas que não teria permitido a superação do subdesenvolvimento, além de travar no longo prazo um processo autônomo de acumulação de capital com distribuição de renda.

Não deixa de ser interessante observar a reviravolta de seu enquadramento analítico ao longo desse período: no início, a concentração de renda é a principal trava para se completar a industrialização; ao final, os termos se invertem e a concentração passa a ser o elemento chave de uma industrialização que avança de modo a perpetuar o subdesenvolvimento.

Furtado e seus críticos

Na primeira metade dos anos 1970, nosso intelectual no exílio se dedica a compreender o "modelo brasileiro", tendo como eixo o processo de internacionalização do capitalismo. Ele renova seu repertório analítico e produz uma interpretação do Brasil distinta daquela contida em *Formação econômica do Brasil*. O desvio histórico assim o exige.

Na resenha de Pedro Malan e John Wells, *Análise do "modelo" brasileiro* é considerado o livro mais influente para compreender a experiência brasileira dos anos 1960, um "*best-seller*" que "desperta a controvérsia acerca dos rumos do capitalismo caboclo".[324]

---

[324] Malan, Pedro; Wells, John. Resenha bibliográfica de Análise do "modelo" brasileiro. *Pesquisa e Planejamento Econômico*, v. 2, n. 2, p. 441-460, 1972. Outra resenha publicada em 1972 é a de Franklin

Celso Furtado, naquela altura, formara intelectualmente parcela significativa dos economistas brasileiros. Isso vale para aqueles que se situavam à esquerda do espectro ideológico, inclusive os marxistas. E, em alguma medida, também para os economistas ortodoxos, pois era visto como o autor a ser enfrentado.

Sua leitura sobre a economia brasileira, a partir do método histórico-estrutural, fazia-se incontornável para se discutir a economia brasileira, como atestam os sucessos editoriais de seus livros na transição dos anos 1960 e 1970. Mesmo no exílio, o intelectual continuava sendo amplamente lido e debatido no Brasil.

Não obstante, um duplo movimento se percebe nesse período. Enquanto a obra de Furtado se torna mais distante do núcleo teórico da economia, o debate econômico brasileiro parece se divorciar de Furtado ou procurar novas linhas interpretativas para além de sua obra, mesmo no caso de seus discípulos. *Análise do "modelo" brasileiro* parece ilustrar esse corte histórico.

Uma das teses centrais de Celso Furtado, em *Análise do "modelo" brasileiro*, é justamente a da "modernização", que destrincha o caráter perverso do crescimento econômico concentrador da renda observado a partir do golpe militar. É curioso que o livro, lançado no alvorecer da controvérsia sobre a distribuição de renda no Brasil, não tenha sido assimilado no debate do período por muitos economistas. Entre os artigos que compõem a coletânea *A controvérsia sobre distribuição de renda e desenvolvimento*, são poucos os autores que debatem e se referem às teses de Celso Furtado.

Lee Feder. O autor, diferentemente de Malan e Wells, define a obra como pouco profunda, por não oferecer uma síntese sobre a orientação socioeconômica do governo militar (Feder, Franklin Lee. Resenha de Análise do modelo brasileiro. *Revista de Administração de Empresas*, v. 12, n. 4, p. 93-94, 1972).

Tanto Rodolfo Hoffmann como John Wells reconhecem em Celso Furtado a autoria das teses que relacionavam a distribuição da renda com a estrutura da demanda.[325] Isto é, a concentração da renda teria permitido a instalação de setores modernos, diversificando a estrutura industrial do país. Em comum, os autores buscam nas evidências empíricas uma revisão da formulação furtadiana. Ainda que estivessem todos no mesmo campo político, de crítica aos resultados sociais da política econômica do governo militar, os "novos" estudos sobre a distribuição de renda se autoproclamavam "mais científicos". A linguagem (retórica) econômica instrumental procurava se mostrar mais válida do que as perspectivas estruturalistas de Furtado. Como faz questão de frisar Fernando Henrique Cardoso no prefácio do livro, os artigos presentes na controvérsia sobre a desigualdade teriam sido produzidos por meio de pesquisas, "obedecendo aos mais estritos cuidados da investigação científica".[326]

Entre os herdeiros mais diretos de Celso Furtado, por outro lado, é possível também observar uma tendência de distanciamento tanto teórico como analítico. A nova floração de intelectuais, aqui denominados pós-furtadianos, vive seu auge em pleno "milagre econômico". Sediados no Centro Brasileiro de Análise e Planejamento (Cebrap) e no Instituto de Economia da Universidade de Campinas (Unicamp), eles dão continuidade ao legado de Furtado, aprofundando cada

---

[325] Hoffmann, Rodolfo. Tendências da distribuição da renda no Brasil e suas relações com o desenvolvimento econômico [1972] e Wells, John. Distribuição de rendimentos, crescimento e a estrutura da demanda no Brasil na década de 60 [1974]. *In*: Tolipan, Ricardo; Tinelli, Arthur Carlos (orgs.). *A controvérsia sobre a distribuição de renda e desenvolvimento*. Rio de Janeiro: Zahar, 1978.

[326] Cardoso (1978, p. 9).

um à sua maneira, o método histórico-estrutural, na maior parte dos casos tomando por bússola as categorias marxistas.

O apodo "pós-furtadiano" pretende captar a interação complexa entre essa geração e o mestre que eles tinham em comum: se procuram ir além de Furtado, não é menos verdade que partiam de sua herança, uma caixa de ferramentas capaz de construir diversas, e até conflitantes, interpretações sobre o capitalismo no Brasil.

O "problema" da análise furtadiana, para esses autores, não estava no suposto economicismo,[327] mas no instrumental teórico utilizado. Cabe inclusive a seguinte pergunta: o método histórico-estrutural, com seus cortes sincrônicos articulados a uma dinâmica diacrônica, captando as rupturas e continuidades na longa duração, por meio de um estudo das interações entre o econômico e o não econômico, não teria sido inclusive aprimorado pelos pós-furtadianos?

O maior distanciamento histórico lhes permitiu lançar hipóteses alternativas àquelas utilizadas por Furtado em *FEB*. Havia também a necessidade de produzir novos esquemas analíticos para explicar o "milagre econômico", sua dinâmica e suas contradições, de modo a fornecer alternativas políticas.

O mestre estava no exílio e seus herdeiros, armados da razão crítica e do instrumental a sua disposição, buscavam superá-lo para dar conta dos novos desafios. Precisavam ocupar os espaços abertos à intelectualidade. Não era o momento de tecer loas ao mestre. Ao contrário, procuravam adquirir autonomia teórica, "matando o pai", à maneira freudiana. Contudo,

---

[327] Francisco de Oliveira no seu "Ornitorrinco", escrito em 2003, trinta anos depois da sua "Crítica", admite que sua obra de 1972 "era cepalina" e "marxista". Para depois completar que a política não era uma "externalidade" em Furtado. Ver: Oliveira, Francisco de. A economia brasileira: crítica à razão dualista. *Estudos Cebrap*, n. 2, 1972; *O Ornitorrinco*. São Paulo: Boitempo, 2003, p. 127-128.

o método histórico-estrutural, em maior ou menor medida, ficara impregnado em suas veias.

Tal atitude fica explícita na carta da economista Maria da Conceição Tavares ao seu mestre Furtado, em março de 1971, quando "envergonhadamente" antecipa a crítica desferida por ela e por José Serra em artigo que ficaria célebre. Ela menciona "o desafio que você representa para todos nós e o quanto lhe devemos todos (os seus discípulos)". Vale ressaltar o "nós", como quem se refere a uma geração e a uma comunidade de intelectuais. Como "uma aprendiz de intelectual", na caracterização da própria Tavares, sua condição de existência implicava "matar o mestre", uma espécie de "pai freudiano".[328] A resposta de Furtado é sutil e irônica, dando a entender que a "estagnação" era formulada como explicação teórica, que poderia se alterar com mudanças na realidade concreta. Naquele momento, início de 1971, o cenário lhe aparecia "menos de estagnação que de perpetuação do subdesenvolvimento".[329]

Os pós-furtadianos seguem seus próprios caminhos, oferecendo abordagens alternativas sobre o capitalismo no Brasil e questionando alguns dos diagnósticos de Furtado. Autores como Francisco de Oliveira e Paul Singer, vinculados ao Cebrap, produziram, nos anos 1970, suas críticas ao modelo "dualista" de Celso Furtado, valendo-se do marxismo para compreender a dinâmica do capitalismo brasileiro e a estrutura de classes da sociedade brasileira contemporânea.[330]

Um dos ataques mais frontais viria de seu dileto assessor dos tempos de Sudene, Francisco de Oliveira. Em seu ensaio

---

[328] A economista faz alusão a Freud nesta missiva. "Carta de Maria da Conceição Tavares a Celso Furtado, Santiago, 20 mar. 1971". Furtado (2021, p. 212).

[329] Furtado (2021, p. 212-214).

[330] Oliveira (1972, p. 4-82); Singer (1981).

"Crítica à razão dualista", de 1972, Chico desfere fortes críticas ao modelo "dualista" da Cepal,[331] e também às análises de Furtado dos anos 1960, de modo a fornecer uma leitura alternativa do "subdesenvolvimento" como processo histórico, mas também "capitalista". Seu objetivo é analisar as "transformações estruturais", "entendidas estas no sentido rigoroso da reposição e recriação das condições de expansão do sistema enquanto modo capitalista de produção".[332]

Munido de categorias marxistas, e situando sua análise entre a Revolução de 1930 e o início dos anos 1970, ele critica a leitura anterior de Furtado, pautada nas "necessidades de consumo", por não entender o capitalismo como movido por "necessidades de acumulação". A mudança trazida no pós-golpe seria mais de natureza política, pois a acumulação prossegue ancorada na concentrada de renda, e estruturada na elevação das taxas de lucro no sentido da "homogeneização monopolítica" do sistema. Por outro lado, o capitalismo "afoga-se em excedente", sujeito a crises de realização, ao passo que as contradições resvalam para o campo da política uma vez que a própria estrutura de classes se altera.[333]

Para Oliveira, as duas vertentes que asseguram a expansão do capitalismo no Brasil, especialmente a partir do "milagre econômico", são a associação com o capital estrangeiro e o aumento da taxa de exploração de mão de obra. Tal expansão é definida pelas lutas de classes internas, não sendo mero reflexo das condições do capitalismo internacional. O nó górdio está

---

[331] A crítica do dualismo cepalino e furtadiano nos parece excessiva pois "a oposição formal entre o moderno e o tradicional" não é um componente do método histórico-estrutural, apesar de aparecer em algumas análises, especialmente na suposta oferta inelástica de bens agrícolas. Conferir Oliveira (2003, p. 30-32).

[332] Oliveira (2003, p. 29-33).

[333] Oliveira (2003, p. 47-49, 74-75, 98-99, 101-103).

na forma em que se processam os conflitos de modo a impedir as crises de realização do capital.

O avanço nos bens de consumo duráveis está relacionado à dinâmica de rápida acumulação ancorada na concentração de renda. Mas essa não é "fabricada" por meio de uma "redistribuição intermediária" em favor das classes médias e da minoria modernizada de Furtado, como se fosse necessária à evolução do sistema. A concentração de renda é o alicerce estrutural deste padrão de acumulação vigoroso, tal como se comprova pelos requerimentos técnico-institucionais da nova matriz industrial, e de seus encadeamentos intersetoriais, ancorados na manutenção das altas taxas de lucros. Assim, logra-se postergar, por meio de vários mecanismos de política econômica, a crise de realização de um sistema que se "afoga em excedente".[334]

Portanto, Oliveira questiona Furtado duplamente: primeiro, por ele ter afirmado, nos anos 1960, que a concentração estava na raiz da estagnação; e depois quando ele inverte o argumento, ao conceber a desigualdade como a condição para a expansão econômica, como se ela fosse necessária, e não constitutiva do capitalismo no Brasil.

Por outro lado, a escola da Unicamp, valendo-se da noção de capitalismo tardio, mesmo que herdeira das teses cepalinas, também procura ultrapassar a interpretação furtadiana.[335] Com o avanço da industrialização entre os anos 1950 e 1970, o país estaria concretizando o amadurecimento do capitalismo e asse-

---

[334] Oliveira (2003, p. 73-84, 87-88, 98-104).

[335] Estamos falando especialmente das teses de Maria da Conceição Tavares e João Manuel Cardoso de Mello: Tavares, Maria da Conceição. *Acumulação de capital e industrialização no Brasil* [1974]. Campinas, SP: Unicamp; IE, 1998; Mello, João Manuel Cardoso de. *O capitalismo tardio*: contribuição à revisão crítica da formação e do desenvolvimento da economia brasileira [1975]. São Paulo: Brasiliense, 1982.

gurando sua endogeneização, mesmo com elevada concentração de renda, fonte de crescentes contradições internas.

Em Tavares, o "modelo de industrialização por substituição de importações" é questionado, por meio de uma nova periodização, que permite acompanhar com maior profundidade a dinâmica da acumulação e das crises no capitalismo no Brasil. Trata-se agora de compreender como se dá a "constituição de forças produtivas especificamente capitalistas, capazes de afiançar a dominância do capital industrial no processo de acumulação", efetivada por meio da ação do Estado e da penetração das empresas transnacionais. Nesse sentido, o modelo de substituição de importação funciona apenas para o período entre 1930 e o início dos anos 1950.[336]

Conforme apontado, o próprio Furtado se dá conta, na mesma época, da limitação existente no conceito de substituição de importações à luz da industrialização dependente.

Por sua vez, para Cardoso de Mello, especialmente a partir da industrialização pesada (1956 e 1961), existe um "movimento endógeno de acumulação", que assegura a reprodução, conjuntamente, da força de trabalho e de parte crescente do capital constante da indústria. A capacidade para importar dos cepalinos passa a ser encarada como "um limite em última instância", pois o que define os padrões de industrialização são as bases técnicas e financeiras.[337] São elas que viabilizam a implantação do setor de bens de produção e de bens duráveis, em virtude da atuação das empresas transnacionais e estatais, enquanto as nacionais ficam limitadas aos setores de comércio, serviços e indústrias tradicionais, salvo algumas poucas exceções.

Com o avanço da industrialização ocorrido nos anos 1970, para os autores da Escola de Campinas, consolidava-se o capitalismo no país, apesar dos desajustes dinâmicos entre a oferta

---

[336] Tavares (1998, p. 128-130).
[337] Mello (1982, p. 110-122).

e a demanda industriais, da liderança exercida pelas empresas estrangeiras e da dinâmica de acumulação eminentemente concentradora, reforçada pela estrutura de poder.

Antônio Barros de Castro leva esse diagnóstico a seu limite. O Brasil teria experimentado, no período entre 1940 e 1980, e especialmente depois do II Plano Nacional de Desenvolvimento (II PND), uma "autêntica mutação industrial". Apesar de "tecnologicamente passivo" e de marcado pela "expansão predominantemente horizontal", o parque industrial dispunha de um "avantajado núcleo" (energia, metalurgia, química e bens de capital), que lhe permitia "descondicionar o dinamismo da economia do perfil da demanda interna". Crescimento e concentração deixam de ser os dois lados necessários da mesma moeda, isso porque a indústria sediada no país não mais cabe "no perímetro do subdesenvolvimento".[338]

Tudo indica que Furtado lia os trabalhos críticos de seus colegas discípulos, ainda que geralmente não se referisse a eles em seus livros. Uma análise mais cuidadosa de sua obra pode relevar em que medida algumas delas foram levadas em consideração em seus trabalhos posteriores. Mas parece possível indicar que os pós-furtadianos – no sentido de herdeiros do mestre, que procuravam superá-lo em termos analíticos – tendiam a fixar um Furtado nas suas leituras do passado, enquanto o mestre se refazia constantemente, enveredando por novos caminhos.

Ao longo dos anos 1970, Celso Furtado se prepara para o que Carlos Mallorquin chama de a "grande teoria".[339] No período, por exemplo, o economista incorpora em seus textos novos conceitos, como o de "modernização" e "dependência", destacando a dimensão política e cultural das escolhas das classes

---

[338] Castro, Antônio Barros de; Souza, Francisco Eduardo Pires de. *A economia brasileira em marcha forçada*. 3. ed. São Paulo: Paz e Terra, 2004. p. 75-84.

[339] Mallorquin (2005, cap. 7).

dominantes. O mimetismo do padrão de consumo das elites nacionais, mesmo absorvendo progresso tecnológico, bloqueava a possibilidade de reverter as estruturas do subdesenvolvimento. Assim, a relação contraditória entre desenvolvimento e subdesenvolvimento passa a ser problematizada, pois nem todo crescimento econômico era capaz de produzir desenvolvimento com distribuição de renda e homogeneização social.

Com essa proposição, Furtado se insere no debate da dependência, com algum pioneirismo e a partir de uma proposição bastante própria.[340] Enquanto a polarização do debate da dependência colocava autores do desenvolvimento desigual, como André Gunder Frank, Rui Mauro Marini, Theotônio dos Santos e Vânia Bambirra, de um lado, e autores da perspectiva do "desenvolvimento e dependência", como Fernando Henrique Cardoso e Enzo Faletto, de outro; Furtado partia para uma terceira linha interpretativa, matizando o conceito de desenvolvimento, ao enfatizar caráter cultural da dependência e a nova dinâmica das relações entre centro e periferia.[341]

No seu entender, se a superação do subdesenvolvimento não exigia uma revolução social, como defendiam os primeiros,

---

[340] O historiador Joseph Love, em linhas gerais, concorda com o pioneirismo de Celso Furtado na análise da dependência, chegando a afirmar que Furtado estaria em posição de "reivindicar o crédito de ter sido o primeiro analista da dependência" (Love, Joseph. *A construção do Terceiro Mundo*: teorias do subdesenvolvimento na Romênia e no Brasil. Rio de Janeiro: Paz e Terra, 1998. p. 39).

[341] Bresser-Pereira, Luiz Carlos. As três interpretações da dependência. *Perspectivas*. São Paulo, v. 38, p. 17-48, jul./dez. 2010; Manzatto, Rômulo; Saes, Alexandre Macchione. Celso Furtado: intérprete da dependência. *Revista do Instituto de Estudos Brasileiros. São Paulo*, n. 78, p. 182-205, 2021. Conferir também o texto seminal: Palma, Gabriel. Dependency: a formal theory of underdevelopment or a methodology for the analysis of concrete situations of underdevelopment. *World Development*, v. 6, 1978.

tampouco o desenvolvimento capitalista poderia conviver com a dependência sem gerar distorções de monta, conforme a segunda perspectiva. Por meio de um projeto democrático, que dependia da transformação cultural das elites e da valorização da sociedade brasileira, seria possível reconstruir um verdadeiro projeto de desenvolvimento nacional.[342] Essa era a linha de Furtado, muitas vezes questionada por suas próprias análises sobre a deformação do capitalismo e da sociedade brasileira.

Em suma, *Análise do "modelo" brasileiro* parece representar o início dessa dupla tendência no pensamento econômico. Furtado sentia cada vez mais a necessidade de ampliar os horizontes para além da teoria econômica, com suas reflexões sobre a estrutura de poder da sociedade contemporânea e sobre o papel dos aspectos culturais nas trajetórias nacionais. Já a nova geração, que ascendia ao debate econômico e social dos anos 1970, procurava se distanciar teoricamente de Furtado por estar presa ao instrumental restritivo da ciência econômica; ou por lançar novas leituras sobre a dinâmica do capitalismo brasileiro, afastando-se das categorias de Furtado, embora não tanto de seu método.

Tendo produzido sua radiografia sobre o "modelo" brasileiro e próximo de completar uma década no exílio, a descrença sobre a possibilidade de intervir no futuro mais imediato do Brasil levou Celso Furtado, no restante da década de 1970, a concentrar suas energias na reflexão sobre o capitalismo.

---

[342] Cepêda (2001).

O intelectual no exílio 2: repensando o capitalismo (1974-1980)

> *As páginas que seguem pretendem ser um antilivro acadêmico. Os problemas aí abordados são demasiado amplos para caber nos tubos de ensaio das ciências sociais [...] O fio condutor é a perplexidade do Autor em face do mundo de sombras que contornam as minúsculas clareiras em que se arrinconam as ditas ciências.*
>
> Celso Furtado, *Criatividade e dependência*, 1978.[343]

Em meados da década de 1970, ao completar uma década de exílio, Celso Furtado fez um balanço pessimista sobre o futuro de seu país. Acabara de passar o primeiro semestre de 1975 como professor da PUC-SP[344] e, em outubro, já tendo retornado a Paris, escreve em seu diário: "Uma geração, a minha, perdeu a batalha". O projeto de Brasil de sua "geração" teria sido desconstruído pela implantação de um sistema de poder, formado pelo grande capital sediado em São Paulo, este com fortes vínculos externos, e as forças armadas, uma "mistura de burocracia, partido político e sistema de repressão".[345]

---

[343] Furtado, Celso. *Criatividade e dependência na civilização industrial*. Rio de Janeiro: Paz e Terra, 1978. p. 13.

[344] Os textos preparados para o curso na PUC-SP foram publicados na coleção Arquivos Celso Furtado: *Economia do desenvolvimento* [curso ministrado na PUC-SP em 1975]. Organização de Rosa Freire d'Aguiar. Rio de Janeiro: Contraponto, 2010.

[345] Furtado (2019, p. 242. Anotação de 18 out. 1975).

Diferentemente dos livros do período anterior, de 1964 a 1974, quando ele continua a se bater por um "projeto de país", Furtado agora se adapta ao exílio e a seu ofício de intelectual de prestígio, residindo e escrevendo a partir do centro do mundo capitalista. Seu posto de observação deixa de ser o Estado, do qual fora expurgado. Uma nova realidade se impõe nesse momento da história, que ele termina por aceitar. O trecho a seguir é elucidativo.

> Tenho de deixar de lado totalmente a ideia de que sou exilado, implantar aqui definitivamente o centro da minha vida. Dedicar-me muito mais à minha universidade, aos meus alunos. [...] Desviar o pensamento para a problemática do Terceiro Mundo como um todo.[346]

Se, anos antes, com a publicação de *Análise do "modelo" brasileiro*, ele possui alguma esperança de intervir no debate público, em 1975, sua posição como intelectual sofre uma reavaliação:

> A importância dessa viagem está nesta conclusão: já não há nada a fazer, nada ao meu alcance. Quando escrevi um livro como *Análise do "modelo" brasileiro* ainda pensava que estava exercendo alguma forma de poder, pensando por pouco que fosse no processo de decisões. Já não cabe essa pretensão. O sistema econômico está atrelado aos interesses internacionais de forma profunda e dificilmente reversível.[347]

Um "capitalismo defasado" passa a engendrar "novas formas econômicas e sociais" características de uma estrutura dependente. Tal é a sua reflexão motivada pela tentativa de compreender "a raiz desse desvio no processo histórico", pois "a história passa pela economia, mas em direções as mais diversas".[348]

---

[346] Furtado (2019, p. 244. Anotação de 18 out. 1975).

[347] Furtado (2019, p. 243-244. Anotação de 18 out. 1975).

[348] Furtado (2019, p. 248-249. Anotação de 2 out. 1976).

Consuma-se assim o fim de uma longa transição iniciada com o golpe de 1964. Em 1975, depois do retorno do Brasil, ele se põe em tela, na história: "consciência de ser hoje uma 'herança cultural', de ser algo irreversível, que não pertence *a uno mismo?*".[349] Mas, em vez de se dar por satisfeito, ele se prepara para um novo salto.

Esse movimento inicia-se em Cambridge, entre os anos 1973 e 1974, quando ele desce mais fundo: "cada vez mais penso na inutilidade, ou melhor, na 'insignificância' do que fiz". Mais adiante, vem o terremoto: "Todos os mitos em que acreditei! Existirá algo fora dos mitos, em que se possa acreditar? E será que são mitos quando neles acreditamos?".[350] Vence a luta contra a angústia, ao publicar, naquele mesmo ano, *O mito do desenvolvimento econômico*, quando após uma sutil autocrítica, dá a volta por cima no terreno da análise.[351]

Neste capítulo, abordamos inicialmente sua análise contida em *O mito do desenvolvimento*, quando Furtado desenvolve uma abordagem bastante original sobre os limites do capitalismo; como também nos debruçamos sobre sua obra *Criatividade e dependência na civilização industrial*, quando ele navega nas águas da "grande teoria".[352] Terminamos este capítulo com sua última síntese intelectual, *Introdução ao desenvolvimento: enfoque histórico-estrutural*, cuja primeira edição é de 1980,[353]

---

[349] Furtado (2019, p. 241. Anotação de 19 out. 1975).

[350] Furtado (2019, p. 233. Anotação de 31 maio 1974).

[351] Loureiro, Pedro Mendes; Rugitsky, Fernando Monteiro; Saad-Filho, Alfredo. Celso Furtado and the Myth of Economic Development: Rethinking Development from Exile. *Review of Political Economy*, v. 33, n. 1, p. 28-43, 2021.

[352] Mallorquin (2005, p. 259-260).

[353] Em sua primeira edição de 1980, a obra se intitulava *Pequena introdução ao desenvolvimento: enfoque interdisciplinar*, conforme a publicação da editora Companhia Editora Nacional.

cuidadosamente revisada em 2000, quatro anos antes da sua morte. Em nosso entender, esse livro pouco valorizado contém, de forma condensada, seu legado teórico para as futuras gerações. É como se estivesse sumarizando sua contribuição à teoria do (sub)desenvolvimento acrescida reflexão mais ampla de corte antropológico e filosófico do final dos anos 1970.

O professor Furtado e o mito do desenvolvimento econômico

Albert Hirschman, em seu célebre texto "A ascensão e declínio da economia do desenvolvimento", argumenta que, a partir da década de 1960, como resultado da sequência de golpes militares na América Latina e da não concretização dos projetos de desenvolvimento autônomo nos países da região, abre-se um período de revisão das teses originárias sobre o subdesenvolvimento.[354]

Uma primeira tendência dos novos estudos foi abordar temas mais específicos, por meio de pesquisas empíricas, como no debate sobre distribuição de renda – a partir do artigo seminal de Albert Fishlow publicado em 1972[355] –, ou de medidas para mitigar a pobreza na região, acionando políticas voltadas a educação, saúde, nutrição, controle de natalidade, entre outros. Esse perfil de estudos produziria uma crescente aproximação dos economistas com os métodos e problemas da ciência econômica convencional.

Celso Furtado, por seu turno, aproxima-se da segunda tendência revisionista identificada por Hirschman. As causas dos resultados frustrantes das políticas de desenvolvimento nacional

---

[354] Hirschman, Albert. The rise and decline of development economics. *In: Essays in Trespassing:* Economics to Politics and Beyond. Cambridge: Cambridge University Press, 1981.

[355] Fishlow (1972, p. 391-402).

deveriam ser encontradas não apenas na análise econômica, mas nas disputas entre projetos políticos, nas transformações sociais ou mesmo nos aspectos culturais das sociedades em questão. Essa aposta exige uma perspectiva mais interdisciplinar, cuja implicação seria o completo afastamento dos modelos neoclássicos e uma leitura mais crítica sobre o conceito de desenvolvimento econômico.

O distanciamento dos parâmetros rígidos da ciência econômica encontra-se devidamente formulado em "Objetividade e ilusionismo em economia", texto de 1972, escrito por Furtado para o primeiro número da revista *Opinião*.

Criticando o caráter restrito da aplicação da análise matemática para a obtenção do reconhecimento científico, Furtado enfatiza que o conhecimento econômico não é dotado da mesma objetividade existente nas ciências naturais, pois está permeado por decisões políticas e pela dimensão temporal. No seu entender, o crescimento do Produto Interno Bruto (PIB), a medida sagrada dos economistas, esconde a dimensão da concentração da renda e dos custos ambientais sobre o uso dos recursos naturais.[356]

Como era típico em Furtado, para quem nada se perde e tudo se aproveita, o artigo aparece como o último capítulo do *Mito do desenvolvimento econômico* e confere sentido ao esforço teórico dos que o precedem. De forma didática, o economista relata como o preço do feijão não é determinado pelo simples encontro entre oferta e demanda. Ambas resultam de uma "série de forças sociais", que adquirem sentido – "são inteligíveis globalmente" – por meio de um processo histórico, em que as relações de poder tornam as duas "curvas" interdependentes. Não há como isolar os fenômenos da vida social, quando uma decisão econômica altera a estrutura do sistema com importantes projeções no tempo.

---

[356] Furtado, Celso. *O mito do desenvolvimento econômico*. Rio de Janeiro: Paz e Terra, 1974. p. 114-116.

E completa, com um argumento que passa a compor um dos eixos de sua obra: "o consumo não é uma massa homogênea". Existem padrões de consumo, que se associam a determinados tipos de investimento, gerando estilos de desenvolvimento diversos. Os meios se adéquam aos fins dos dirigentes políticos. Essa é a verdadeira "equação" a ser levada em conta, pois "como medir com a mesma régua a inversão financiada com a redução do pão dos trabalhadores e a outra financiada com a minha privação de uma garrafa de vinho?". Ou, ainda, como somar numa curva de demanda "as preferências de um milionário com as de um pobre que passa fome?".[357]

Essa trajetória percorrida por Celso Furtado ao longo dos anos 1970 produz um duplo movimento em sua inserção no campo científico. Sua reflexão abre-se para novas áreas – navegando no aprofundamento da dependência, revisando o processo de difusão do capitalismo, avaliando os limites ambientais do crescimento econômico e a dimensão cultural na assimilação dos padrões de consumo. Em consequência, a capacidade de intervenção do intelectual no debate econômico, que se tornava cada dia mais instrumental, sofre considerável declínio.

Por outro lado, se seu movimento pessoal rema contra a maré dominante da economia e das ciências sociais, tal como registrado na epígrafe que abre este capítulo, ele passa a ser lido para além das fronteiras de seu campo de origem, atingindo leitores das áreas da cultura e das artes, da filosofia e da antropologia – tendência que avança de forma paulatina nas décadas subsequentes.

Apesar de manter seu vínculo com a Universidade Paris I por mais de uma década, nosso personagem não deixa de dar suas escapadas em busca de novos ares. Essas saídas talvez encontrem sua explicação nas cartas respondidas a Fernando Henrique Cardoso e Francisco Iglesias, ambas escritas em 13

---

[357] Furtado (1974, p. 112-115).

de junho de 1973. Ele chega então a manifestar a disposição de abandonar a vida de professor. As leituras de "provas, *mémoires, thèses*" e a supervisão de trabalhos dos estudantes acarretam o distanciamento de seus estudos.[358] Mais adiante, contudo, confessa se sentir bem "assumindo este novo papel" de professor.[359]

Em 1972, torna-se professor visitante da American University, sediada em Washington, e durante o ano letivo de 1973 a 1974, regressa à Universidade de Cambridge, quase duas décadas depois de ter escrito *Formação econômica do Brasil*. O jovem e promissor economista do passado havia se transformado num dos principais teóricos do desenvolvimento e num professor de prestígio em universidades da Europa e dos Estados Unidos.

Na bagagem, Furtado leva seu amargo exílio e a crise do projeto de desenvolvimento de sua geração, enquanto à distância, acompanha a trágica e violenta queda do governo de Salvador Allende no Chile, em decorrência do golpe militar de 11 de setembro de 1973. A estadia em Cambridge mostra-se decisiva, um momento dedicado "a debater com colegas a ideia de uma reconstrução da economia política, a rearrumar minhas próprias ideias, a espremer a cabeça para decifrar alguns dos enigmas que havia tempo me perseguiam".[360]

Nos artigos redigidos e apresentados em Cambridge, encontram-se os argumentos centrais do livro *O mito do desenvolvimento econômico*, publicado no Brasil em meados de 1974, um verdadeiro sucesso editorial com mais de vinte mil cópias impressas nos meses de julho e agosto.

O livro explicita sua leitura muito peculiar do relatório do Clube de Roma, intitulado *The limits to growth* [Os limites do crescimento]. Produzido por um grupo interdisciplinar do Instituto de Tecnologia de Massachusetts (MIT), esse documento

---

[358] Furtado (2021, p. 109 e 132).
[359] Furtado (2019, p. 244. Anotação de 18 out. 1975).
[360] Furtado (2014, p. 518).

denuncia os limites ambientais à manutenção do crescimento da economia mundial, caso os padrões de consumo dos "povos ricos" se generalizassem para os países da periferia. Nesse caso, o "modelo de desenvolvimento econômico" pautado no uso predatório dos recursos naturais, com profundo impacto na poluição do meio ambiente, conduziria o sistema econômico mundial ao "colapso".[361]

O relatório descreve a emergência de um "sistema econômico planetário", além de revelar a crescente dependência dos Estados Unidos de recursos não renováveis produzidos no exterior do país. Essa é uma das variantes do processo civilizatório, engendrada pela Revolução Industrial, no entender do economista. O risco de colapso passa a existir uma vez abandonada a hipótese de um "sistema aberto" em termos de fronteira de recursos naturais.

Dialogando com o economista romeno Georgescu-Roegen, Furtado percebe que o sistema econômico absorve e rejeita matéria-energia de forma contínua, acarretando "processos irreversíveis no mundo físico". Ingênua é a premissa de que os problemas encontrariam a solução pelo progresso tecnológico, uma vez que sua aceleração por meio da acumulação de capital desenfreada aparece como a responsável direta pela caminhada rumo à entropia, ou melhor, à desordem sistêmica.[362]

Mas Furtado não se contenta com o diagnóstico do MIT. Se o relatório põe o dedo na ferida, ele parece deixar de lado um aspecto fundamental do problema: "a hipótese de generalização, no conjunto do sistema capitalista, das formas de consumo que prevalecem atualmente nos países cêntricos, não tem cabimento dentro das possibilidades evolutivas aparentes desse sistema".[363]

---

[361] Furtado (1974, p. 19).
[362] Furtado (1974, p. 17-20).
[363] Furtado (1974, p. 75).

O economista se atém ao movimento da história, sintetizando suas linhas gerais por meio de esquemas analíticos. Na sequência da Revolução Industrial, a acumulação de capital na esfera da produção levara à intensificação do comércio internacional. Em seguida, observa-se uma segunda linha evolutiva: a consolidação dos sistemas econômicos nacionais nos países do centro, agora alargado, como reação à hegemonia inglesa. O Estado assume funções diretoras – soldando alianças de classes internas –, que culminam na centralização de decisões no plano nacional e na emergência de grandes empresas com atuação transnacional e cartelizada.[364]

Observa-se uma recuperação, de forma refinada, como quem poda as arestas, do quadro tecido em *Desenvolvimento e subdesenvolvimento* (1961) e em *Dialética do desenvolvimento* (1964). Há também a percepção de que a hegemonia dos Estados Unidos, para além de um fenômeno conjuntural, por ele acompanhado desde o exílio, estabelece uma nova etapa do capitalismo, ou um novo "ciclo sistêmico de acumulação", como desenvolveria Giovanni Arrighi vinte anos adiante.[365]

Nesse novo contexto, a "linha demarcatória" entre centro e periferia se aprofunda. Furtado percebe que a industrialização periférica "sofre importantes alterações qualitativas". Essa fora a sua premissa desde sempre, mas no horizonte da virada para a década de 1960 havia a possibilidade de "superação do subdesenvolvimento". Agora ele é capaz de afirmar com conhecimento de causa, pois vive a nova onda tomar forma, sendo inclusive engolfado por ela, que "as economias da periferia nunca serão *desenvolvidas*, no sentido de

---

[364] Furtado (1974, p. 22-24).

[365] Arrighi, Giovanni. *O longo século XX*: dinheiro, poder e as origens do nosso tempo. Rio de Janeiro; São Paulo: Contraponto; Ed. Unesp, 1996. Introdução e Cap. 1.

similares às economias que formam o atual centro do sistema capitalista".[366]

Aquilo que se convencionou chamar de "industrialização por substituição de importações" nada mais é, com importantes diferenças entre os países, do que "a reprodução em miniatura de sistemas industriais apoiados em um processo muito mais amplo de acumulação de capital". No contexto da dependência, porém, os parques industriais se mostram truncados, desarticulados e marcados pela profunda concentração de renda e de poder.[367]

Em sua face cêntrica, as empresas transnacionais controlam a inovação dentro das economias nacionais de origem, que extravasam o seu raio de ação, com o apoio do mercado de capitais, rumo à periferia cada vez mais fragmentada. As relações intrafirma passam a estruturar o sistema de decisões na "economia internacional", o que é facilitado pelo contexto Pós-Segunda Guerra Mundial, quando o capitalismo opera com "unidade de comando político".[368] As aspas da economia internacional indicam que essas empresas passam a compor o setor de mais rápida expansão dessa nova economia-mundo, submetida a novas hierarquias e a deslocamentos setoriais e geográficos.

Portanto, antes que o termo "globalização" circulasse como uma febre, sem a devida conceituação, a partir dos anos 1990, o intelectual Furtado analisa a nova forma de funcionamento do sistema internacional. Encontra respaldo em dados empíricos, relatórios das Nações Unidas e no diálogo com os principais estudiosos do tema, tais como Andrew Shonfield, John Dunning, Raymond Vernon, Stephen Hymer e Maurice Byé – os

---

[366] Furtado (1974, p. 25, 75).

[367] Furtado (1974, p. 27-28, 44-47).

[368] Furtado (1974, p. 28-35, 39).

dois últimos seus interlocutores próximos. E desbrava um novo terreno, ao perceber a alteração das relações centro-periferia e das dinâmicas internas que re(des)organizam a América Latina, o Brasil e seu Nordeste de origem.

Ele refaz, portanto, seu esquema analítico. Não abre mão do método histórico-estrutural, pois esse é o código-fonte utilizado para compreender como a história avança por meio de continuidades e rupturas. Por isso, não existe previsão como na ciência econômica convencional, mas contextualização como exercício prévio a qualquer intervenção política.

No contexto das modificações estruturais do conjunto do sistema capitalista, abre-se um fosso entre centro e periferia. Os segmentos modernos da periferia se rearticulam como parte das operações internas das grandes empresas transnacionais. Aumentam, assim, as dificuldades de coordenação interna, especialmente nos países da periferia, cujas estruturas sociais e quadro institucional são geralmente encarados por meio da "luz distorcedora das analogias com outros processos históricos". Impotente para alterar a orientação em curso, o aparelho burocrático estatal assume uma precoce autonomia, apenas aparente, pois se encontra sob controle "internacional".[369]

A partir de um exercício especulativo, Furtado procura demonstrar que a pressão sobre os padrões de consumo por parte da periferia não superaria os 5% da população desses países, refutando assim as "projeções alarmistas" do estudo do MIT. Três cenários são esboçados com base em sua hipótese alternativa: no primeiro caso, o fosso se amplia ainda mais entre centro e periferia, mas também no seio desta entre a minoria privilegiada e o restante da população; no caso intermediário, o papel dos Estados que controlam a periferia poderia forçar a alteração dos termos de troca e levar a uma ampliação da minoria privilegiada nesses países; no outro extremo, devem

---

[369] Furtado (1974, p. 44, 51, 60-62).

ser consideradas as pressões das crescentes massas excluídas periféricas sobre os frutos do desenvolvimento, no sentido de alterar as estruturas de poder internas.[370]

A construção de cenários a partir de transformações estruturais percebidas historicamente, e que desembocam em novas possibilidades conjunturais, habilita o intelectual a questionar o "desenvolvimento econômico" como "mito" mobilizador, que "legitima a destruição das formas de cultura arcaicas" e "justifica formas de dependência que reforçam o caráter predatório do sistema produtivo".[371]

Ora, não é quase o avesso do que ele havia escrito antes de 1964? Independentemente de ter ou não percebido algumas coordenadas do novo sistema internacional que já se faziam sentir no final dos anos 1950, o importante é que Furtado não recua. Avança no sentido da história, mesmo sabendo que dela foi destronado, e talvez por isso mesmo, pois se coloca, a si e a sua geração, em perspectiva.

Nasce um novo Furtado, continuidade do antigo, mas fundado sob o signo da ruptura, em sintonia com história brasileira, que opera um "desvio" de proporções cataclísmicas. Seria possível que tivesse ocorrido de outra maneira?

Sim, mas nosso personagem está consciente da historicidade dos processos sociais e das elaborações intelectuais. Jamais se comportou como um idealista. As suas várias utopias, tecidas ao longo da trajetória, buscam dar um salto diante, a partir de uma interpretação objetiva da realidade cambiante.

Alguém poderia se perguntar se ele não teria se equivocado ao estabelecer que os padrões de consumo não se generalizaram, em alguma medida, a partir do centro rumo à periferia, especialmente no contexto da ascensão chinesa após os anos

---

[370] Furtado (1974, p. 70-75).

[371] Furtado (1974, p. 75).

1990? Assim como Marx, ele extrapola em sua explicação histórica algumas tendências, as quais podem se confirmar ou não, porque outras coordenadas passam a re(des)organizar o capitalismo. Então o esquema analítico precisa novamente ser mobilizado a partir do método histórico-estrutural. Como no mito de Prometeu, o trabalho do cientista social é incessante.

Em *O mito do desenvolvimento econômico*, seu radicalismo dá o tom. O subdesenvolvimento aparece reconfigurado na periferia, na forma de economias subdesenvolvidas industrializadas e/ou orientadas para a exportação de manufaturas. A tal ponto que ele cogita se esse fenômeno não seria "inerente ao sistema capitalista".[372] Ou melhor, poderia haver capitalismo sem as relações assimétricas entre subsistemas econômicos e sem as formas de exploração social características do subdesenvolvimento? Essa pergunta, que revela seu novo horizonte analítico voltado para a totalidade do sistema, seria retomada mais adiante em outra obra, *Introdução ao desenvolvimento: enfoque histórico-estrutural*.[373]

É nesse momento que o Furtado "dependentista" comparece em plena forma, disposto a alargar sua concepção sobre o subdesenvolvimento. A dependência assume um caráter "mais geral" que o subdesenvolvimento. Nesse sentido, "a economia subdesenvolvida" é subproduto de uma "situação de dependência". Isso implica que a transição para o desenvolvimento mostra-se "dificilmente concebível no quadro da dependência". Entretanto, o contrário não necessariamente se aplica, pois "a dependência nem sempre criou as formações típicas do subdesenvolvimento", como, por exemplo, no caso do Japão do Pós-Segunda Guerra Mundial.[374]

---

[372] Furtado (1974, p. 94).

[373] Furtado, Celso. *Introdução ao desenvolvimento*: enfoque histórico-estrutural. 3 ed. Rio de Janeiro: Paz e Terra, 2000.

[374] Furtado (1974, p. 87).

O conceito de "modernização", já formulado em *Análise do modelo brasileiro*, conforme exposto no capítulo anterior, é retomado para caracterizar a adoção de padrões de consumo sofisticados sem a correspondente acumulação de capital e a inovação nos métodos produtivos. E a modernização pode assumir diferentes configurações históricas.

No modelo de crescimento para fora, segundo a terminologia cepalina, o excedente gerado internamente pode levar ao desenvolvimento da infraestrutura e à adoção dos padrões de consumo das classes dirigentes por meio da importação. Com a industrialização, a modernização se internaliza, mas sem gerar a formação de um núcleo industrial autopropulsor, pois o foco está na produção de bens de consumo duráveis sob o comando das empresas transnacionais.[375]

Em vez de "desenvolvimento nacional autônomo", predomina a "descontinuidade" ou desarticulação do aparato produtivo, levando à escalada da desigualdade, para atender aos anseios da minoria modernizada. O "desenvolvimento econômico" transforma-se então numa prolongação do mito do progresso, tão em voga no século XIX, "elemento essencial na ideologia diretora da revolução burguesa".[376]

A descontinuidade se processa da seguinte maneira: enquanto um segmento de baixa produtividade se orienta para as exportações e para o mercado interno; outro de alta produtividade produz para a minoria modernizada, pautando-se em tecnologias já amortizadas pelas empresas líderes estrangeiras. A dependência se enraíza no sistema produtivo, o que não impede que "uma burguesia local de relativa importância e/ou uma burocracia estatal forte" mantenham uma posição dominante. Mas elas se mostram incapazes de dar um salto adiante nos

---

[375] Furtado (1974, p. 78-82).
[376] Furtado (1974, p. 16, 87-88).

setores da vanguarda tecnológica. Não se trata mais, como ele prognosticou em meados dos anos 1960, de uma "exaustão" do processo de "substituição de importações".[377]

O repertório de Furtado sofre uma alteração decisiva, valendo-se do conceito de excedente dos economistas clássicos e de categorias marxistas. A elevada taxa de exploração passa a ser uma das coordenadas do subdesenvolvimento industrializado e dependente. Por trás dessa dinâmica de acumulação de fôlego curto encontra-se a "ruptura cultural", na contramão da homogeneização social, e sem a qual não se compreende a nova configuração assumida pela modernização.

A dependência cultural é o elo que articula o processo de circulação (novos padrões de consumo) ao processo de produção (estrutura produtiva desarticulada), condicionando a reprodução dessa formação social. O excedente vaza para fora, mas também gera crescimento deformado internamente.

Portanto, o subdesenvolvimento não foi superado. Ao contrário, existe um modelo brasileiro de subdesenvolvimento, marcado pela heterogeneidade tecnológica, pelas crescentes disparidades na produtividade do trabalho entre as áreas rurais e urbanas, mas também no seio delas. Paralelamente, uma parte expressiva da população vive abaixo do nível de subsistência, especialmente se tivermos em conta os novos requisitos da cesta básica de consumo numa sociedade urbanizada e industrializada.

Em nosso entender, este livro completa uma virada metodológica de Furtado, tal como anunciado em carta escrita para Hélio Jaguaribe, datada de 1971. Então, o economista aponta a necessidade de um "novo esforço para compreender o capitalismo em escala planetária". A compreensão da "dominação-dependência" parece vital à "teoria do subdesenvolvimento". Realizando uma espécie de autocrítica do esforço estruturalista, ele diz que até então "temos feito o inverso", qual seja:

---

[377] Furtado (1974, p. 87-94).

"identificamos certas características do subdesenvolvimento e do detalhe partimos para uma totalização impossível".[378]

Furtado, na prática, promove uma ampliação do horizonte analítico do seu método histórico-estrutural, até então ancorado no "raciocínio por contraste", para torná-lo potencialmente dialético. Para além de justapor as diferenças entre centro e periferia, investiga de maneira rigorosa a totalidade dinâmica, sem a qual as partes não se sustentam ou se ossificam, perdendo assim sentido conceitual e concreto.

Os limites da civilização industrial e da ciência econômica

Se com *O mito do desenvolvimento econômico*, Furtado revisa seu esquema analítico, produzindo uma nova interpretação do Brasil, com *Criatividade e dependência na civilização industrial* (1978), ele avança na linha do horizonte para conceber uma nova reflexão sobre o capitalismo e a civilização ocidental, estilhaçando as fronteiras entre a economia e as demais ciências sociais.

O livro representa uma ruptura em sua trajetória. Mas ruptura parcial, pois vários dos temas haviam sido abordados em obras anteriores, ainda que não com a mesma amplitude histórica e espacial. O intelectual traja novo figurino conceitual. Um exemplo é elucidativo: o "subdesenvolvimento" sai de cena. Esse movimento inicia-se em 1976, quando ele publica *Prefácio a nova economia política*.

O título do livro é repetido no primeiro capítulo, pois mais uma vez ele publica uma coletânea de textos escritos para colóquios e congressos realizados no Irã, Argélia e Venezuela. Observa-se pelos destinos de suas andanças que ele abraça o

---

[378] "Carta de Celso Furtado a Hélio Jaguaribe, Paris, 25 abr. 1971" (Furtado, 2021, p. 161).

Terceiro Mundo, ampliando o conceito de periferia para além da América Latina.

No prefácio desse novo livro, Furtado atesta seu rompimento definitivo com os modelos econômicos, não apenas os neoclássicos. Qualquer discussão sobre "dinâmica econômica", no quadro de referência existente, não passa de "uma série de exercícios engenhosos para distração de professores universitários". Na melhor das hipóteses, os economistas tratam de "certa classe de problemas sociais", com foco no curto prazo e a partir de lentes muito limitadas.

Como já salientamos, ele se move no sentido oposto: "uma teoria geral das formações sociais".[379] Daí o convite a "estudantes e professores dos cursos de pós-graduação" para que o acompanhem nesse exercício especulativo, em que a imaginação deve servir de auxílio à identificação objetiva de problemas.

Aí está uma das chaves para a compreensão da obra e do método de Furtado: a formulação teórica deve conter uma tensão criativa entre o real e os conceitos, o que depende da forma como o intelectual se insere na sociedade. Com 56 anos de idade, em vez de sentar-se sobre seu prestígio, ele pressente o abismo diante de si: o esforço de teorização no qual se engajara desde os tempos da Cepal, quando se vinculou ao pensamento estruturalista latino-americano, encontra-se em "fase de rendimentos decrescentes". É tal a gama de novos fatos e processos que sua inclusão na matriz analítica que lhe servira até aqui não se faz sem gerar quadros cada vez mais opacos e menos inteligíveis.

As teorias econômicas e sociais precisam ser revistas para enfeixar com maior precisão os padrões de acumulação e as formas de estratificação social no tempo e no espaço, bem como suas interações peculiares. O termo subdesenvolvimento

---

[379] Furtado, Celso. *Prefácio a nova economia política*. Rio de Janeiro: Paz e Terra. 1976. p. 9-11.

padece de uma "ambiguidade", pois insinua "transitoriedade". Mais importante ainda, é preciso fisgar o que acontece "antes do desenvolvimento". Ou, em termos mais diretos, "como integrar o *desenvolvimento econômico* no processo de mudança social e relacioná-lo com os sistemas de decisão e as estruturas de poder?".[380]

A própria existência de um excedente traz um horizonte de opções: conhecer a forma como ele é apropriado e distribuído não basta, pois a dita sociedade não apenas se reproduz, mas necessariamente se transforma, por meio de uma cadeia de interações. Os modelos econômicos não servem mais de farol. E tampouco as sociedades podem ser compreendidas dentro de suas fronteiras, cada vez mais movediças.

É interessante perceber como nesse capítulo Furtado faz amplo uso de citações, permitindo acompanhar suas leituras e diálogos. Diferencia "capitalismo" de "modo capitalista de produção", pois o primeiro vive do uso de excedente para extração de mais excedente, podendo inclusive se favorecer de "formas servis de trabalho", tal como indicado em Fernand Braudel. Daí porque Marx tenha que recorrer à "acumulação primitiva de capital". Paralelamente, a história não permite derivar leis gerais de acumulação ou de evolução das relações de produção, partindo da experiência europeia, ao que ele recorre à "comparação sugestiva" com a China, realizada por Immanuel Wallerstein.[381]

Furtado quer entender o processo histórico em sua complexidade e a linha de causalidade difícil de identificar. Como se dá o contato, ou o confronto, entre uma cultura orientada para a inovação e a conquista, e outra orientada para a tradição e a preservação do território? Não se trata mais apenas de um sistema de divisão internacional do trabalho que vive da

---

[380] Furtado (1976, p. 11, 19, 25).
[381] Furtado (1976, p. 36-40, 53).

abertura de novas linhas de comércio.[382] Como se entrosa a economia com as diversas formas sociais e culturais durante a gênese e difusão da civilização industrial? Dois anos depois ele daria a resposta.

O primeiro capítulo de *Criatividade e dependência na civilização industrial*, com o sugestivo título "Poder e espaço numa economia que se globaliza" questiona os fundamentos da ciência econômica. O "sistema capitalista global", protagonizado pelas empresas transnacionais, põe em xeque não só a racionalidade microeconômica fundada na empresa individual incapaz de modificar a estrutura do sistema por atuar num mercado impessoal; mas também a noção de agregados nacionais das análises macroeconômicas que supõem a coordenação de decisões e a previsibilidade. O novo agente apresenta em seu comportamento "um fator volitivo criador de novo contexto". Ao monopolizar a inovação, a criatividade se transforma em "elemento de poder".[383]

Portanto, a grande empresa passa a atuar como representante de seus interesses e do sistema econômico mais amplo, o que traz consequências para as várias economias nacionais, inclusive as do centro do capitalismo. Isso porque no seio das relações econômicas internacionais, emerge um "sistema transnacional". Para além da expansão comercial, percebe-se agora a manifestação de uma integração vertical das atividades produtivas, localizadas em vários espaços e funcionando como operações internas a essas empresas.

As empresas transnacionais ganham autonomia em relação aos Estados nacionais de origem e se confrontam com uma "constelação de formações sociais heteróclitas". Podem assim fazer a ponte entre sistemas econômicos diferentes. Vivem o melhor dos mundos, pois gozam do nível de acumulação obtido

---

[382] Furtado (1976, p. 54-55).
[383] Furtado (1978, p. 15-17).

pelas matrizes e da estrutura interna de dominação presente nos territórios onde localizam suas filiais.[384]

Se isso parece óbvio depois dos anos 1990, importa ressaltar que Furtado foi um dos primeiros intelectuais a extrair os principais determinantes dessa nova configuração transnacional de poder em termos econômicos, sociais e políticos.

Mas em vez de seguir logo adiante, o mestre prefere antes recuar no tempo como era de seu feitio. Lembremos: seu objetivo não é prever, mas, sim, contextualizar historicamente "a emergência e difusão da civilização industrial". Para então fornecer possíveis cenários e linhas de ação aos países periféricos, que podem ocupar um papel estratégico decisivo, desencadeando mutações sistêmicas.

Na sua narrativa, agora mais pausada, reflexiva e sintética, além de dotada de novo repertório conceitual, a abertura de linhas comerciais de amplitude planetária na primeira metade do século XVI permite a certas regiões da Europa ampliar a "extração de excedente mercantil", de forma articulada à "extração de excedente por via autoritária" das regiões conquistadas. Ocorre então a dilatação do raio de ação das atividades econômicas monopolizadas pelos mercadores europeus.

A subordinação das atividades diretamente produtivas ao mercado e à lógica da acumulação gera uma mutação, acarretando o desenvolvimento das forças produtivas. Não se trata de um processo apenas econômico. A conformação de uma nova estrutura de poder sob o crescente domínio da burguesia é decisiva, na medida em que "a sua pressão sobre o quadro institucional tende a autoalimentar-se". Portanto, o novo sistema de dominação social – a revolução burguesa – não se explica fora do contexto de emergência da civilização industrial em sua manifestação europeia.[385]

---

[384] Furtado (1978, p. 19, 22-27, 29).
[385] Furtado (1978, p. 34-40).

Já a "difusão da civilização industrial pertence a outro processo histórico", o qual não pode ser compreendido conceitualmente como "mera derivação da experiência histórica europeia". Furtado descortina um processo em escala global – a civilização industrial – que se difunde a partir de diversas vias de acesso. Dois casos são mencionados: o Japão da Restauração Meiji e a Rússia da Revolução Bolchevique, que acederam à civilização industrial ao tomarem consciência do atraso na acumulação e da ameaça de dominação externa.

No Japão, os grupos sociais tradicionais se associam com o objetivo de impulsionar a industrialização num quadro institucional "fundamentalmente distinto". Na Revolução Russa, a transformação da superestrutura mostra-se ainda mais radical, moldada para "um mundo de abundância", mas destinada a "acelerar o desenvolvimento das forças produtivas". Trata-se de um paradoxo, que teria levado à "prevalência dos meios sobre os fins", de maneira similar ao papel jogado pela acumulação sob o capitalismo.[386]

Uma terceira via de acesso, indireta, é conformada pelos países em que a inserção na divisão internacional do trabalho se efetivou por meio de uma situação de "dependência estrutural". No caso dos países periféricos, observa-se a "modernização" de certos padrões de consumo e a acumulação localizada "fora do sistema produtivo". Os valores ideológicos importados reforçaram a estrutura de dominação externa, que se aproveita das relações sociais existentes ou as adapta aos propósitos das elites locais e nacionais associadas às provenientes dos países centrais. A consolidação dessa ruptura estrutural entre centro e periferia marcaria definitivamente a evolução do capitalismo no século XX.[387]

Depois desse sobrevoo, o intelectual pode recolocar os termos da questão que o acompanha desde os anos 1950:

---

[386] Furtado (1978, p. 37, 42-45).

[387] Furtado (1978, p. 45-47).

"desenvolvimento é, portanto, um processo de recriação das relações sociais, que se apoia na acumulação".[388] Se a acumulação se torna um fim em si mesmo, as relações sociais afirmam-se como meio.

Daí a necessidade de acompanhar os diversos padrões de acumulação e a evolução das estruturas sociais no tempo e no espaço desta civilização industrial marcada por uma desigualdade estrutural congênita. A tal ponto que a utilização do mesmo conceito (desenvolvimento) com referência aos dois processos históricos – centro industrial ampliado e industrialização dependente –, não se faz sem ambiguidades, que "apenas um espesso véu ideológico consegue ocultar".[389]

A presente leitura que realizamos desse livro não permite abarcar toda a sua complexidade analítica. Nosso objetivo é tão somente demonstrar sua importância na trajetória intelectual de Furtado. A crítica ao conceito de desenvolvimento remete ao predomínio da racionalidade instrumental – tanto nos países do capitalismo central, como na doutrina otimista do "socialismo científico" mobilizada pela União Soviética. Mas seu foco recai, sobretudo, sobre as estruturas dependentes, caracterizadas pela "heterogeneidade social" e pelo "autoritarismo preventivo".[390]

No sexto capítulo de *Criatividade e dependência na civilização industrial*, o intelectual pós-economista arremata sua argumentação. Em primeiro lugar, nos países do centro, percebe-se "a perda de eficácia das formas tradicionais de luta das classes assalariadas, e o declínio do Estado como centro impulsor e regulador do sistema econômico". Por outro lado, a crescente autonomia das empresas transnacionais torna cada vez mais inadiável, na nova ordem econômica internacional, o uso por parte dos Estados periféricos de recursos de poder da

---

[388] Furtado (1978, p. 48).
[389] Furtado (1978, p. 69).
[390] Furtado (1978, p. 74-76, 79-80, 85-86).

maior relevância. Estes devem ser capazes de exercer o controle das finanças, dos mercados e do acesso aos recursos renováveis e à mão de obra barata.[391]

Um dos tantos equívocos das desleituras realizadas sobre a obra furtadiana refere-se a sua suposta defesa do protecionismo como *a* política de desenvolvimento. Aqui, ele é taxativo: "o isolacionismo não é a solução", pois o objetivo principal da luta contra a dependência está em "modificar as relações de força que são o substrato da ordem econômica internacional", alterando-as qualitativamente.[392]

É então que ele realiza suas considerações sobre a China: apesar da sua exemplaridade, o processo de reconstrução social em curso, "qualquer que seja a direção que tome", terá projeções planetárias. Isso porque, "pela primeira vez", tentou-se na prática "uma opção global à civilização industrial". No entender dele, "nenhum outro país reúne as condições para escapar ao campo gravitacional da civilização industrial". Para então completar: "todos os demais são periféricos", referindo-se aos países que compunham o então chamado Terceiro Mundo.[393]

O que Furtado entende por "escapar ao campo gravitacional da civilização industrial"? Precisamente, alterar a "conformação global do sistema" a partir de dentro, estabelecendo espaços internos de autonomia decisória e aumentando a capacidade de barganha sobre os países capitalistas centrais e as empresas transnacionais.

Longe de pintar o intelectual como "visionário", ou como alguém que "previu" o "sucesso" chinês, procuramos mostrar como o esquema metodológico de *Criatividade e dependência na civilização industrial* permite uma compreensão

---

[391] Furtado (1978, p. 99-101, 115-116).
[392] Furtado (1978, p. 114).
[393] Furtado (1978, p. 106-107, 111).

multifacetada da China em transformação. Isso antes que a dinâmica do capitalismo apresentasse novas fraturas entre os vários centros e periferias com a ascensão chinesa no período pós-1980.[394]

Vale ressaltar que sua primeira visita à China, registrada nos seus diários em 1980,[395] ocorre depois da escrita do livro, cujo prefácio é de julho de 1978. Em novembro desse ano, ele se deleita ao participar em Kyoto, no Japão, de conferência com "scholars asiáticos" sobre o tema "criatividade nas culturas endógenas".[396]

Em seu terceiro livro de memórias, na parte IV, intitulada "do utopismo à engenharia social",[397] ele se dedica a reflexões sobre as experiências revolucionárias de vários países, tais como União Soviética, Cuba, Etiópia, Mongólia e China. Todos os artigos são datados e provavelmente copiados de seus cadernos de anotações, tomando por base as impressões coletadas quando de suas visitas *in loco*.

Portanto, seu "antilivro-acadêmico", assim como suas viagens nessa época, caracteriza-se pelo esforço de compreensão do Terceiro Mundo e de suas potencialidades no novo contexto mundial. Não à toa, após tecer seu vasto afresco histórico e conceitual, o Furtado redivivo passa a situar a sua utopia na "geração de formas de vontade coletiva da Periferia".[398]

---

[394] Para um acompanhamento das análises de Furtado sobre a China, e também de seus relatos de viagens a este país, ver Barbosa, Alexandre de Freitas. Celso Furtado, a ascensão chinesa e a complexificação do sistema centro-periferia. *História Econômica & História de Empresas*, v. 24, n. 1, jan.-abr. 2021. (Dossiê Celso Furtado). p. 201-204.

[395] Furtado (2019, p. 242. Anotação de 30 nov. 1980).

[396] Celso Furtado. *Os ares do mundo*. Rio de Janeiro: Paz e Terra, 1991, p. 263.

[397] Furtado (1991, p. 269-233).

[398] Furtado (1978, p. 120-125).

Como a atuação no espaço nacional lhe é vedada, ele situa nas novas clivagens centro-periferia, ampliadas pela busca incessante de recursos não renováveis, as condições para uma espécie de "internacional periférica". A nova agenda contempla o controle do espaço de atuação das empresas transnacionais e a maior autonomia tecnológica para os países da periferia. Seu reformismo ampliado defende ainda a formação de coalizões de base regional, ou em torno de interesses comuns, de modo a criar uma nova "constelação de recursos de poder".

Apesar de seu renome internacional, o que leva à cogitação de seu nome para reitor da Universidade das Nações Unidas (UNU),[399] seus escritos "globais" não encontram alcance para além do restrito campo dos especialistas.

Mesmo no Brasil, o Furtado que é lido e debatido parece "superado". O campo do pensamento de "esquerda" se depara com novas lideranças intelectuais, compostas por muitos de seus antigos discípulos, que se aventuram na seara política conforme as várias opções então abertas. As incursões de Furtado pela "civilização industrial" são encaradas como exercícios de retórica descolados dos conflitos sociais que tomam a nação e preparam o fim do regime militar.

Um exemplo insuspeito é o de Francisco de Oliveira,[400] que ao recuperar a trajetória da "navegação venturosa" de seu mestre; depois, de nomeá-lo como um dos "demiurgos do Brasil" e de fazer a sua crítica ao Furtado do pós-1964; relega

---

[399] Furtado (1991, p. 259-260). Furtado (2019, p. 258-259. Anotação de Kyoto, 16 nov. 1978). Seu nome fora cogitado em 1974 e, depois, em 1978, tendo obtido apoio dos países do Terceiro Mundo e da Europa. Furtado não conta com apoio de seu país e pede a retirada do seu nome da lista. Mesmo assim, passa a fazer parte do Conselho Deliberativo da UNU.

[400] Oliveira (2003, p. 32-34).

ao último Furtado a pecha de "filosófico", preferindo contornar sua nova aventura analítica.

O *último* Furtado

O último capítulo de *Criatividade e dependência na civilização industrial*, intitulado "Em busca de uma visão global", começa e termina com Dante Alighieri, tendo no meio do caminho referências a Galileu, Descartes, Newton, Kant, Nietzsche, Marx, Weber, Marcuse, Fellini e Kafka, entre outros pensadores e artistas. Esse périplo pela cultura ocidental nos parece uma reflexão que ele ficara devendo a si mesmo, e que faz sentido no escopo mais amplo dessa obra. A filosofia e a arte comparecem para dar sentido ao desenvolvimento enquanto processo de ampliação infinita das potencialidades humanas, para além da racionalidade instrumental, em que os fins são comandados pelos meios.

A criatividade sequestrada pela técnica e pela acumulação desenfreada termina por se intrometer nas esferas da política (totalitarismo), da cultura propriamente dita (a arte se transforma em objeto) e das relações humanas, desvirtuando-as e tornando-as estereotipadas. O problema está "na perda do espaço para o qualitativo que nos vem pela percepção sensível", pois o conhecimento científico dominante e seus "esquemas geometrizáveis" reduzem tudo ao "quantitativo".[401] Furtado se refere aqui também a sua própria forma de produzir ciência, aliando objetividade e imaginação criativa.

Ao longo deste ensaio, marcado pelo ceticismo em relação às tendências do capitalismo e à instrumentalização do conhecimento, ele não deixa de antever "gretas e rachaduras no invólucro inconsútil da civilização industrial". A resistência das novas expressões estéticas e dos movimentos – feministas

---
[401] Furtado (1978, p. 155-156, 167-168, 173-181).

e ecológicos –, transpondo a luta política para além da consciência de classe, lhe parece alvissareira. Superado o *mito* do progresso, do desenvolvimento econômico, era preciso reconstruir outros objetos de disputa política: "são inequívocos os indícios de que as atividades políticas, antes confinadas a questões ancilares do processo de acumulação, começam a aflorar em outras plagas".[402]

Ao ampliar o campo científico, o livro é seu grito na escuridão do pensamento econômico e social. Talvez por isso a obra atraia e encante os leitores até hoje, pela vastidão do olhar, e por antecipar as rachaduras do mundo contemporâneo, à época apenas tocando a superfície. Tendo satisfeito suas exigências existenciais, por meio de um mergulho crítico na razão ocidental, Furtado recua e procura unir as várias pontas da sua obra.

Em *Pequena introdução ao desenvolvimento: enfoque interdisciplinar*, livro de 1980, Celso Furtado propõe uma reflexão sobre a "problemática corrente do desenvolvimento econômico", por meio de uma "linguagem comum aos distintos ramos das ciências sociais". Como ele relata na introdução, o quadro conceitual, de modo a "apreender a realidade social nas suas múltiplas dimensões", é aquele esboçado no *Prefácio a nova economia política*, lançando agora nova luz, mas não "substituindo" o esforço realizado em *Teoria e política do desenvolvimento econômico*, livro de 1967.[403] O "último Furtado", como denominamos essa última empreitada teórica, é uma síntese dos vários Furtados processada por ele mesmo. Utilizamos aqui a última versão dessa obra, revisada em 2000, quando recebe novo título, *Introdução ao desenvolvimento: enfoque histórico-estrutural*.[404]

---

[402] Furtado (1978, p. 181).

[403] Furtado, Celso. *Pequena introdução ao desenvolvimento: enfoque interdisciplinar*. São Paulo: Companhia Editora Nacional, 1980, p. xi.

[404] Furtado (2000).

O objetivo de Furtado é oferecer uma "visão sintética do processo desenvolvimento-subdesenvolvimento". Essas são as duas faces da mesma moeda e se transformam conjuntamente à medida que o sistema econômico mundial como totalidade redefine as situações distintas conformadas pelo centro e pela periferia, atadas por relações de dominação-dependência historicamente produzidas. Nesse sentido, a teoria da dependência aponta para uma visão global do capitalismo, em que o sistema se projeta mundialmente a partir do centro com reações em cadeia de seus vários espaços e atores. A expansão se consuma vertical e horizontalmente, gerando uma "constelação de formas sociais heterogêneas".[405]

A dominação externa se conjuga a formas internas de dominação social, dotadas de mecanismos diferenciados de extração de excedente. É por isso que qualquer reflexão sobre o desenvolvimento deve levar a uma "aproximação da teoria da acumulação com a teoria da estratificação social e a teoria do poder".[406] Se esse horizonte metodológico orienta a produção de Furtado na segunda metade dos anos 1970, é importante ressaltar que ele não extraiu todas as suas implicações analíticas. Trata-se, enfim, de uma abertura no sentido de maior complexidade do método histórico-estrutural, agora não apenas restrito à realidade dos países latino-americanos.

No quarto capítulo de *Introdução ao desenvolvimento: enfoque histórico-estrutural*, o intelectual faz entrosar essa perspectiva atualizada sobre o sistema centro-periferia, com uma visão ampliada do desenvolvimento, em que a dinâmica material e técnica da acumulação interage com a agência, invenção e criatividade.

À primeira vista, ele nos diz, o desenvolvimento é apreendido como "um processo", um "algo estruturado", que emerge

---

[405] Furtado (2000, p. 26-29).
[406] Furtado (2000, p. 30).

de "um conjunto de relações estáveis entre os elementos do todo". E a "ideia de causalidade" indica um fim.

Tal esquema lhe parece insuficiente, por não contemplar o "elemento de intencionalidade" por trás das relações sociais, ou seja, o papel da "invenção cultural". Se assim for, são vários os fins possíveis. O desenvolvimento molda as ações humanas, que aparecem como integrantes do processo, tendo em vista o seu potencial transformador do mundo.

Portanto, novas causalidades podem emergir, estabelecendo descontinuidades na história, nas várias partes que compõem o sistema mundial, assim como nas relações que elas guardam entre si, de modo a redefinir a própria totalidade. O futuro não está contido nas relações de causalidade do passado que compõem uma estrutura. Essa é a senha para incorporar o estudo do desenvolvimento no campo de uma "antropologia filosófica".

A intromissão da esfera dos valores e da criatividade dos agentes permite remodelar as estruturas sociais num determinado sentido, para além da difusão das técnicas e da acumulação. Os modelos de desenvolvimento hegemônicos não permitem compreender a realidade concreta de diversos padrões de modernidade,[407] a partir dos quais novas utopias podem ser concebidas.

O radicalismo de *O mito de desenvolvimento econômico* não sai de cena, mas aparece mais nuançado, pois a mirada, sem perder de vista o passado, ergue-se para a linha do horizonte. Nesse sentido, Furtado afirma que a estruturação do sistema capitalista na polaridade centro-periferia, desenvolvimento-desenvolvimento, dominação-dependência, não deve ser vista como uma "necessidade" da expansão do modo capitalista de produção. Porém, ele conclui, esse fato histórico teria condicionado a evolução subsequente das estruturas do sistema.[408]

---

[407] Furtado (2000, p. 7-8, 41-45).

[408] Furtado (2000, p. 75).

Essa contribuição, ainda não plenamente assimilada, coloca Furtado no mesmo patamar dos grandes pensadores econômicos do século XX, como Keynes, Schumpeter, Kalecki, entre outros.

Por que não é plenamente assimilada? Em nosso entender, isso se deve ao fato de que, com o advento do conceito da "globalização", a economia global passa a ser vista, pelos economistas liberais, como uma entidade dotada de dinâmica expansiva própria, por meio da mera soma dos PIBs nacionais, e do acompanhamento dos indicadores de comércio e de investimento direto externo (empresas transnacionais); ou então o capitalismo global, para muitos marxistas, é acometido por crises sucessivas, que apontam para a sua catástrofe eminente. Ambos os enfoques passam por cima dessa desigualdade estrutural que empresta a forma e o conteúdo do capitalismo em sua realidade multifacetada, além de constantemente renovada ao longo dos três últimos séculos.

No sétimo capítulo do livro, o intelectual – obsessivo na reconstrução de seu esquema analítico – retoma o processo de ampliação da complexidade do núcleo industrial do capitalismo na Europa, que transborda para os Estados Unidos quando assume novas feições institucionais. A crescente homogeneidade dessas sociedades está associada à ampliação da base geográfica do centro de acumulação de capital, não obstante a rigidez hierárquica de suas estruturas econômicas. Essas, por sua vez, aproveitam-se da ampliação dos circuitos de comércio e de investimentos que extravasam para a periferia, levando à conformação de uma nova divisão internacional do trabalho.

Sua síntese se completa ao mostrar que o excedente criado pelo sistema internacional, do ponto de vista dos países da periferia, depende da forma como ele é apropriado. Em vez de descrever historicamente a multiplicidade de situações, ele nos fornece uma tipologia capaz de desvendá-las empiricamente: a apropriação do excedente pode se dar em benefício exclusivamente do centro; ou ser repartida com um segmento da classe dominante local; ou ainda com grupos locais que utilizam sua parcela de excedente para ampliar a esfera de ação, detonando transformações das estruturas econômicas; ou, finalmente, o excedente pode ser repartido com o Estado periférico conforme as forças sociais que o animam.[409] Essa tipologia permite explicitar as dinâmicas econômicas e as formas de dominação social subjacentes, não sendo as diversas situações típicas excludentes entre si.

Avançando em seu esquema analítico, de modo a aproximá-lo da situação brasileira, "a dessimetria entre a produção e a sociedade" aparece como a característica básica das economias periféricas. A heterogeneidade social se faz sentir por meio dos desníveis entre os padrões de consumo. Num modelo hipotético, 15% da sociedade é composta pelas classes médias e altas e os trabalhadores qualificados, e os demais 85% pelos trabalhadores com um salário mínimo e proteção social mais o "complexo mosaico das chamadas atividades econômicas informais". A demanda do primeiro grande grupo social se expande verticalmente, exigindo transformações da estrutura produtiva, enquanto a do segundo grupo expande-se horizontalmente.[410] Portanto, a estrutura industrial dependente atende apenas a uma fração da sociedade.

Os últimos três capítulos do livro procuram traçar de maneira sintética o quadro da industrialização periférica, especialmente na segunda metade do século XX, com novas tipologias sobre os padrões de industrialização e as formas de dependência, como quem amplia sua caixa de ferramentas disponíveis para a compreensão do subdesenvolvimento sob um prisma histórico-estrutural.

---

[409] Furtado (2000, p. 73-80).
[410] Furtado (2000, p. 82-83).

O Brasil entra no afresco de forma mais ou menos implícita, quando o autor contrapõe o dinamismo da economia industrial central e da economia periférica semi-industrializada. Na primeira, este se dá pela introdução de novos produtos, mas também pela sua difusão. Na segunda, a lógica da difusão dá o tom, pois a modernização dos padrões de consumo apresenta-se como elemento estrutural decisivo.

O Estado se acopla à dinâmica da modernização, na melhor das hipóteses intervindo para "ampliar as avenidas de uma industrialização que tende a perder fôlego". Num contexto de extrema concentração de renda, o dinamismo econômico é combinado com subutilização da capacidade produtiva, especialmente nos setores de maior tecnologia, comandados pelas empresas transnacionais. As empresas locais, por sua vez, emprestam flexibilidade ao sistema, permitindo a descentralização das atividades das empresas líderes, e muitas vezes recorrendo à redução de custos ao contornarem os direitos trabalhistas e sociais. Mesmo quando ocupam franjas importantes do sistema econômico e possuem potencial de acumulação é raro que disputem as posições já ocupadas nos setores dinâmicos.[411]

Uma pergunta poderia ser feita a esta altura: de que serve essa última operacionalização do método histórico-estrutural realizada por Furtado, se tudo muda depois dos anos 1980? A resposta está contida na pergunta. O método histórico-estrutural resiste caso saibamos manuseá-lo de maneira objetiva e criativa, partindo das novas coordenadas do sistema capitalista, que se mantém alicerçado na polaridade centro-periferia, desenvolvimento-subdesenvolvimento, dominação-dependência. Mas suas formas e conteúdos se apresentam redefinidos, repletos de rachaduras e potencialidades. Cabe aproveitá-las e levá-las a seu limite analítico. Trata-se de uma condição se o país quiser voltar a ter protagonismo sobre o próprio destino.

---

[411] Furtado (2000, p. 106, 112-114, 117-124).

De volta à cena nacional: economia, redemocratização e cultura (1980-1988)

> *A nova mansão construída na euforia da industrialização e da urbanização exibe gretas em todas as suas paredes. Já a ninguém escapa que nossa industrialização tardia foi conduzida no quadro de um desenvolvimento imitativo que reforçou tendências atávicas de nossa sociedade ao elitismo e à opressão social.*
> Celso Furtado, "Que somos?", 1984.[412]

Encerramos o capítulo anterior com o "último Furtado", epíteto utilizado para demarcar sua obra de síntese teórica, quando ele dialoga com suas várias encarnações. No auge da sua maturidade, então com sessenta anos, ele a escreve em 1980, para depois revisá-la no ano 2000, o que denota sua importância.

O título *Introdução ao desenvolvimento: enfoque histórico-estrutural*, expressa uma atitude encontradiça nos sábios. Após um longo percurso político e intelectual, o que o personagem nos oferece? Uma "introdução" e um "enfoque", não um compêndio de certezas ou uma teoria pronta e acabada.

Mas sua capacidade de se reinventar parece não encontrar limites. Outros Furtados emergem quando do regresso a seu

---

[412] Furtado, Celso. Que somos? [1984]. *In: Ensaios sobre cultura e o Ministério da Cultura.* Organização de Rosa Freire d'Aguiar. Rio de Janeiro: Contraponto; CICEF, 2012. p. 30.

país. Não poderia ser diferente, tal sua relação intrincada com a história do Brasil. O romance estava longe de chegar ao fim.[413]

No início dos anos 1980, o economista recebe em sua casa em Paris uma legião de políticos, militantes sociais e de intelectuais brasileiros e estrangeiros em busca de aconselhamento. Nesses encontros, ele sonda a temperatura do país, que, no final dos anos 1970, presenciara a aprovação da Lei de Anistia e a criação de novos partidos políticos.

Em julho de 1984, logo após a derrota de emenda parlamentar das Diretas, Furtado regressa definitivamente para o Brasil. Mantém em Paris uma segunda casa, que alterna com a do Rio de Janeiro, no Alto da Boa Vista. Ele ainda passaria um breve período em Bruxelas, no segundo semestre de 1985, como embaixador na Comunidade Europeia, e outro em Brasília, como ministro da Cultura entre 1986 e 1988.

O presente capítulo aborda os livros escritos nesse período, sua participação na vida política como conselheiro econômico do candidato à presidência Tancredo Neves e, depois, como ministro da Cultura. Nesse período, ele conclui o primeiro de seus três livros de memórias, quando põe para fora aquilo que "estava atravessado na garganta".[414]

Na primeira parte do capítulo, discutimos seus quatro livros de "denúncia",[415] publicados entre 1981 e 1984. São

---

[413] Barbosa (2021). O romance aludido é composto de 3 partes: a fusão do intelectual com a história do país (1958-1964); o seu expurgo (1964-1980); e, finalmente, o "eterno retorno" iniciado nos anos subsequentes e não interrompidos com a sua morte em 2004.

[414] Furtado (2019, p. 323). Anotação em seus diários de 26 de maio de 1985, depois de concluir o primeiro livro autobiográfico, *A fantasia organizada*.

[415] O termo é cunhado por ele. Furtado (2019, p. 324). Para uma análise minuciosa dos três primeiros livros, ver: Grandi, Guilherme. Crítica ao modelo de desenvolvimento do governo militar no Brasil:

várias as temáticas. Dívida externa e inflação figuram como os temas econômicos conjunturais que exigem um enfrentamento pragmático e contundente. Sempre com uma perspectiva histórica, pois resultam das contradições do "modelo brasileiro" em face do novo "quadro internacional". Cultura e Nordeste aparecem em quase todas as obras do período.

Em seguida, tratamos dos conflitos que ele vivencia durante sua atuação política no Partido do Movimento Democrático Brasileiro (PMDB) e no governo. As reflexões sobre o processo de redemocratização, escritas em seus diários, lhe indicam que se trata de uma acomodação. Escritas *in loco*, elas captam os movimentos do intelectual tarimbado nas lides políticas.

De quebra, apresentamos sua reflexão sobre a cultura brasileira, que marca sua trajetória, assume novos significados a partir dos anos 1970 e ganha envergadura quando é chamado para transformá-la em política pública.

O intelectual e o bom combate

O primeiro livro dessa nova safra se intitula *O Brasil Pós-"Milagre"*. Furtado atualiza sua compreensão do "modelo brasileiro". Não se contenta em destrinchar as contradições que se movem conjuntamente nos planos interno e externo e nos âmbitos econômico, social e político. Ao contrário dos livros dos anos 1970, quando a análise mais distanciada predomina, agora ele procura apontar novas perspectivas.

A linguagem é "simples", por mais que alguns argumentos exijam "suficiente rigor para que o especialista interessado possa ele mesmo completar o desenvolvimento da matéria". Tal como nas obras de antes do exílio, a preocupação em formar as novas gerações fica evidente. Em seu entender, "todos os cursos

---

produção intelectual de Celso Furtado entre 1981 e 1983. *Cadernos do Desenvolvimento*, v. 17, n. 31, 2022.

de ciência social, particularmente os de economia, deveriam organizar-se em torno de uma reflexão sobre os problemas da sociedade brasileira no momento atual".[416]

Na primeira parte da obra, o economista está de volta, demonstrando conhecimento das principais tendências e indicadores, assim como das obras daqueles que ficaram no país, todos em maior ou menor medida seus discípulos. Edmar Bacha, Pedro Malan, Regis Bonelli, Maria da Conceição Tavares, Luiz Gonzaga Belluzzo, Luciano Coutinho, Luiz Carlos Bresser-Pereira, Paulo Nogueira Batista Jr., entre outros, são citados com frequência nesses livros do início dos anos 1980.

Furtado menciona o "excepcional dinamismo da economia brasileira" inserida "na vasta e heterogênea periferia do mundo capitalista". Excluindo a China, o país possui "uma quinta parte do mercado do Terceiro Mundo", termo ainda em voga na época. Mas esse "dinamismo" não se explica sem o sacrifício imposto a grande parte da população e dos recursos naturais do país.[417]

Para completar, não se logrou durante o período do "milagre" (1968-1973) elevar "a capacidade de autotransformação da economia brasileira", por meio da internalização das cadeias produtivas nos segmentos mais sofisticados, e tampouco se caminhou no sentido do "autofinanciamento do desenvolvimento".[418]

Essa formulação está ancorada numa síntese histórica, quando destaca os anos 1950 como "a fase decisiva da industrialização brasileira"; descortina "o horizonte de opções" no

---

[416] Furtado, Celso. *O Brasil Pós-"Milagre"*. Rio de Janeiro: Paz e Terra, 1981. p. 16. Um dos autores desse livro tem a quinta edição, publicada no mesmo ano da primeira, o que indica que o mestre tinha uma legião de leitores.

[417] Furtado (1981, p. 21-22).

[418] Furtado (1981, p. 43).

começo dos anos 1960; e revela que as reformas institucionais promovidas, entre 1964 e 1967, "abriram novas possibilidades de ação, mas também revelaram a intenção dos grupos que ascenderam ao poder no golpe militar".[419]

Além do crescente recurso à poupança externa, a economia era cada vez mais dependente de importações. Com a crise dos preços do petróleo de 1973, o quadro passa a combinar deterioração dos termos de troca com plena ocupação da capacidade instalada, aquém das necessidades de autotransformação.

Se a proposta básica do II PND, lançado no governo Geisel, era ampliar a base do sistema industrial e alterar o tipo de inserção no sistema internacional, para Furtado, o desafio de "reconstrução do sistema produtivo" bate de frente com a orientação geral do crescimento puxado pelos bens de consumo duráveis. Há ainda o falso diagnóstico do governo de tomar o período do "milagre" como "normal".

A expectativa de que o mercado externo estaria disponível para a ampliação da capacidade exportadora significa um equívoco. Contudo, mais grave é "o apelo desesperado à poupança externa", que "não resultou de uma política deliberada que disciplinasse os fluxos financeiros e definisse as prioridades".[420]

Segundo Furtado, o endividamento externo dos anos 1970 adiava o enfrentamento das tensões estruturais que acometiam o setor produtivo e financeiro. Ao comprometer as políticas cambial, monetária e fiscal, a dívida paralisava o governo, criando as condições para a expansão inflacionária.[421]

Antes de esboçar uma "estratégia", ele questiona o primado científico das ciências sociais, em que sempre localizou a economia. Para ele, o cientista que se contenha em "explicar porções

---

[419] Furtado (1981, p. 28-39).
[420] Furtado (1981, p. 46-49).
[421] Furtado (1981, p. 49-51).

da realidade" se converte em "especialista" ou em tecnocrata servindo a anseios de grupos poderosos.

Mais importante que "explicar" é "compreender", algo apenas possível quando se apreende "os valores que estão subjacentes em toda ordenação social". Furtado então nos fornece um exemplo categórico: "a expressão 'distribuição de renda' é um eufemismo criado pelos economistas, por trás do qual se oculta a estrutura de poder".

A compreensão é sempre mais abrangente que a explicação por exigir um mergulho na política, nas linhas de forças que orientam o devir e sobre as quais cabe uma ação reordenadora. Sem isso, a ciência se torna uma atividade completamente desconectada da realidade, ou apenas serve a interesses escusos.

Em suas próprias palavras, "para conjecturar sobre o futuro, necessitamos de uma visão global da realidade social" – espécie de senha que orienta a sua trajetória intelectual –, até porque a história não caminha em linha reta: sofre descontinuidades, abrindo assim espaço para a capacidade criadora das coletividades humanas.[422]

Portanto, a economia não se encontra dissociada da sociedade brasileira. Os grupos poderosos controlam o excedente e imprimem seus interesses por meio do controle de terras, dos mercados oligopolistas (com destaque para o setor financeiro, "oligopólio *sui generis* e o mais poderoso de todos") e das estruturas corporativas.

Furtado se refere ao "corporatismo" como a capacidade das elites para controlar o conhecimento e a informação. Fugindo da leitura liberal, que só vê corporativismo nos trabalhadores, ele vaticina que dificilmente se encontrará país em que a diferença entre o salário médio dos profissionais com ensino superior e o salário do trabalhador manual seja tão elevada como

---

[422] Furtado (1981, p. 56-57, 61).

no Brasil. Ou seja, os de cima ocupam posições de monopólio e têm poder para fixar o próprio salário.[423]

Nesse contexto, o poder sindical se mostra incapaz de funcionar como "contrapeso", como nas sociedades mais homogêneas do capitalismo central, nas quais ele logrou não apenas atenuar as tensões, mas acelerar o processo de mudanças tecnológicas. Nas sociedades de industrialização tardia, onde predomina a heterogeneidade estrutural, "o núcleo de trabalhadores industriais não tem a mesma função de liderança na organização do conjunto da massa trabalhadora".

Por um conjunto de fatores, um amplo setor terciário assume a função de geração de empregos, com ocupações situadas nos extremos da pirâmide salarial. E os assalariados industriais, por sua própria posição no sistema econômico, não são capazes de modificar o sistema de forças responsável pela péssima concentração de renda.[424]

Furtado está atualizando sua argumentação, contida em *Dialética do desenvolvimento* (1964). No meio do caminho, o país experimentara um avanço das forças produtivas, mas o fortalecimento do poder sindical ainda se restringia aos trabalhadores industriais localizados no centro dinâmico do país, São Paulo e o ABC.

Sua conclusão é certeira. Se as "condições objetivas" não permitem ao poder sindical exercer o mesmo papel dinâmico das sociedades dos países industrializados centrais; as massas urbanas, desde que organizadas, podem "ocupar um espaço crescente na área política", para além da defesa da elevação do salário mínimo.

A organização política das massas requer um horizonte de solidariedade capaz de aglutinar as demandas do operariado industrial e dos trabalhadores do terciário urbano. Em vez de abandonar o conceito de luta de classes, o economista político

---

[423] Furtado (1981, p. 62-65).
[424] Furtado (1981, p. 66-70).

sugere "ampliar o seu alcance", por meio da invenção de "novas formas de ação" capazes de alterar a estrutura social e o estilo de desenvolvimento.[425]

O fato de que Furtado tenha recebido Lula no início de 1981,[426] junto com Francisco Weffort, em seu apartamento em Paris, antes da conclusão do livro, provavelmente indica o papel decisivo que ele imaginava caber ao recém-criado Partido dos Trabalhadores (PT) na sociedade brasileira. Mesmo que tenha se filiado ao PMDB, em agosto do mesmo ano, por aí se concentrarem algumas das principais lideranças de resistência à ditadura.

Mas ele não se contenta com o diagnóstico do modelo econômico e político. Seu "esboço de estratégia" parte de uma reflexão sobre o Estado, "instituição em torno da qual gravita o sistema político". Sem isso, não é possível organizar "a mobilização de amplas forças sociais", no sentido de dar consistência ao processo de consolidação da democracia, impensável sem uma transformação do estilo de desenvolvimento.

Em sua concepção, o Estado aparece "deformado" por sua subordinação ao padrão de crescimento alavancado pelas empresas transnacionais em detrimento da maioria da população. As empresas estatais, por sua vez, encontram-se preocupadas com sua "performance", sem qualquer avaliação dos meios utilizados e dos fins almejados,[427] levando ao "enfeudamento do Estado" – em virtude da fragmentação do sistema de decisões que carece de "uma unidade de propósito".[428]

---

[425] Furtado (1981, p. 71-75).

[426] Segundo informação de Rosa Freire d'Aguiar, esposa de Furtado, o casal recebera em Paris a visita do líder sindical, acompanhado do cientista político Francisco Weffort, então importante quadro do PT, no final de janeiro de 1981.

[427] Furtado (1981, p. 75-77).

[428] Furtado, Celso. *A nova dependência: dívida externa e monetarismo*. Rio de Janeiro: Paz e Terra, 1982. p. 67-69. Trata-se do segundo

Na segunda parte de *O Brasil Pós-"Milagre"*, o quadro internacional volta a ser objeto de avaliação. Trata-se de "pensar globalmente" o mundo contemporâneo que sofre uma aceleração do tempo histórico. Quatro "linhas de força" são escrutinadas a partir do Pós-Segunda Guerra Mundial.

Primeiramente, a integração dos mercados dos países industrializados se dá num contexto de transnacionalização de suas empresas líderes. Em segundo lugar, percebe-se o avanço da acumulação fora do sistema capitalista nas áreas do "coletivismo autoritário", em que não se logrou um avanço na oferta de bens de consumo, colocando esses países numa "posição cada vez mais defensiva em termos ideológicos".[429] O terceiro fator é o avanço tecnológico como subproduto da "carreira armamentista". Finalmente, ele destaca a emergência na esfera política internacional "do que se convencionou chamar de Terceiro Mundo".[430]

Mais importante ainda, um impasse atravessa o conjunto da civilização industrial. A voracidade na utilização de recursos não renováveis representa uma descontinuidade histórica. Ela compromete o futuro dessa civilização no médio prazo, caso não se promova uma reorientação da tecnologia no sentido da diversidade dos estilos de vida e da maior criatividade local e

---

livro da série dos anos 1980, cuja primeira edição é de 1982.

[429] As críticas de Furtado ao "socialismo realmente existente" não são uma novidade. Podem ser encontradas em *A Pré-Revolução Brasileira* (1962) e em *Criatividade e dependência na civilização industrial* (1978). Mas, agora, ele mostra como a lógica dos fins do regime soviético impede que o orçamento militar seja canalizado, como no capitalismo, para aumentar a rentabilidade das empresas. Não se trata de uma defesa do sistema capitalista, que se caracteriza pelo aumento do grau de irracionalidade com respeito aos fins. Não obstante, o dinamismo econômico resultante é inegável, enquanto os regimes socialistas vivem em estado de paralisia. Furtado (1981, p. 100-103).

[430] Furtado (1981, p. 95-103).

regional. Do contrário, regiões inteiras poderiam ser abandonadas "num processo de desertificação cultural".[431]

Esse impasse se faz ainda mais grave porque vem acompanhado do enfraquecimento dos centros de decisão mesmo nos países desenvolvidos. É importante perceber como, com base em suas obras de 1970, o processo de transnacionalização das atividades econômicas passa a comprometer a capacidade de coordenação desses países. Nesse momento, o conceito de "globalização" ainda não se generalizou. Ele o capta na origem do processo e de maneira mais ampla, sem a carga ideológica que o conceito receberia nos anos 1990, insuflado pela nova estrutura de poder transnacional.

Nosso intelectual levanta algumas hipóteses acerca da evolução do sistema internacional – unilateralismo do poder sob o comando dos Estados Unidos, tutela tripolar (Estados Unidos, Comunidade Econômica Europeia e Japão) com acirramento do protecionismo ou emergência de uma nova ordem internacional com maior protagonismo dos países do Terceiro Mundo[432] – sem se arvorar ao papel de oráculo. Tais hipóteses o auxiliam na composição de seu instrumental analítico.

Para Furtado, as relações sociais e de poder internas às nações, assim como no campo "internacional", estão marcadas por conflitos, sendo "difícil conjecturar sobre o tempo que durará esse impasse".[433] Quarenta anos depois, nos encontramos no mesmo olho do furacão, ainda que as linhas de força tenham se reorganizado de forma expressiva no bojo da ascensão chinesa e dos conflitos geopolíticos decorrentes.

Seu horizonte analítico é concebido a partir do espaço de ação como homem público em potencial. É fato que "o Terceiro

---

[431] Furtado (1981, p. 104-108).

[432] Furtado (1981, p. 109-110).

[433] Furtado (1981, p. 108).

Mundo não é mais que uma nebulosa, cujas virtualidades apenas começam a manifestar-se". Mas enfatiza que entre os países capitalistas avançados e os países de coletivismo autoritário, existe "essa meia humanidade em que os pobres e miseráveis se contam por centenas de milhões".[434] Às portas da crise da dívida externa, ele enxerga uma possibilidade: a "internacional periférica", já apontada em 1978. Alguns países podem assumir um papel estratégico, entre eles, o Brasil, "a economia de maior magnitude do Terceiro Mundo".[435]

Com prefácio de setembro de 1982, o segundo livro da série em que o intelectual se dedica ao bom combate traz novamente uma coletânea de artigos. No primeiro capítulo de *A nova dependência: dívida externa e monetarismo*, ele procura compreender as raízes da dívida externa brasileira. O tom da crítica sobe: "a lógica desse processo conduz o país inexoravelmente à bancarrota".[436] Em janeiro de 1983, o governo brasileiro assinaria o acordo de empréstimo do FMI, entregando a política econômica aos técnicos do fundo.[437]

Furtado descreve a gravidade da situação em nada comparável à crise de 1929, oriunda de um colapso das exportações. Não há mais a possibilidade de uma rápida recuperação, sem mudanças radicais, uma vez que "todo o sistema econômico se encontra à deriva",[438] autoalimentando-se do endividamento externo e da inflação.[439]

A origem do endividamento externo deve ser buscada nas mudanças institucionais implantadas na sequência do golpe

---

[434] Furtado (1981, p. 113-114).
[435] Furtado (1981, p. 89).
[436] Furtado (1982, p. 45-46).
[437] Furtado (1982, p. 19).
[438] Furtado (1982, p. 13).
[439] Furtado (1982, p. 17).

de 1964. Os bancos de investimentos transformaram-se em institutos privilegiados do mercado de capitais, autorizados a captar recursos externos num contexto de baixas taxas de juros internacionais. Criaram-se, assim, as condições para o controle das atividades produtivas por grupos internacionais.

Os recursos externos vinham acompanhados da emissão de títulos do governo, a taxas de juros mais altas, além de corrigidos pela inflação e protegidos contra a desvalorização cambial. Em 1979, a razão amortização + juros da dívida externa sobre as exportações já era de 70%.[440] Como resultado, junto com a dívida externa, expande-se a dívida interna com o suposto objetivo de atenuar o impacto inflacionário decorrente do aumento das despesas.

O castelo de cartas se desmancha com a brusca elevação dos juros internacionais em 1979. Neste momento, o serviço da dívida externa já era coberto essencialmente por novas operações de crédito. O governo passa então a estimular a emissão de nova dívida externa, usando para tanto as empresas estatais, e inclusive elevando os juros internos, com o objetivo de ampliar a captação externa pelo setor privado.[441]

Como veremos adiante, no terceiro livro da série, a indignação já não pode ser contida. "Aventureirismo",[442] este é o adjetivo que melhor caracteriza a política de Delfim Netto e demais tecnocratas do governo militar.

O economista realiza então um contraponto elucidativo entre a situação pré e pós-1964. No primeiro período, os custos financeiros eram baixos (taxas de juros reais negativas) e a inflação atuava como mecanismo de financiamento da economia. Depois de 1964, com a correção monetária e a ativação do

---

[440] Furtado (1982, p. 26-31).
[441] Furtado (1981, p. 49-51).
[442] Furtado (1982, p. 16).

mercado de títulos públicos, a situação se inverte e os custos alcançam níveis "nunca antes imaginados".[443]

Se a tentativa era captar poupança interna e atrair a poupança externa, o resultado não poderia ter sido mais desvantajoso: o país não apenas se endividou fortemente em dólar, como drenou parte crescente de sua renda disponível para o serviço da dívida pública interna, remunerada a juros reais elevados. Assim, crava Furtado, "o Brasil passou a ser o país capitalista cujo mercado financeiro menos riscos oferece em todo o mundo".[444]

Em síntese, a especulação financeira desencoraja a produção e estimula a inflação. O déficit público é o resultado dessa equação, e inclusive se agrava com o receituário do FMI, que exige a recessão para o ajuste das contas externas.

Toda a argumentação do livro *A nova dependência* gira em torno do seguinte mote: o Brasil – como "chefe da fila" em termos de endividamento – deve liderar um movimento junto aos demais países do Terceiro Mundo, para uma renegociação drástica dos débitos, inclusive com teto de 4% para os juros, e reescalonamento do principal.[445]

Paralelamente, ele nos fornece duas reflexões de fôlego. A primeira refere-se à "lógica da industrialização brasileira" e está contida na seguinte pergunta: que forma assumirá o desenvolvimento no Brasil em face da "crise atual"?[446]

Para Furtado, o país se encontra "a meio caminho do processo de industrialização". O futuro depende do avanço tecnológico da indústria de bens de capital "em fase formativa". Se a atividade industrial se firmou por aqui quando o centro dinâmico da economia foi internalizado, agora o "sistema

---

[443] Furtado (1983, p. 29-34).
[444] Furtado (1983, p. 37).
[445] Furtado (1983, p. 46, 73-75).
[446] Furtado (1983, p. 56-62).

industrial" logra exportar parte "ainda modesta, mas significativa" da sua produção. A competitividade externa deve ser vista como subproduto do crescimento do mercado interno.

Onde mora o problema? Não podemos, diz ele, escolher entre apostar no mercado interno ou aprofundar a inserção internacional. Os dois objetivos devem ser perseguidos, mas a moldura da sociedade brasileira depende de qual deles seja escolhido como determinante. Nos países centrais, de alto nível de acumulação, o sistema industrial é competitivo em praticamente todos os seus segmentos. No caso do Brasil, existem indústrias tecnologicamente equipadas para a competição internacional, especialmente nos setores de insumos industriais com economias de escala e tecnologia média. Mas, conclui Furtado, "o sistema industrial como um todo não o é".

Um sistema industrial moldado para o mercado interno não se funda na existência de mão de obra barata. Pautar-se prioritariamente na inserção internacional significaria acelerar a heterogeneidade tecnológica e desmantelar os setores de vanguarda aqui existentes. Esses setores não são "obsoletos", como afirmam os liberais, se levarmos em conta a sua capacidade para "formar" o mercado interno.

Portanto, fica explícito seu objetivo de prosseguir no desafio de dotar o país de um "autêntico sistema industrial", uma vez afastada a recessão, renegociada a dívida externa e promovida, no contexto da redemocratização, uma nova política de desenvolvimento, por meio da recuperação da capacidade fiscal do Estado. O "controle" dessas inúmeras "variáveis" depende das condições políticas e sociais.

A outra reflexão remete à emergência do monetarismo como subproduto da transnacionalização. Para Furtado, a ciência econômica deve ser vista como "um esforço para reforçar, disciplinar, corrigir ou contestar certas visões da sociedade que haviam assumido elaboradas formas ideológicas". Se as teorias econômicas nascem do debate ideológico, seu papel é conferir maior objetividade às formulações sobre a realidade social, de modo a fornecer distintas opções para a ação política. Mas o que dizer quando as teorias são simplesmente "inadequadas" para captar o sistema capitalista em sua diversidade e complexidade?[447] Nesse caso, reina o dogmatismo.

A transnacionalização desestruturou a base sobre a qual se ergueram as economias centrais até o fim do padrão dólar-ouro em 1971. Ocorre então "uma multiplicação do número de empresas que tomam as suas decisões com base em critérios de racionalidade que transbordam os limites das múltiplas economias nacionais".

Na prática, estamos percebendo, nos diz ele, a emergência de "um sistema mais abrangente", cujas "características estruturais apenas se esboçam".[448] Isso vale também para as atividades financeiras, como demonstram os petrodólares (dos grandes países exportadores de petróleo) e os eurodólares (depositados em bancos atuando fora dos Estados Unidos), que se expandem de forma vertiginosa.

Se a transnacionalização impactou os países centrais por meio da inflação e do desemprego, na periferia (dos países não exportadores de petróleo), ela se fez sentir por meio do crescente endividamento externo.

É sob esse pano de fundo que Furtado enxerga o crescente papel de Milton Friedman, o papa do monetarismo em ascensão na ciência econômica, e por tabela o ressurgimento da ortodoxia liberal na América Latina. Trata-se de legitimar o processo de reestruturação do sistema capitalista nas duas pontas do sistema.[449] Nesse momento, o termo "neoliberalismo" ainda não havia sido cunhado.

---

[447] Furtado (1983, p. 95-97).

[448] Furtado (1983, p. 110-117, 121).

[449] Furtado (1983, p. 126-129, 131-132).

Ressalta-se ainda seu conhecimento sobre os países latino-americanos. Se, no México, o endividamento com expansão das exportações do petróleo permitiu aumentar os gastos com consumo e investimento, na Argentina e no Chile, ele se fez acompanhar de um desmantelamento das atividades produtivas em prol do consumo. Enquanto, no Brasil, a elevação do investimento a partir de certo ponto teve que ser contida pelo descontrole do endividamento externo para gerar fluxos de exportações.[450]

Fica evidente que a nova ortodoxia pretende legitimar na periferia as mudanças estruturais operadas no conjunto do sistema. Sob o manto da racionalidade formal dos modelos econômicos, pretende-se privar esses países dos centros nacionais de decisão e fazer com que desistam de qualquer projeto de desenvolvimento digno desse nome.

Um "Não" em letras garrafais ocupa quase a capa inteira da primeira edição de *Não à recessão e ao desemprego*, publicado em 1983. Se, nas obras anteriores, Furtado fornece o quadro histórico e analítico que nos permite acompanhar o desenrolar da crise, agora ela veio para ficar, exigindo um ataque contundente: "o Brasil foi conduzido a uma situação de extrema gravidade, sem paralelo na história republicana".[451] Para recuperar o controle da economia, o país precisa sair da tutela do FMI e negociar de forma soberana as condições para saldar os compromissos financeiros externos.

Como funciona o sistema financeiro transnacional em termos de estrutura de poder?[452] Os acordos financeiros das entidades privadas com agentes soberanos trazem a cláusula de que em situações especiais podem ser modificados os termos

---

[450] Furtado (1983, p. 124-125).

[451] Furtado (1983, p. 13).

[452] Sua explicação vem nos parágrafos abaixo. Ver: Furtado (1983, p. 17-21).

de sua execução. Se os banqueiros não podem "negociar", cabe ao poder soberano decretar unilateralmente a moratória, oferecendo opções aos credores privados. Conforme a legislação internacional, os bancos centrais dos países onde se situam os credores podem entrar no jogo, na condição de emprestadores em última instância, caso uma situação pré-falimentar seja decretada em algum dos bancos.

A defesa de uma posição soberana do Brasil, especialmente se acompanhado por outros países, faria com que esses dois agentes do capitalismo central (credores privados e Bancos Centrais) realizassem entendimentos entre si, deixando de se escudar no FMI. Como se não bastasse, uma crise de liquidez por lá geraria problemas para a recuperação econômica nos países desenvolvidos.

De forma sóbria, o economista chega a uma conclusão aparentemente subversiva – "se o país declarar moratória e for seguido por outros países, é de se esperar que o impasse se resolva"[453] –, o que revela a situação de completo descontrole da economia brasileira, como também a fragilidade do poder financeiro internacional, que depende da aceitação da tutela do FMI por parte dos países devedores.

Concluindo sua explicação para os cidadãos brasileiros,[454] Furtado aponta que nenhum país é "punido" no caso de suspensão de pagamentos. Os "bancos não são guiados por princípios morais", devendo refinanciar as dívidas, caso essa situação se torne um fato consumado. Ao contrário, na situação corrente de "bom pagador", o Brasil não tem obtido novas fontes de crédito, em virtude do estado de insolvência.

---

[453] Furtado (1983, p. 19).

[454] O livro não se destina a economistas. Como Furtado explicita no Prefácio: "é natural, portanto, que a cidadania se interrogue como foi possível que nos deixássemos conduzir aonde estamos" (Furtado, 1983, p. 9).

Quanto ao problema da inflação, que supera a casa dos 100% anuais do início da década de 1980, Furtado tem a consciência de que seu enfrentamento depende de uma resolução efetiva do problema da dívida externa. Trata-se de uma precondição para recuperar o controle da economia e "retomar a liberdade de ação".[455]

Não existe combate à inflação sem o desatrelamento do sistema financeiro nacional do internacional, sem uma reforma fiscal que leve à normalização dos juros e da dívida pública interna, de modo a recuperar a capacidade de investimento, e sem a restauração do cruzeiro como moeda nacional.[456] É possível elevar as exportações e ao mesmo tempo direcionar parte da produção para o mercado interno, em virtude da capacidade ociosa, desde que se recupere a capacidade de planejamento.

A aposta na recessão e na tutela do FMI, além de não debelar o aumento de preços – "uma recessão que comprime salários mas eleva os custos financeiros tende a realimentar a inflação"[457] –, contribui para "esvanecer" a esperança de superar o subdesenvolvimento.[458] Furtado não oferece alternativas de terapia anti-inflacionária, mas um conjunto de premissas para o reestabelecimento da capacidade decisória do Estado, a serem potencialmente encampadas pelas novas lideranças políticas durante o processo de redemocratização.

O quarto livro da série do publicista incansável indica sua plena convicção de que os desafios do país extravasam a seara econômica. Publicado, em 1984, intitula-se *Cultura e desenvolvimento em época de crise*. Como se a "cultura" que aparece em primeiro lugar tivesse um papel na superação da "crise",

---

[455] Furtado (1983, p. 16, 21-24, 29, 33-34).

[456] Furtado (1983, p. 41-42).

[457] Furtado (1983, p. 25).

[458] Furtado (1983, p. 14).

projetando novas potencialidades para o "desenvolvimento" no horizonte.

No prefácio, escrito depois da derrota das Diretas Já, Furtado caracteriza "a crise" como "um processo destrutivo de oportunidades",[459] pois o que fora possível ontem já não se coloca como opção amanhã. Portanto, não concebe sua superação por meio de uma abordagem de curto prazo ou economicista.

No seu entender, o Brasil é um "caso exemplar de mau desenvolvimento". Ao "abuso do supérfluo privado" se veio somar "o gigantismo do supérfluo público". O autoritarismo tem parte de responsabilidade em nossos males, que possuem raízes profundas, localizadas em nossa formação. A conjuntura pós-1964 atiçou o comportamento mimético de nossas elites, apoiadas agora por uma "nova classe média", que funciona como um fator de ampliação do mercado, perdendo sua vinculação com a esfera pública. Como "tirar uma lição dessa tragédia histórica?".[460]

Sua crítica dirige-se a "uma estrutura de dominação social voltada para o 'desenvolvimento econômico'".[461] Como vimos ao longo do livro, essa avaliação tem início com sua "análise do modelo brasileiro" em 1972. É, pois, contemporânea à transfiguração do capitalismo no Brasil nos anos 1970.

Furtado procura, nessa obra, compreender como a expansão europeia "serviu de moldura à formação do Brasil como nação e sistema de cultura". Em paralelo ao comportamento mimético das elites, o povo segue seu processo formativo, extraindo das raízes não europeias de sua cultura a força criativa.[462] A diferenciação regional do país encontra seu substrato

---

[459] Furtado (1984, p. 9).
[460] Furtado (1984, p. 10-11).
[461] Furtado (1984, p. 13).
[462] Furtado (1984, p. 22-23). Existe uma forte conexão entre esta formulação e a desenvolvida por Darcy Ribeiro com base nos conceitos

justamente na autonomia criativa da cultura popular, que passa a ser questionada pela indústria cultural, nova forma de expressão da modernização dependente.

É possível uma "nova síntese" que permita a expressão da "personalidade cultural brasileira", em face do risco de "descaracterização"?[463] Tal reflexão – embora informada por certo essencialismo acerca do "nacional", presente desde os modernistas dos anos 1920[464] – é a maneira encontrada por Furtado para recolocar os temas da democracia e do desenvolvimento em bases não estritamente econômicas.

A senha – "ter ou não direito à criatividade, eis a questão"[465] – soa como uma heresia ao discurso cada vez mais encouraçado de seus pares, economistas ortodoxos e heterodoxos, encantados com as novas "revelações" da teoria econômica alhures.

Cabe ressaltar ainda a presença marcante do Nordeste nesses livros de combate.[466] Ao dizer que "o Nordeste não é um simples problema regional e tampouco um problema nacional dentre outros",[467] Furtado revela a dimensão estratégica desse território em sua análise totalizante – a exigir um reenquadramento analítico com a alteração do modelo de desenvolvimento e de inserção externa do país nos anos 1970.

O capítulo "Diretrizes para uma política de desenvolvimento do Nordeste"[468] consta da última parte de *O Brasil*

---

de "transfiguração étnica" e "povo-nação". Ver Ribeiro (1995, p. 269-273).

[463] Ribeiro (1995, p. 24-25).

[464] Ortiz (2015, p. 149-152).

[465] Furtado (1984, p. 25).

[466] A única exceção é o terceiro livro da série, *Não à recessão e ao desemprego*, de 1983.

[467] Furtado (1981, p. 119).

[468] O mesmo artigo é publicado no número 1, volume 1, da revista *Novos Estudos CEBRAP*, em dezembro de 1981.

Pós-"Milagre", de 1981, e parece ecoar o documento do GTDN de 1959: "Aí (no Nordeste) se mostram sem disfarce as malformações maiores do nosso desenvolvimento".[469]

Na prática, essa afirmação reflete uma mudança em sua maneira de encarar a região. Se antes a economia nordestina comportava-se como "um subsistema", dotado de relativa autonomia produtiva, pois sua dependência era, sobretudo, comercial; a partir do "milagre", uma nova dependência tem lugar por meio da sua subordinação à lógica da industrialização comandada pelo Centro-Sul. O Nordeste torna-se simples apêndice de um mercado dominado pelas tendências consumistas da minoria modernizada. O nível de empregos gerados na indústria local é pequeno, e a modernização conservadora na agricultura gera êxodo rural. O setor de serviços passa então a abrigar as novas elites nordestinas e uma multidão de trabalhadores precários.[470]

Ao ter sua "autonomia perdida", o Nordeste não se "desenvolve" como no prognóstico da Sudene, que trazia consigo uma redefinição do projeto de transformação nacional. Apenas se "moderniza", acompanhando em escala ampliada as tendências concentradoras do novo estilo de desenvolvimento adotado no país.

Conforme Tânia Bacelar, se Furtado pouco escreveu sobre o Nordeste, nos anos 1970, é porque "ele precisava ver o que estava acontecendo".[471] A compreensão procura sempre incorporar de forma objetiva a realidade ao quadro conceitual, que se aprimora para dar conta das mudanças observadas. Depois de "ir ao Nordeste", ele percebe que a região andava agora no

---

[469] Furtado (1981, p. 119).

[470] Furtado (1981, p. 122-125).

[471] Bacelar, Tânia. A Sudene, o Nordeste e as desigualdades regionais ontem e hoje. *In*: *I Jornada de Intérpretes do Brasil*. Campinas: Instituto de Economia da Unicamp, 17 maio 2019.

mesmo ritmo e sob os mesmos impulsos deformadores do restante do país. E poderia ter concluído: em grande medida graças à Sudene, que se desvirtua dos propósitos que nortearam sua concepção.

No governo: no centro da política, escanteado na economia

Apresentamos agora o economista no contexto da "transição democrática", tal como ele a viveu e a partir de suas impressões. A cena política brasileira, no segundo semestre de 1984, aparece assim descrita em seus diários: "uma mescla de balé e de *happening*: dezenas de líderes se esforçando para ter um papel num drama que carece de sentido para todos".[472]

Qual é o papel de Furtado? Ele ainda não sabe. Mas como uma "plataforma coerente" se faz necessária, elabora, em julho de 1984, um "texto introdutório" interno aos economistas do PMDB,[473] para nortear a elaboração do plano de governo de Tancredo, mesmo que isso signifique "legitimar uma eleição indireta". Do outro lado, estão o candidato Paulo Maluf, do Partido Democrático Social (PDS), e o presidente João Baptista Figueiredo que representam uma "afronta à dignidade nacional".

Os movimentos do PDS, inclusive dos grupos dissidentes, assim como os embates internos do PMDB, são narrados em seus diários, a partir das informações coletadas com os personagens principais do drama.

Em agosto de 1984, é realizada uma reunião na casa do senador Marco Maciel, com a presença de José Sarney e do

---

[472] Furtado (2019, p. 281-282).

[473] Inicialmente o grupo integra os economistas Luiz Gonzaga Belluzzo, Luciano Coutinho e João Manuel Cardoso de Mello, ao qual se agregariam Maria da Conceição Tavares, José Serra, Carlos Lessa e o industrial Dilson Funaro. Ver: Furtado (2019, p. 281-282, 290 e 296).

grupo da Frente Liberal (PFL, a partir de 1985), e de Tancredo e Ulisses. Furtado percebe a gestação de uma aliança tática, "sem convergência de objetivos estratégicos", pois os membros da Frente e Tancredo se esmeravam em não ir além "dos enunciados gerais".[474]

Furtado já tivera encontros com o "Dr. Ulisses", quando percebe sua falta de entusiasmo com a "fórmula Tancredo". E também com o próprio Tancredo que, conforme seu relato, ficara interessado na proposta de reprogramação do serviço da dívida externa. A sua ideia era mostrar, "aqui e no estrangeiro", que "a política econômica vai ser modificada e com seriedade".[475]

Em setembro, o grupo de economistas do PMDB, sob a liderança de Furtado – que toma a precaução de colocar as coisas no "papel", para não dar margem a mal-entendidos – avança em pontos essenciais da política econômica do novo governo. Uma ação rápida em duas frentes principais – saneamento financeiro interno e dívida externa[476] – é fundamental para se recuperar a margem de ação do governo, conforme o economista insistira em seus livros recém-publicados.

Finalmente, a primeira reunião da Comissão para o Plano de Ação do Governo (Copag) tem lugar em 11 de dezembro. Do lado do PMDB, Celso Furtado, Luciano Coutinho e José Serra. E da Frente Liberal, Sérgio Quintella, Sérgio de Freitas e Hélio Beltrão, além de Sebastião Vital, representante do candidato à presidência.

Tancredo, "refugiando-se nas vaguidades",[477] recomenda discrição por parte dos integrantes. Seguem-se encontros

---

[474] Furtado (2019, p. 290).
[475] Furtado (2019, p. 283, 288).
[476] Furtado (2019, p. 295-296).
[477] Furtado (2019, p. 290).

mais substantivos, inclusive com informações vazadas pela imprensa, e a ofensiva dos interesses financeiros, locais e internacionais, que veem Furtado como "uma pessoa extremamente incômoda".[478]

Alvejado pela mídia e pelo "fogo amigo", o economista procura fugir da tocaia, explicitando sua posição com argumentos técnicos e estabelecendo "uma linha clara de política". Isso significa assegurar "o pagamento de 40% dos juros com as exportações, sendo o resto capitalizado em condições a discutir". Dessa forma, atua como político – ele que fora o intelectual estadista do Brasil Desenvolvimentista (1945-1964) – ao exigir que os demais membros da comissão mostrassem suas cartas, deixando de se ocultar por trás de "ambiguidades".[479]

É então que Furtado sela seu destino: ficaria fora da área econômica do novo governo. Mas poderia fazer diferente, sabendo que não teria margem de manobra, "legitimando falsas soluções"?[480]

Em trecho anterior de seu diário, escrito no final de agosto de 1984, ele ouve o senador Fernando Henrique Cardoso discorrer sobre os movimentos regionais para as eleições de 1986 e sobre a importância de avaliar o "cacife" dos candidatos do PMDB. Percebe então a "fragilidade" de sua posição: "meu único trunfo é o nome nacional que tenho e a confiança que inspiro por reunir competência e honestidade sem estar ligado a interesses econômicos".[481] Aparentemente, era muito pouco naquele contexto.

---

[478] Furtado (2019, p. 298-301).

[479] Furtado (2019, p. 303 e 306). Furtado faz menção explícita nos seus diários a José Serra. Tem a impressão de que o economista paulista "joga na indefinição" da Comissão, "para que possa fazer pessoalmente as sugestões a Tancredo". Ver: Furtado (2019, p. 300-301).

[480] Furtado (2019, p. 302 e 304).

[481] Furtado (2019, p. 293).

Poucos dias depois da eleição de Tancredo pelo Colégio Eleitoral, Furtado redige uma lúcida anotação em seu diário, mais precisamente no dia 21 de janeiro de 1985. Em seu entender, o grande papel histórico caberá à Constituinte. Para depois completar: "no mais, teremos uma época de acomodações, de ilusionismo, avanços e recuos". Seu desenrolar depende da emergência de uma nova geração e de como ela irá enfrentar a "impostura do autoritarismo introjetada, ainda que inconscientemente, por grande parte da classe média".[482]

O maior temor de Furtado era ser convidado para a Sudene. Não queria "repetir a sua história", em um contexto político diferente e sem qualquer autonomia para a ação. "Trata-se de tarefa útil, mas ingente, que tentei quando estava nos meus trinta" – ele tinha 39 anos quando assume a Sudene –, mas seria "enorme punição" assumi-la agora com sessenta anos.[483]

O convite, formulado pelo "Dr. Ulisses", ao que tudo indica por sugestão de Fernando Henrique, para a embaixada brasileira na Comunidade Europeia, é recebido com uma espécie de alívio. Furtado encara como um privilégio "participar do processo de reconstrução do país". E fica assegurada sua independência: não daria apoio explícito ao governo na área econômica e tampouco o criticaria, "ao menos numa primeira fase".[484] O novo governo consegue retirá-lo do *front* econômico, enviando-o para longe, mas seus livros seguem circulando, deixando explícitas suas posições.

No oitavo capítulo de seus *Diários intermitentes*, escrito entre os meses de julho de 1984 e 1985, Furtado anota as suas observações sobre os principais acontecimentos. Ele parece se servir do diário para tomar suas decisões, avaliando a conjuntura

---

[482] Furtado (2019, p. 304).

[483] Furtado (2019, p. 302, 312 e 319).

[484] Furtado (2019, p. 313-314).

e os personagens que com ele contracenam no grande palco do poder. Vejamos abaixo os retratos de dois personagens do jogo político esculpidos por sua pena.

Sobre Tancredo, ele escreve em 21 de janeiro de 1985: "continua fazendo o jogo de reinar a distância, colocando-se num plano inacessível ao mesmo tempo em que agrada todos aqueles que farejam para dele se aproximar com riscos e blandícias". O político mineiro evita se posicionar sobre qualquer questão controversa, sempre dando a "a impressão de estar fazendo alguma coisa". No entender de Furtado, "uma coisa parece certa, no mundo tancrediano não existe espaço para mim". O que não o impede de inserir Tancredo no contexto mais amplo: "com a degradação da vida política, esse tipo de liderança torna-se ainda mais eficaz". Apesar de tudo, "é um homem honrado e tem compromissos com coisas fundamentais".[485]

Já com "Dr. Ulisses", Furtado trava uma relação de lealdade, embora não irrestrita. Sua capacidade de flagrar o íntimo do interlocutor fica evidente na seguinte anotação: "ele me ouviu com aquela atenção cortês com que oculta seu desinteresse por assuntos que não seja a política quente do momento". Ulisses aposta no economista para manter a coerência programática do PMDB durante a convenção do partido em 21 de agosto de 1988 – "O amigo está disposto a assumir a direção dos trabalhos?". Ele se recusa, por discordar dos rumos da política econômica em curso. Reitera por diversas vezes ao político paulista que seu compromisso se encerra com a homologação da Constituição. Para o economista, "o gênio político do Dr. Ulisses estava em unir ideias e coisas disparatadas, quando os adversários eram os grotescos generais-presidentes".[486]

---

[485] Furtado (2019, p. 306, 308 e 312).
[486] Furtado (2019, p. 311, 380, 383, 389-390, 396).

É digno de nota que Furtado, doutor pela Sorbonne, se dirija ao advogado Ulisses Guimarães como "doutor", revelando o respeito pela autoridade de quem exerce função pública. Este lhe devolve a deferência chamando-o de "amigo".

De fato, Furtado encerra sua única incursão na vida partidária do país, quando entrega o cargo de Ministro da Cultura em agosto de 1988, logo após a votação do projeto da Constituição. Sua participação na política partidária, "fora plasmada pela crise política e pela necessidade de unir forças para recuperar as liberdades". Como intelectual, sentia-se tolhido em sua liberdade de falar.[487]

Havia ingressado no PMDB, em 1981, pelo diretório da Paraíba, seu estado natal, com um discurso em que ressaltara a luta do partido para restaurar "as normas de convivência democrática", representando "um dos momentos exaltantes da formação da moderna nação brasileira".[488]

Sequer cogita se integrar ao recém-criado PSDB, por acreditar que "sua verdadeira razão de ser está nas lutas locais", tornando assim malograda a tentativa de organizar um "verdadeiro partido 'social-democrata'".[489]

É importante ressaltar que esses "depoimentos" de Furtado foram todos colhidos de seus diários, publicados em 2019, não sendo nosso objetivo heroicizar seu autor ou lançar-lhe a pecha de visionário. Mas eles demonstram a coerência com os desígnios traçados durante seu curto retorno à vida política nacional.

O leitor e a leitora hão de se perguntar por que o economista brasileiro de maior renome internacional vai parar na "cultura". Sobre seu escanteamento da "economia", já vimos

---

[487] Furtado (2019, p. 390 e 399).
[488] Fundo Celso Furtado, Arquivo IEB, CF-CAD009, caderno com manuscrito da obra *O Brasil Pós-"Milagre"*, p. 81.
[489] Furtado (2019, p. 380 e 390).

que o roteiro traçado pela Nova República não acarreta uma revisão substancial dos pressupostos da política econômica do governo Figueiredo sob a batuta de Antônio Delfim Netto. Isso fica ainda mais evidente ao final do governo José Sarney, depois do fracasso do Plano Cruzado.

Mais importante ainda: os novos economistas de formação universitária no exterior, todos potencialmente tecnocratas e, em sua maioria, de formação ortodoxa, não veem Furtado como uma referência. Parece-lhes "ultrapassado", um "intelectual", um "idealista", enfim, um homem de outro tempo. Como se as ideias econômicas tivessem "evoluído" e o tempo "mudado", e o "velho" teimasse em falar das "estruturas".

Enfim, Furtado não se encaixa no novo "figurino" de economista, visão corriqueira inclusive entre os heterodoxos, que seguem tendo-o como "totem", ou como um "tabu" a ser superado,[490] ainda que não o manifestem em público.

A estabilização inflacionária e o equilíbrio na balança de pagamentos eram tarefas "técnicas", a serem entregues para os "novos", ortodoxos ou heterodoxos, depois de sua passagem pelos templos do pensamento ocidental.

Para completar, os livros de Furtado, escritos na primeira metade dos anos 1980, verdadeiros sucessos editoriais, não eram consumidos entre os economistas, para quem "dependência", "soberania" e "criatividade", no máximo, cabiam na sociologia acadêmica.

A cultura – que, no seu entender, era parte essencial do desenvolvimento, este então já partindo em debandada – o acolheu. Também pudera. O economista havia se tornado uma febre entre não economistas, angariando prestígio como intelectual que transcendera as barreiras disciplinares desde o final dos anos 1970.

---

[490] Mota, Antônio. *A fantasia reorganizada.* Projeto de pós-doutorado no IEB com bolsa FAPESP, 2023.

Novo papel na redemocratização: premiado pela cultura

Furtado assume o Ministério da Cultura, em março de 1986, logo após o lançamento do Plano Cruzado, o que não deixa de ser uma ironia da história. Seu nome fora sugerido por um abaixo-assinado de 176 intelectuais encaminhado ao presidente Sarney. Como bem aponta Rosa Freire d'Aguiar, ele nunca imaginou essa pasta como "trampolim" para um cargo na área econômica.[491] Talvez por perceber que desta já havia sido alijado pela nova estrutura de poder e pelos economistas que nela circulavam.[492]

Durante os quase trinta meses no cargo, ao qual renuncia em decisão previamente comunicada ao presidente Sarney e ao presidente do PMDB, Ulisses Guimarães, o intelectual atua em duas frentes: colocar em funcionamento uma pasta que sequer existia; e formular sua concepção de política cultural para um país subdesenvolvido em termos sociais e econômicos, mas dotado de uma cultura vasta, diversa e plural.

Como estruturar o MinC, então "um amontoado de repartições públicas criadas em épocas distintas, herdadas de outros ministérios, com pouca organicidade"[493]? Conforme o Decreto n.º 91.144, de 15 de março de 1985, passaram a

---

[491] D'Aguiar, Rosa Freire. Apresentação, capítulo 9. *In:* Furtado (2019, p. 329-330).

[492] Furtado tem consciência disso ao mencionar, em anotação de 13/02/1987, em seus diários, que "todos deviam imaginar que eu era uma pobre Cassandra, quiçá me mordendo de inveja". Seu diagnóstico sobre o Plano Cruzado era de que a estabilização monetária não resistiria se "ignorasse" a questão da dívida externa e da insuficiência da poupança interna. Furtado (2019, p. 331, 335-336, 397).

[493] D'Aguiar, Rosa Freire. Introdução. *In*: Furtado, Celso. *Ensaios sobre a cultura e o Ministério da Cultura*. Organização de Rosa Freire d'Aguiar. Rio de Janeiro: Contraponto; CICEF, 2012. p. 11.

fazer parte do Ministério, as seguintes entidades: o Conselho Federal de Cultura (CFC), o Conselho Nacional de Direito Autoral (CNDA), o Conselho Nacional de Cinema (Concine), a Secretaria da Cultura, a Empresa Brasileira de Filmes S.A. (Embrafilme), a Fundação Nacional de Arte (Funarte), a Fundação Nacional Pró-Memória, a Fundação Casa de Rui Barbosa e a Fundação Joaquim Nabuco.[494]

Em termos de estrutura administrativa, o novo ministro distribui essas entidades conforme suas funções e objetivos em quatro secretarias recém-criadas: do Patrimônio Artístico Nacional (Sphan), de Apoio Cultural (Seap), de Atividades Socioculturais (Seac) e de Difusão e Intercâmbio (Sedi),[495] as quais devem se entrosar com as diretrizes básicas da sua política cultural.

Para funcionar como órgão articulador do ministério, é criado o Instituto de Promoção Cultural (IPC), uma espécie de "estado-maior" com o papel de capacitar os vários órgãos-fim e suas secretarias para a aplicação de critérios de avaliação em seus projetos.[496] Furtado percebe que sem um horizonte comum para a política cultural, o ministério acabaria tragado pela "inércia" das fundações. Daí a necessidade de abri-las para "o exterior" por meio de parcerias com estados, municípios e sociedade civil. Visão global, novos projetos e acompanhamento periódico das ações são essenciais para o enraizamento do MinC na estrutura estatal e na sociedade brasileira.[497]

---

[494] Villares, Luise Gonçalves; Borja, Bruno Nogueira Ferreira. Celso Furtado e a política de patrimônio cultural. *Políticas Culturais em Revista*, v. 13, n. 2, jul./dez. 2020. p. 322.

[495] Villares e Borja (2020, p. 322).

[496] Furtado, Celso. O IPC, cultura e desenvolvimento tecnológico [1986]. *In*: *Ensaios sobre a cultura e o Ministério da Cultura*. Organização de Rosa Freire d'Aguiar. Rio de Janeiro: Contraponto; CICEF, 2012. p. 67.

[497] Furtado (2019, p. 350. Anotação de 1 jul. 1987).

Em termos de financiamento, o ministério viabiliza a primeira lei de incentivo à cultura do país, intitulada Lei Sarney, de julho de 1986. O aspecto distintivo é a participação não tutelar do Estado, por meio do abatimento do imposto sobre a renda bruta das empresas e famílias. O caráter descentralizador da lei joga para a sociedade a iniciativa dos projetos, a mobilização dos recursos e seu controle. Mas é o MinC que cadastra as instituições culturais, potenciais recipientes dos recursos, sem favorecer esta ou aquela, com a condição de que contribuam para "a construção, preservação e manutenção de acervos naturais e de obras do espírito, desde que abertas, de forma ostensiva, ao público".[498]

O resultado da lei pode ser tanto o enriquecimento da cultura brasileira e sua maior projeção internacional como "apenas" o maior suporte financeiro da ação cultural, nesse segundo caso, se a lei for aplicada "de forma restritiva".[499]

Em dezembro de 1987, os dilemas do ministério parecem lhe tirar o sono. Em sua compreensão, as fundações precisam se abrir para a sociedade, e, para tanto, foram criados os conselhos deliberativos, de eficácia duvidosa. Já a Lei Sarney "está ameaçada de desvirtuamento por todos os lados".[500]

A política cultural concebida por Furtado pode ser sintetizada da seguinte maneira: o poder público deve assegurar as condições para "a liberação das forças criativas da sociedade",[501] sem se arvorar ao papel de criar cultura por si mesmo.

---

[498] Furtado, Celso. A ação do Ministério da Cultura. [1987]. In: *Ensaios sobre a cultura e o Ministério da Cultura*. Rio de Janeiro, Contraponto; CICEF, 2012, p. 84-85 e 90. Nesse documento, de fins de 1987, encontra-se explicitada sua visão sobre o papel do MinC e algumas das principais realizações durante a gestão.

[499] Furtado ([1987] 2012, p. 87).

[500] Furtado (2019, p. 357. Anotação de 28 dez. 1987).

[501] Furtado ([1984] 2012, p. 41).

A reflexão sobre esse tema adquire sua primeira síntese, em texto elaborado em abril de 1984, quando sequer cogitava assumir o ministério, estimulado pelos secretários de cultura de Minas Gerais e Rio de Janeiro, respectivamente, José Aparecido de Oliveira e Darcy Ribeiro. Furtado esboça então suas "sete teses sobre a cultura brasileira".

Ampliando o foco da primeira parte de *Formação econômica do Brasil*,[502] o intelectual concebe a "cultura brasileira" como um dos "múltiplos frutos" da mutação pelo "desbordamento" por que passa a cultura europeia a partir do início do século XVI. O ciclo barroco "brasileiro" é a última síntese do espírito Pré-Renascentismo e, por tabela, Aleijadinho "o último grande gênio da Idade Média".

Na sequência, a Revolução Industrial faz com que a acumulação deixe de se realizar fora do processo produtivo, fincando as balizas do sistema de divisão internacional do trabalho, e gerando assim o "distanciamento entre elite e povo", "traço característico do quadro cultural produzido pela modernização dependente".[503]

A descoberta do "país real" pelas elites – pois a presença do povo se faz mais visível nas cidades – é "o traço mais saliente do processo cultural brasileiro" no século XX. Entretanto, o encontro das elites ou da classe média com o "povo" pode acarretar também a sua "descaracterização".[504]

---

[502] Em anotação num de seus cadernos, sob a forma de carta, Furtado aponta a necessidade de elaboração de um projeto sobre "a história da cultura brasileira". Para ele, "uma história deste tipo deveria encontrar tanto espaço nos cursos médios como a história econômica e a política". Em suas "Setes teses", contidas no artigo "Que somos?", ele parece realizar um esboço desta empreitada. Ver: Fundo Celso Furtado, Arquivo IEB, CF-CAD012-022, rascunho de carta anotada em caderno, p. 41.

[503] Furtado ([1984] 2012, p. 35-38).

[504] Tal como já mencionado no livro *Cultura e desenvolvimento em época de crise*, na primeira parte deste capítulo.

O processo é bastante complexo, pois, no contexto da indústria cultural, que reconfigura a modernização dependente, a classe média apenas pode resistir culturalmente aferrando-se às raízes populares. Em vez de solucionar o problema, nosso personagem admite serem muitas as "incógnitas" por trás da indagação sobre "se temos ou não possibilidades de preservar a nossa identidade cultural".[505]

O afresco é primoroso, mas a questão não se resolve. Afinal, que cultura é essa? Furtado se refere a essa tarefa – "estabelecer nossa identidade" – como "trabalhosa" e "espinhosa", conforme as expressões de Rodrigo Mello Franco de Andrade, criador do antigo Serviço do Patrimônio Histórico e Artístico Nacional (Sphan) em 1937. A manutenção da sigla, agora como uma secretaria do novo ministério, representa um ato simbólico e demonstra a sua vinculação à geração da Semana de Arte Moderna – quando se processou o "grande gesto de ruptura" por segmentos das elites, abrindo assim caminho para "uma nova visão de nossa identidade cultural".[506]

Não seriam várias as identidades e culturas brasileiras? E como afirmar *uma* política cultural no contexto de enraizamento da "modernização dependente" pós-ditadura militar? Não estaria o intelectual perdendo a veia crítica ao simular uma identidade cultural genérica, justamente quando a "nova mansão" se encontra em ruínas exibindo gretas por todas as suas paredes, conforme a citação que abre esse capítulo?

Furtado sabe que pisa em terreno movediço. Ele encara a cultura não como uma força redentora, mas como o lugar privilegiado para "a ruptura com o estabelecido". Por meio

---

[505] Furtado (2012, p. 39-41).

[506] Furtado, Celso. Pressupostos da política cultural. (1987a). *In: Ensaios sobre a cultura e o Ministério da Cultura*. Organização de Rosa Freire d'Aguiar. Rio de Janeiro: Contraponto; CICEF, 2012. Ver também: Furtado (2019, p. 333. Anotação de 13 jan. 1987).

do exercício da criatividade, a política cultural faz brotar "o elemento de utopia de que precisamos".[507] Em sua versão anos 1980, Furtado irrompe no cenário quase como um Gramsci tropical, consciente de que o território em que atua já foi vencido pela "revolução passiva". Mas sabe também que nenhuma derrota é definitiva e que a cultura está sempre em mutação.

Num de seus cadernos desse período, para além da questão "que somos?", ele adiciona outra, mais pragmática: "que ambições podemos alimentar no mundo atual?".[508] Portanto, não há um "nós" fora do mundo, sendo a própria cultura brasileira o resultado fecundo e conflituoso da condensação de vários universos culturais num só território, também ele profundamente diverso.

Seria uma coincidência que, no período em que o intelectual se encontra encarregado desta pasta, as várias dimensões da cultura, já presentes na obra furtadiana desde os anos 1970, apareçam exploradas e contrapostas em toda a sua plenitude? Parece-nos que não. Mais uma vez, como ao longo de sua trajetória, a reflexão prepara o caminho para a ação política.

Que dimensões seriam essas? Na dimensão material, por meio da tecnologia, a criatividade é operacionalizada em prol acumulação de capital, o que ocorre de forma distorcida nos países marcados pela modernização dependente. Mas a cultura também se faz presente nos valores que norteiam a esfera política e social, podendo acenar para uma transformação democratizante da estrutura de poder e das formas de apropriação do excedente econômico. Finalmente, há a cultura propriamente dita sob a forma de serviços e bens "culturais", agora sob sua alçada como ministro. Cabe à política cultural atuar sobre as

---

[507] Furtado ([1987a], 2012. p. 65-66).

[508] Fundo Celso Furtado, Arquivo IEB, CF-CAD012-022, anotações em caderno sobre a criatividade cultural no Brasil, p. 41.

outras dimensões, pois do contrário corre o risco de sofrer os constrangimentos delas provenientes.

Portanto, a positividade que a cultura encontra na obra de Furtado não se deve a uma força exógena que vem a "interferir" no funcionamento da economia. Até porque nosso intelectual jamais concebeu o "econômico" sem a interação com o "não econômico". Mas agora ele afirma que existe cultura na economia (inovação tecnológica) e nas estruturas sociais e políticas (poder das ideias e ideologias). A interação entre essas várias dimensões da cultura e – inclusive entre as diversas escalas, por causa do peso da indústria cultural – permite a ele pensar a sociedade por meio de um olhar não determinista,[509] como quem busca energias para a transformação no chão cultural.

Esse chão cultural parece cumprir o papel de reverter o mimetismo dos padrões de consumo das elites, cujos efeitos deletérios se materializam na ampliação da desigualdade brasileira durante as duas décadas anteriores. A cultura transforma-se no novo campo de batalha para garantir a voz das massas, concretizar o processo de democratização, delinear os traços de um novo projeto de desenvolvimento nacional.

As quatro diretrizes da política cultural esboçada e, parcialmente implementada pelo ministro, revelam a enormidade do desafio. São elas:

- preservação e desenvolvimento do patrimônio cultural, visto como um todo orgânico e integrado no cotidiano da população;
- estímulo à produção cultural, prestando o necessário apoio onde ela se materializa em bens e serviços de ampla circulação;

---

[509] Sobre as relações entre desenvolvimento e cultura em Celso Furtado, ver Rodríguez (2009, p. 415-419).

- apoio à atividade cultural, onde ela se apresenta como ruptura às correntes dominantes, ou como expressão de grupos diferenciados por raízes étnicas, históricas, sociais e geográficas;
- estímulo à difusão e intercâmbio com o fim de assegurar a democratização do acesso ao patrimônio e bens e serviços culturais, dentro do país e para além das suas fronteiras.

Quanto ao ministério, Furtado sabe das suas limitações, não acalentando ilusões. Antes de entregar o cargo, ele redige em seus diários: "construí-lo foi árduo, mas destruí-lo é fácil".[510] De fato, o MinC seria extinto por duas vezes, durante os governos Collor e Bolsonaro.

De que modo sua reflexão se mostra decisiva para a política executada? Para Furtado, a cultura não se circunscreve a determinado campo da atividade humana, restrito a alguns segmentos superiores dotados de ócio e dinheiro. Todas as atividades humanas, desde as mais simples, estão "permeadas de elementos espirituais", que "enriquecem a vida do homem em todas as manifestações". Elas possuem a dupla qualidade de estarem ancoradas no real e de acenarem para a ampliação do "horizonte de possibilidades", pois ocorrem num contexto histórico específico.[511]

Dessa forma, tanto o ato criativo excepcional que compõe o patrimônio cultural, uma vez reconhecido pelas elites, como as obras que se incorporam imediatamente ao viver cotidiano das várias comunidades são expressões culturais em seu pleno direito. Por isso, diz o ministro intelectual, "não separamos elite e povo como focos de criatividade, nem graduamos valores".

---

[510] Furtado (2019, p. 406. Anotação de 2 ago. 1988).

[511] Furtado, Celso. Política cultural e criatividade. (1978b). *In*: *Ensaios sobre a cultura e o Ministério da Cultura*. Organização de Rosa Freire d'Aguiar. Rio de Janeiro: Contraponto; CICEF, 2012. p. 92.

Mas como não reconhecer as enormes desigualdades de acesso aos bens e serviços culturais ou de valorização daquilo que se reconhece como "cultura"?[512]

A política cultural deve enfrentar o desafio da "enorme capacidade criativa que não chega a se manifestar em razão de constrangimentos sociais".[513] Em face da intensificação dos fluxos de bens culturais, geralmente produzidos para o mercado e em espaços privados, a democratização do acesso se faz insuficiente, especialmente se não vier acompanhada de uma política de defesa da criatividade cultural.

Em termos econômicos, não basta dar conta da demanda, há que se cuidar da oferta. Aqui, mais do que em qualquer outro "mercado", a oferta e a demanda assumem vários perfis conforme os estratos sociais. Não há nenhuma "mão invisível", mas antes um "mercado cultural" controlado por grandes firmas dos países centrais, que se expandem quase naturalmente ao absorverem os mercados locais, fazendo uso das economias de escala fornecidas pelas novas tecnologias. Nesse contexto, Furtado conclui, "o fenômeno da dominação cultural assume dimensões antes desconhecidas".[514]

O intelectual ministro tem plena noção de que as atividades culturais, se encaradas como processos produtivos, são diversas entre si. O conceito de produtividade não é de fácil aplicação em todas elas. Nos espetáculos ao vivo de música, dança ou teatro, por exemplo, "o trabalho é um fim em si mesmo" e é bom que assim seja. Já no caso das artes plásticas, as telas de um pintor ou pintora correspondem a "produtos culturais únicos adquiridos individualmente", correndo o risco

---

[512] Furtado ([1987b] 2012, p. 95).

[513] Furtado ([1987b] 2012, p. 95).

[514] Furtado, Celso. A economia da cultura. (1988). *In: Ensaios sobre a cultura e o Ministério da Cultura.* Organização de Rosa Freire d'Aguiar. Rio de Janeiro: Contraponto; CICEF, 2012. p. 58.

de ficarem restritos aos estratos de alta renda. Pela via de socialização dos custos, a saída aqui é sua aquisição para exibição em locais de uso coletivo.⁵¹⁵

Este setor tão complexo como a cultura⁵¹⁶ possui as seguintes vantagens: seu consumo tende a crescer mais que o incremento da renda da coletividade, ele é intensivo em trabalho, além de gastar pouco, ou menos que os demais, em divisas externas. Seu maior ativo é a capacidade de "valorizar" a multifacetada personalidade cultural do país, tanto em termos estéticos como por meio da geração de emprego, renda e ascensão social, caso lhe sejam facultadas as condições propícias para a expansão.

O olhar sobre a cultura também lhe permite um duplo movimento na longuíssima duração: dialogar com as raízes históricas e acenar para a linha do horizonte. Em sua prodigiosa capacidade para se fundir com a história do país, mantendo-se como personagem do romance de nossa nacionalidade em formação – ou deformada –, ele percebe o início de um ciclo histórico "que vai se desdobrar por muito tempo, além de meu horizonte de vida ativa".⁵¹⁷ Hora de cuidar de seu próprio legado. A isso, ele se dedica de corpo e alma nos anos seguintes.

---

⁵¹⁵ Furtado ([1988] 2012, p. 58).

⁵¹⁶ Furtado ([1988] 2012, p. 59). No final dos anos 1980, ainda não havia surgido o conceito de "economia criativa", o qual nos parece interessante, embora sujeito a desvirtuamentos, por englobar empresas capitalistas com alto poder de acumulação e trabalhadores da cultura e artistas – estes com diversos níveis de prestígio e *status*.

⁵¹⁷ Furtado (2019, p. 363. Anotação de 17 fev. 1988).

Na linha do horizonte: dialogando com as novas gerações (1988-2004)

> *Em nenhum momento de nossa história foi tão grande a distância entre o que somos e o que esperávamos ser.* [518]
>
> *A ninguém escapa que o espaço em que atuamos para prosseguir na construção do Brasil reduz-se a olhos vistos, ao mesmo tempo que cresce a importância da variável política.* [519]
>
> Celso Furtado, *O longo amanhecer*, 1999.

Na sequência do desligamento do Ministério da Cultura do governo de José Sarney e da promulgação da Constituição de 1988, Celso Furtado inicia uma fase de "balanços e sínteses".[520] Sem assumir novos cargos executivos, retorna às suas memórias intelectuais e a alguns de seus temas de interesse. Entre 1993 e 1995, ele integra a Comissão Mundial para a Cultura e o Desenvolvimento da ONU/Unesco e, entre 1995 e 1997, faz parte do Comitê Internacional de Bioética, também da Unesco.

Sua produção concentra-se em textos mais biográficos, ensaísticos e reflexivos – ou como diz Furtado no documentário

---

[518] Furtado, Celso. *O longo amanhecer*. Rio de Janeiro: Paz e Terra, 1999. p. 26.

[519] Furtado (1999, p. 9).

[520] D'Aguiar, Rosa Freire. Balanços e sínteses, 1988-2002. *In:* Furtado, Celso. *Diários intermitentes*. Introdução, seleção e organização de Rosa Freire d'Aguiar. São Paulo: Companhia das Letras, 2019. p. 407.

O longo amanhecer,[521] livros de "divulgação" e de "abertura" para (re)pensar "para onde vamos". Saindo da cena política, mas mantendo contato contínuo com as novas gerações e com a leitura da conjuntura, o olhar de Furtado se mostra cada vez mais interdisciplinar no método, além de profundamente crítico sobre o futuro da civilização ocidental.

Naquela altura, as tendências de transformação da economia mundial, conforme já observadas por Furtado desde a década de 1970, intensificavam-se. Nos anos 1990, o polissêmico termo "globalização" estava plenamente difundido no debate público. Assim ele é capturado pelas lentes do economista nas anotações de seu diário em 1995: "Começar por reconhecer o evidente: (1) o processo de globalização reduz a autonomia de decisão dos Estados nacionais; (2) o avanço tecnológico engendra exclusão social, isto é, cria desemprego permanente". Com desigualdades sociais e geográficas como as do Brasil, os problemas eram agravados, com impactos multiplicados também pois a "perda de governabilidade limita a margem de ação para lutar contra a exclusão social".[522]

Brasil: a construção interrompida, livro publicado em 1992, ilustra esse tipo de obra pensada por Furtado para provocar o debate e estimular a reflexão sobre o futuro. Em sua nota que abre a obra, Celso Furtado fala sobre um "sentimento de angústia gerado pelas incertezas que pairam sobre o futuro do Brasil". Com a abertura precipitada da economia, por meio da ofensiva ideológica do livre mercado durante o Governo Collor, o país dava mais um passo para ver interrompida a "construção de um sistema econômico nacional", projeto perseguido pela geração do autor, que cimentou a unidade do país e "nos abriu uma grande opção histórica".[523]

---

[521] Documentário dirigido por José Mariani (2007).
[522] Furtado (2019, p. 422).
[523] Furtado, Celso. *Brasil: a construção interrompida*. Rio de Janeiro: Paz e Terra, 1992, p. 9.

Furtado eleva o tom para travar uma batalha quixotesca – como ele mesmo define – contra a ideologia liberal dominante dos anos 1990. O Brasil estava imerso no debate sobre uma ampla política de ajustes macroeconômicos. O FMI, por meio dos princípios do Consenso de Washington, recomendava uma série de reformas tendo como finalidade a maior eficiência econômica. Eram as conhecidas medidas de estímulo à elevação da produtividade, por meio da entrada do investimento estrangeiro, da abertura econômica, da privatização e da desregulamentação, que vinham acompanhadas do redimensionamento da atuação do Estado, com maior disciplina fiscal e redução dos gastos públicos. O objetivo era supostamente controlar a inflação e inaugurar um novo modelo de desenvolvimento.

Diferentemente dos otimistas de plantão da década de 1990, que advogavam o "fim da história", ideia canonizada pela expressão do Francis Fukuyama,[524] o diário de Furtado, em fevereiro de 1991, registra: "O grau de incerteza com respeito ao futuro aumentou".[525]

Essas reflexões sobre as incertezas seriam sistematizadas no livro de 1992. Seu olhar estava voltado para as transformações da economia mundial naquela quadra histórica: tanto para o fim da União das Repúblicas Socialistas Soviéticas (URSS) como para os sinais incertos sobre a hegemonia política e econômica dos Estados Unidos; para a reunificação alemã e o avanço do projeto de unificação da Europa, andando em paralelo com o avanço tecnológico e industrial asiático; para o dinamismo da economia internacional liderado pelas transnacionais e a perda de governabilidade dos Estados nacionais; para a expansão da capacidade de produção mundial e a crescente crise social e ambiental.

---

[524] Fukuyama, Francis. *The End of History and the Last Man.* New York: Free Press, 1992.
[525] Furtado (2019, p. 416).

No final de *Os ares do mundo*, terceiro volume de sua obra autobiográfica, publicado em 1991, era possível captar sua preocupação sobre o devir histórico. Fica evidente sua perspectiva crítica sobre o desenvolvimento, encarado numa dimensão sociológica e cultural. Recuperar o "mito do paraíso perdido" – isto é, o mito como idealização de futuro, num horizonte utópico que teria guiado a humanidade no sentido do progresso como expressão material – significava, para Furtado, colocar em questão a trajetória política e intelectual de sua geração.[526]

Além de pensar sobre as vias para a superação do subdesenvolvimento, suas reflexões neste último quarto de século se dirigem ao próprio modelo de sociabilidade do capitalismo contemporâneo. Nessa última década de produção intelectual, Celso Furtado indica os limites de uma civilização voltada para a acumulação como fim, e não mais como meio de providenciar os benefícios materiais e imateriais para todos seus membros. O capitalismo se expressava como um sistema em que a sociedade teria invertido o real sentido entre fins e meios, numa época de acumulação acelerada que produzia uma miragem de progresso como abundância de bens materiais, mas "que pode[ria] conduzir o homem à autodestruição".[527]

Brasil: a construção interrompida abre, portanto, a última fase de reflexão do economista. Reúne elementos teóricos do passado, propondo sua atualização, por meio de uma arguta análise sobre o presente. Obra de síntese e divulgação como classifica o autor, que revela sua preocupação em atualizar o debate sobre os velhos desafios, além de indicar a necessidade de novos caminhos para reverter a desigualdade e enfrentar os limites antepostos pelo meio ambiente, oriundos da forma de difusão da civilização industrial.

---

[526] Furtado (2014, p. 575-576).
[527] Furtado (2014, p. 580).

Por meio dessa perspectiva, ao longo da década de 1990, Furtado reforça sua "mensagem aos jovens economistas",[528] já não mais na linha de frente do debate político, mas servindo de inspiração para as futuras gerações em busca um projeto de desenvolvimento nacional e de transformação da sociedade brasileira.

Uma *última* interpretação?

Entre a publicação de *A pré-revolução brasileira* e *Brasil: a construção interrompida* trinta anos haviam se passado. Trinta anos entre um Celso Furtado prestes a assumir possivelmente a posição política mais relevante de sua vida, o Ministério Extraordinário do Planejamento, e outro que já se distanciara das esferas decisórias dos rumos do país. A obra publicada antes do golpe militar de 1964 ainda via "o futuro como opção", pois o país vinha conseguindo alcançar maior controle dos centros internos de decisão, formar as bases de sua estrutura industrial e erguer um Estado moderno, capaz de enfrentar as profundas mazelas sociais. Em 1992, ao contrário, Furtado atestava categoricamente que "o processo de formação de um sistema econômico já não se inscreve naturalmente em nosso destino nacional".[529]

Organizado em cinco breves ensaios, *Brasil: a construção interrompida* produz um duplo movimento interpretativo. Por um lado, Celso Furtado apresenta uma síntese da transformação da economia mundial recente, redefinindo os parâmetros econômicos e geopolíticos de modo a compreender a nova conjuntura. Por outro lado, a obra percorre as tramas teóricas e analíticas de sua trajetória intelectual, refinadas agora após meio século de reflexão.

---

[528] Nome do quinto ensaio de *O longo amanhecer*, resultante de uma palestra proferida na Faculdade de Economia, Administração e Contabilidade da USP, no dia 18 de agosto de 1998.

[529] Furtado (1992, p. 13).

Celso Furtado realiza um movimento dialético para captar essa nova realidade, confrontando os novos determinantes da "A ordem mundial emergente e o Brasil" e do "O fim da guerra fria", com seus alicerces teóricos sobre o subdesenvolvimento, como no capítulo "Retorno à visão global de Prebisch". O resultado do confronto entre a nova conjuntura mundial e a perspectiva teórica de Furtado, cujas linhas mestras datam de suas primeiras formulações publicadas ainda na década de 1950, é a elaboração de novos diagnósticos sobre o sistema internacional e de novas proposições para atuar sobre o futuro.

O olhar de Furtado sobre o passado não se transforma num exercício de canonização de suas formulações pretéritas. A riqueza do método histórico-estrutural, tal como praticado pelo intelectual, fornece-lhe um instrumento para compreender as tendências econômicas e sociais instauradas no presente. Sobre os impasses colocados para as novas gerações ao final do século XX, o livro traz proposições para a superação do subdesenvolvimento, mas, acima de tudo, questiona o próprio modelo da sociedade capitalista.

Segundo o autor, a década de 1990 marcava uma "mudança estrutural do sistema econômico internacional".[530] Nas curtas páginas de "O fim da Guerra Fria", acredita que, com o "desaparecimento da confrontação ideológica" existente entre sistemas econômicos e a ascensão de novas potências como Alemanha e Japão, caminhava-se para a formação de uma nova hierarquia mundial, policêntrica, a exigir uma crescente coordenação internacional, por meio de grupos como o G-7.

Nesse livro de combate e de proposição, a partir de uma interpretação do processo histórico-econômico contemporâneo, Furtado capta as tendências gerais de alteração desse cenário internacional. Enquanto confere ênfase à "metamorfose" da economia dos Estados Unidos, avaliando o papel do país no

---

[530] Furtado (1992, p. 13).

novo desenho da geopolítica e na dinâmica do capitalismo mundial, também discute uma das principais consequências da transformação estrutural da economia internacional, pois "a própria ideia de sistema econômico nacional passou a ser apresentada como anacronismo".[531]

Os Estados Unidos, como epicentro da economia capitalista em praticamente todo o século XX, tendiam, para o autor, a perder sua decisiva influência geopolítica, dando lugar a um novo sistema internacional multipolar.[532] Aqui sobressai tanto sua análise crítica e inovadora sobre a "globalização" como também a capacidade de fugir das leituras da época que apostavam no binômio "triunfalismo americano" e "fundamentalismo de mercado".[533]

O enfraquecimento da capacidade dos Estados Unidos para conduzir a dinâmica da economia internacional resultava de um conjunto de fatores: deslocamento das transnacionais estadunidenses para as plataformas de exportação asiáticas, crescente endividamento externo do país e perda relativa da liderança tecnológica. Conforme seu argumento, o novo cenário de abertura comercial, ainda que produzindo maior competitividade e ganhos de economia de escala, provocou a redução do grau de governabilidade dos Estados nacionais, inclusive dos países desenvolvidos.[534]

---

[531] Furtado (1992, p. 29).

[532] Um contraponto relevante à perspectiva de Celso Furtado pode ser encontrado no artigo de Maria da Conceição Tavares, "A retomada da hegemonia norte-americana", em que a autora mostra a estratégia de elevação da taxa de juros do país, nos anos 1980, como forma de financiar novo ciclo de crescimento da economia.

[533] Cf. Stiglitz, Joseph. *Freefall*: free markets and the sinking of the global economy. Penguin Books: Londres, 2010. p. 219-220.

[534] O capítulo III, "Retorno à visão global de Prebisch", apresenta um exercício de atualização das teses do economista argentino no cenário

Assim, a política econômica nacional teria sido sequestrada pelos interesses das transnacionais, isto é, a política de estabilidade cambial e monetária, "ganha primazia sobre as demais dimensões da política econômica", trazendo como consequência elevado nível de desemprego.[535]

O baixo crescimento da economia mundial, quando confrontado com as taxas de crescimento da Era de Ouro do capitalismo, e a concentração geográfica da renda, eram os resultados visíveis da nova dinâmica econômica mundial, provocando "o desemprego nos países ricos e [...] miséria nos países pobres". Tornavam-se, assim, reduzidas as possibilidades de atuação do Estado nacional para reverter tal cenário.[536]

Nesse cenário de aprofundamento da globalização e de esfacelamento das economias nacionais, Furtado retoma sua concepção sobre meios e fins, reforçando o papel do Estado nacional para induzir "a dimensão política nos cálculos econômicos". Se as forças do mercado incrementavam a concentração econômica, o sistema econômico nacional tornava-se o instrumento de contraposição à racionalidade imediatista, no sentido de buscar os instrumentos econômicos necessários (os meios) para garantir o bem-estar coletivo (o fim).[537]

Como caminhar na direção da homogeneização social? Isto é, como erguer um projeto que não deveria prever a uniformização dos padrões de vida, mas a garantia de que os indivíduos pudessem "satisfazer suas necessidades de alimentação, vestuário, moradia, acesso à educação e ao lazer e a um

---

de transformação do sistema de relações econômicas internacional, enfatizando a nova posição dos Estados Unidos no comércio mundial, apostando que "a possibilidade de que uma só economia exerça o papel de centro principal já não existe". Furtado (1992, p. 72).

[535] Furtado (1992, p. 23).

[536] Furtado (1992, p. 25).

[537] Furtado (1992, p. 29-30).

mínimo de bens culturais".[538] Urgia-se resgatar o papel do Estado e do planejamento como instrumentos técnicos e políticos para a formulação dos projetos nacionais adaptados ao novo contexto. Em seguida, Celso Furtado conduz os leitores – ao longo do segundo capítulo do livro, "A armadilha histórica do subdesenvolvimento" – por uma viagem sobre as condições de superação do subdesenvolvimento, tal como formulado ao longo de sua trajetória.[539]

Diferentemente das economias desenvolvidas, a assimilação de novas técnicas e os aumentos de produtividade não conduzem necessariamente à homogeneização social nos países subdesenvolvidos. Por meio do conceito de modernização, empregado em suas obras ao longo dos anos 1970 para explicar o "modelo brasileiro" do período militar, ele mostra como e porque a industrialização brasileira ampliou a concentração de riqueza e de renda do país. Mesmo com a diversificação da estrutura industrial e o expressivo aumento de produtividade, "nada ou quase nada" contribuiu para reduzir a heterogeneidade social brasileira.[540]

Se a industrialização não foi suficiente para o Brasil romper com a armadilha do subdesenvolvimento, Celso Furtado percorre três experiências de países periféricos que teriam conseguido superar a condição de país subdesenvolvido nas duas últimas décadas. China, Coréia do Sul e Taiwan teriam produzido profundas reformas que provocaram melhorias do bem-estar

---

[538] Furtado (1992, p. 38).

[539] As páginas iniciais do Capítulo IV, "A nova concepção de desenvolvimento", rememoram essa concepção da Cepal, de que as forças do mercado eram incapazes de responder aos desígnios de mudança almejados, de maneira que Furtado justifica seu esforço de criar uma técnica de planejamento econômico para superar o subdesenvolvimento. Ver: Furtado (1992, p. 75).

[540] Furtado (1992, p. 45).

do conjunto da população, com alguma homogeneidade social, assim como certa autonomia do sistema produtivo.[541]

Para os casos da Coréia do Sul e Taiwan, o autor ressalta as importantes políticas de reforma agrária e de um amplo investimento em educação, enquanto a incorporação da moderna tecnologia, especialmente na Coréia do Sul, teria sido realizada paralelamente aos investimentos em pesquisa e desenvolvimento. Furtado conclui, dizendo: "Porque alcançaram um grau elevado de homogeneidade social e fundaram o próprio crescimento em relativa autonomia tecnológica, cabe reconhecer que Coréia do Sul e Taiwan lograram superar a barreira do subdesenvolvimento".[542]

Num balanço entre o que foi realizado nas experiências asiáticas e os resultados sociais não alcançados pela modernização brasileira, Furtado finaliza seu ensaio com "sugestões aos novos pesquisadores". Apesar de reconhecer que as dificuldades de superação do subdesenvolvimento se avolumavam, sua obra não deixa de propor caminhos para o futuro.

No "vasto sertão que ainda está por ser desbravado", cinco são as proposições de Celso Furtado para os jovens economistas. No sentido de enfrentar a desigualdade na distribuição de renda, sua primeira proposta se escora na ideia de "habilitação" do economista indiano, Amartya Sen[543]: uma política para garantir

---

[541] Para o caso chinês, Celso Furtado acreditava que o país não poderia ampliar a adoção de modernos padrões de consumo, tamanha sua população, tendo que optar "entre homogeneidade social a modestos níveis de consumo e um acentuado dualismo social com maiores ou menores disparidades regionais e sociais". Furtado (1992, p. 49). Certamente um olhar para a China contemporânea, com crescimento da desigualdade social, colocaria em dúvida a ideia de superação do subdesenvolvimento do país.

[542] Furtado (1992, p. 51).

[543] Cf. Sen, Amartya. *Desenvolvimento como liberdade*. São Paulo: Companhia das Letras, 2000. p. 19-25. O economista receberia o Prêmio

títulos de propriedade para a população rural e urbana, pois a falta de acesso a moradias urbanas e propriedade de terra no campo se tornara privação estrutural, incapaz de ser solucionada por mecanismos de mercado.

Em consonância com as mudanças ocorridas no Brasil naquele momento, a segunda proposição ressaltava a importância do fortalecimento da democracia, como instrumento de pressão necessário para combater a concentração de renda, que teria avançado no período autoritário. Furtado reconhecia, adicionalmente, a centralidade de uma política para a educação, pois "o ativo de mais peso na distribuição da renda é aquele que está incorporado como capacitação no próprio fator humano".[544] Por sua vez, a relação entre educação e democracia passa pela expansão da cidadania, de modo a trazer as novas demandas sociais para o campo da política.

Finalmente, as duas últimas proposições tratavam de ampliar o investimento em pesquisa científica e tecnológica para superar o dualismo da estrutura de consumo da sociedade. Furtado defende, sobretudo, a necessidade de reconstrução de projetos políticos esposados por diferentes segmentos da sociedade, de modo a criar novas perspectivas utópicas. Tais projetos deveriam ser resultantes da pesquisa e da criação intelectual, por captarem tanto a essência dos desafios da realidade social como as novas vozes emergentes na democracia brasileira que ainda engatinhava.

O alvorecer do século XXI, não obstante, introduzia novos desafios para a concretização de um projeto de superação do subdesenvolvimento. Furtado nessa altura se questiona sobre a viabilidade de disseminação do próprio modelo de sociedade

---

Nobel, logo adiante, em 1998. Nessa obra, ele defende, na mesma linha do Furtado dos anos 1970, o desenvolvimento como "um processo integrado de liberdades substantivas interligadas".

[544] Furtado (1992, p. 56).

consumista difundido ao longo da Era de Ouro do capitalismo. Para o economista, a civilização constituída a partir da Revolução Industrial apontava de "forma inexorável para grandes calamidades".[545]

O modelo de sociedade arquitetado durante o século XX teria exigido uma elevada concentração de riqueza, submetendo parcela da população mundial à penúria, fome e pobreza, enquanto outra parcela vinha desperdiçando e comprometendo os recursos do planeta. Era evidente o esgotamento da camada de ozônio, o aquecimento do planeta, a destruição da biodiversidade, a poluição de rios e oceanos e a exportação de resíduos tóxicos. Furtado escreve no ano da Conferência das Nações Unidas sobre o Desenvolvimento e Meio Ambiente (ECO-92), realizada no Rio de Janeiro, evento que o autor classifica como "a plataforma em que pela primeira vez se defende a tese de que existe uma *fatura ecológica* a ser paga pelos países que [...] se beneficiaram da formidável destruição de recursos não-renováveis".[546]

Se a solução para a superação do subdesenvolvimento ainda era centrada num discurso de projeto nacional, isto é, da organização do sistema econômico nacional, ao apresentar "A nova concepção de desenvolvimento", Furtado entendia que os projetos de futuro não poderiam ser mais nacionalmente circunscritos. Se, no pós-guerra, a ameaça de destruição nuclear abalara a civilização, no fim do século o risco girava em torno da "hecatombe" ecológica, cujo enfrentamento passa a exigir cooperação, ou "pelo menos a conscientização progressiva da maioria".[547]

O dilema entre crescimento e limites ecológicos é enfrentado por Furtado, de forma semelhante à síntese ilustrada

---

[545] Furtado (1992, p. 76).

[546] Furtado (1992, p. 77).

[547] Furtado (1992, p. 78).

por Kate Raworth em *Economia Donut*.⁵⁴⁸ O futuro deveria ser conduzido a partir de duas ideias-força: garantir a satisfação das necessidades fundamentais, como presentes na Declaração Universal dos Direitos Humanos, e defender a responsabilidade internacional para a preservação do patrimônio natural, isto é, respeitando os limites ambientais.⁵⁴⁹ Dessa forma, nosso intelectual lança seu olhar para a última década do século XX, atuando agora muito mais como um formulador de proposições para as "novas gerações" do que como um ator no campo de batalha.

Alguém poderia dizer que há uma tensão entre a sempre renovada busca da superação do subdesenvolvimento a partir da ação dirigente e democrática do Estado Nacional no Brasil e o contexto econômico internacional em que o capitalismo prossegue em seu afã destrutivo com as desregulamentações em cadeia. Ele parece reconhecer tal tensão, que também serve de legado para as gerações subsequentes.

Entre as ideias e a ação: um balanço

Num período de aproximadamente cinco anos, Celso Furtado produziu uma densa trilogia autobiográfica: *A fantasia organizada* (1985), *A fantasia desfeita* (1989) e *Os ares do mundo* (1991), que seriam publicadas posteriormente como *Obra autobiográfica* (1997).⁵⁵⁰ A publicação dos dois últimos números ocorrera no contexto de seu afastamento do Ministério da Cultura, em julho de 1988, último cargo executivo assumido pelo economista, enquanto o primeiro fora escrito

---

⁵⁴⁸ Raworth, Kate. *Economia Donut: uma alternativa ao crescimento a qualquer custo*. Rio de Janeiro: Zahar, 2019.

⁵⁴⁹ Furtado (1992, p. 78).

⁵⁵⁰ Obra reeditada num único volume em 2014.

de um "jato" em 1985,[551] na sequência das negociações sobre a orientação econômica a ser adotada pelo primeiro presidente civil em duas décadas.

A trilogia é muito mais do que uma viagem pela história de Celso Furtado. Tendo vivido e atuado em momentos decisivos da história do Brasil, viajado e refletido sobre o capitalismo em diálogo com os mais relevantes intelectuais no exterior, sua reflexão cobre um pedaço central da história mundial do pós-guerra e descreve os desafios e limites para a construção de um projeto de transformação da sociedade brasileira.

O autor parte da "fantasia organizada", dos tempos da Cepal, quando um grupo de técnicos formulou, por meio de estudos e de ferramentas de planejamento, um projeto de superação do subdesenvolvimento para a América Latina.

O projeto conduzido por meio de preceitos técnicos, contudo, precisou lidar com a realidade política, tal como descrito em "a fantasia desfeita" com sua narrativa singular. Realidade vivenciada por ele e vários outros personagens, enquanto esteve na linha de frente da concretização de uma ideia de desenvolvimento para o Brasil, atuando à frente da Sudene e do Ministério do Planejamento.

A resistência conservadora da sociedade brasileira se concretizou com o golpe militar de 1964 e, para Furtado, com a cassação de seus direitos políticos e o exílio. Restou ao economista "os ares do mundo", uma travessia do oceano para se encontrar como docente em Paris e, acima de tudo, para procurar as respostas sobre as impossibilidades de realização de um projeto de desenvolvimento na periferia do capitalismo. Não deixa de ser revelador que o primeiro título cogitado para esse livro fosse "Além da fantasia",[552] como se ele se reconciliasse

---

[551] Furtado (2019, p. 323. Anotação de 26 de maio de 1985).

[552] Arquivo IEB/USP. Código CF-CAD001-02. Nesse caderno de anotações, consta a estrutura provisória do livro então com cinco

com sua história e seu passado, cabendo-lhe o esforço crítico de assimilar as reviravoltas do Brasil e do mundo para que pudéssemos tirar lições do processo.

No plano histórico é possível percorrer com Celso Furtado o amadurecimento de suas ideias; conhecer os círculos políticos e intelectuais constituídos ao longo de sua vida; contextualizar a produção de seus livros e compreender as decisões políticas tomadas em sua trajetória. Um detalhado registro realizado por um participante privilegiado, na medida em que ocupara papel decisivo no campo da política nacional e no debate econômico mundial.

No plano de seu horizonte utópico, nas entrelinhas de sua narrativa, pode-se acompanhar sua concepção sobre a transformação dos países periféricos, motivada por anseios políticos. Nos anos 1950, como membro da Cepal, imaginava ter as ferramentas para a concretização do projeto de desenvolvimento nacional e via nas experiências dos países Europeus do pós-guerra, da sociedade de bem-estar do capitalismo ocidental durante a "Era de Ouro", uma espécie de horizonte para as economias subdesenvolvidas, desde que se alterasse a ordem internacional. Pois a superação do subdesenvolvimento aqui não se faria nos mesmos moldes do "desenvolvimento" lá de cima.

Na transição para os anos 1970, os desvios de rumo tomados pela experiência de países latino-americanos, com os golpes militares no Brasil, Argentina e Chile, exigiram que Furtado reavaliasse algumas de suas teses e projetos. No diálogo sobre a crise do projeto nacional-desenvolvimentista, sua produção passou a enfatizar crescentemente as variáveis políticas, as escolhas das elites nacionais e os aspectos culturais na definição dos modelos de crescimento dos países.

---

partes, com o título "Além da fantasia" e a data de 10 de agosto de 1989.

Apesar de perceber, com a ruptura de 1964, o estreitamento das condições de superação do subdesenvolvimento, não deixa de defender um projeto nacional de desenvolvimento, democrático, com justiça social e autonomia dos centros internos de decisão. Mas Furtado sabe que as transformações do capitalismo e do sistema centro-periferia trazem constrangimentos expressivos, se não houver uma aliança entre os países periféricos.

Por meio dos diálogos internacionais, especialmente a partir de seu retorno a Cambridge entre 1973 e 1974, um novo componente estrutural entra em seu radar. O relatório do Clube de Roma sobre "os limites do crescimento" indicava o caráter predatório sobre o meio ambiente do modelo de desenvolvimento perseguido pelos países a partir do pós-guerra e a inviabilidade de se reproduzir o *american way of life* em escala global. As evidências do relatório colocavam em questão o próprio modelo de desenvolvimento defendido pela geração de Furtado, que agora apontava de forma categórica a impossibilidade de sua generalização para os países periféricos. O próprio modelo da civilização industrial deveria ser repensado.

No início dos anos 1990, quando encerra sua trilogia autobiográfica, Celso Furtado já não é mais o jovem cepalino na liderança dos projetos de transformação das economias periféricas. Sua reflexão sobre as possibilidades de intervenção na realidade havia se alterado em virtude das transformações do capitalismo e de sua própria experiência de vida. Ele ocupa uma nova posição na sociedade brasileira, escrevendo para "as novas gerações" e para um público que transcende o campo restrito dos economistas – essa é a forma encontrada de atuar sobre o futuro. Vive a tensão entre uma voz de esperança, recorrendo à associação entre ideia e ação como decisiva para construir projetos estratégicos para o país, e uma análise crítica sobre a conjuntura, pois os desafios impostos à sociedade teriam se ampliado sobremaneira.

Dos últimos livros publicados por Celso Furtado em vida, três deles apresentam características bastante semelhantes. *O capitalismo global* (1998), *O longo amanhecer: reflexões sobre a formação do Brasil* (1999) e *Em busca de um novo modelo: reflexões sobre a crise contemporânea* (2002)[553] reúnem ensaios que tratam de temas como a inserção do Brasil no mundo globalizado e o debate do conceito de subdesenvolvimento em múltiplas dimensões, além de trazerem reflexões e balanços sobre sua trajetória intelectual e política.[554] Em contraste com os livros publicados nos anos 1980, que possuíam um caráter muito mais combativo e ofereciam projetos de intervenção imediata para a conjuntura econômica e política, os ensaios publicados na transição para o século XXI, propõem leituras mais panorâmicas sobre o capitalismo e sugestões de caminhos metodológicos e interpretativos às novas gerações de estudantes universitários e os movimentos sociais e políticos.

Sua trajetória, nesse sentido, ao articular teoria e prática, serve de estímulo para a formação dos jovens economistas e cientistas sociais. Nos textos de caráter mais biográfico desses livros, Celso Furtado retoma especialmente sua trajetória como economista da Cepal e personalidade pública em cargos como superintendente da Sudene e ministro extraordinário do Planejamento. Por meio de sua trajetória, demonstra o relevante papel do economista na formulação de políticas públicas e projetos de desenvolvimento, ao filtrar as teorias por meio da realidade concreta. Cabia aos economistas, portanto, a análise

---

[553] Os outros livros publicados no período foram: *Introdução ao desenvolvimento: enfoque histórico-estrutural* (2000, 2. ed. revista pelo autor); *Raízes do Subdesenvolvimento* (2001).

[554] D'Aguiar, Rosa Freire. Celso Furtado: um retrato intelectual. *Cadernos do Desenvolvimento*, Rio de Janeiro, v. 10, n. 17, jul.-dez. 2015, p. 127.

crítica capaz de superar formulações teóricas desenraizadas, deslocadas da realidade econômica e social.

Já presentes em suas obras décadas anteriores, os conselhos formulados diretamente para os jovens economistas estavam em *A pré-revolução brasileira* e *O mito do desenvolvimento econômico*, e agora voltavam com força em suas últimas obras. "Mensagem aos jovens economistas", publicado em *O longo amanhecer* de 1999, e "A responsabilidade do economista", publicado em *Em busca de novo modelo* de 2002, reforçam o elo necessário entre o pensamento e ação, estimulando a formação do economista que avalia os processos econômicos e suas estruturas em movimento, de forma casada com a realidade complexa da vida social e cultural.

Combinando "imaginação e coragem para arriscar na busca do incerto", os economistas precisariam ser heterodoxos,[555] pois "as heterodoxias, assim como as heresias, desempenham importante papel na história dos homens".[556] A heterodoxia necessária, nos anos 1950, para romper com os postulados hegemônicos da teoria do desenvolvimento e compreender a especificidade do subdesenvolvimento, por meio de uma nova chave interpretativa. Uma heterodoxia que teria permitido produzir a crítica à teoria das vantagens comparativas, criando a oportunidade para um projeto de industrialização das economias latino-americanas.

E, agora, no alvorecer do novo século, a heterodoxia capaz de questionar o crescente formalismo da economia e da glorificação dos métodos matemáticos, para lembrar o caráter

---

[555] Em sua defesa de heterodoxia, Furtado não se refere necessariamente aos "economistas heterodoxos", em oposição aos ortodoxos, já que o seu prisma não se confina ao campo da economia, mas das ciências humanas em geral. Trata-se mais de uma postura metodológica do que propriamente teórica.

[556] Furtado, Celso. *Em busca de novo modelo*. São Paulo: Paz e Terra, 2002. p. 80.

dessa ciência social. Uma heterodoxia que exigia o rompimento das decisões tomadas a partir de uma suposta superioridade do discurso científico da teoria econômica, trazendo-a de volta ao campo da economia política. A racionalidade econômica dos interesses econômicos do "livre mercado" deveria ser substituída pela racionalidade substantiva, voltada às necessidades básicas do conjunto da sociedade, desde que respeitados os limites ambientais do planeta.

Para um texto redigido na conjuntura dos anos 1990, a defesa das ideias heterodoxas era especialmente relevante, considerando a implementação das reformas neoliberais guiadas pelo receituário da Nova Economia Institucional que alicerçava os manuais do Banco Mundial e do Fundo Monetário Internacional. Furtado compreendia a globalização como o aprofundamento do poder das transnacionais, processo acompanhado de conquistas tecnológicas disseminadas via padrões de consumo, mas que também produzia uma redefinição da estrutura produtiva mundial, ao enfraquecer os contrapesos antes existentes dos movimentos sociais e sindicais nacionais frente ao poder de um capital cada vez mais flexível, internacionalizado e concentrado.

A concentração de poder teria se imposto como o processo dominante, restringindo a governabilidade dos sistemas políticos.[557] A nova conformação do capitalismo, que enfraquecia o Estado de bem-estar social nos países desenvolvidos, ampliava a vulnerabilidade e a crise econômica e social dos países periféricos. Por isso, afirma Furtado: "O Brasil atravessa uma fase histórica de desilusão e ansiedade".[558]

No texto "Os caminhos para a reconstrução", publicado em *O longo amanhecer,* Celso Furtado não deixa de sugerir

---

[557] Furtado (2002, p. 50).
[558] Furtado (2002, p. 27).

quais deveriam ser as prioridades a serem enfrentadas.[559] No plano social, assim como já advertira em 1992, o país deveria combater a fome e a pobreza, revertendo a concentração da renda e do patrimônio. No centro do projeto de transformação social, continua seguindo as ideias de Amartya Sen, ao defender a habilitação, isto é, a garantia de acesso à moradia e à terra para a população, cuja solução para a má alocação das propriedades não seria encontrada nos mecanismos de mercado. No livro de 1998, ele caracteriza o Movimento dos Trabalhadores Rurais Sem Terra (MST) "como a única força social com capacidade de mobilização", antevendo a possibilidade de transformação dos assentamentos em "cooperativas de várias ordens", dotadas de poder negociador para "enfrentar as poderosas organizações comerciais".[560]

Numa segunda frente, Furtado defende o investimento no fator humano, para elevação da cultura de massa da população e para a ampliação da oferta de quadros técnicos. Temática ignorada pelos críticos do economista, a preocupação com a educação da população é parte do projeto nacional, condição decisiva para reduzir as disparidades científicas e tecnológicas, para elevar produtividade da economia e, especialmente, para ampliar as bases sociais da nossa limitada democracia.

A concentração de riqueza e poder era, portanto, consequência também da elevada disparidade na formação e na educação da população brasileira, resultando em ampla miséria de parte da sociedade e no hiperconsumo de poucos, os quais acumulavam os diplomas de ensino superior.

Finalmente, a terceira frente de ação exige uma reinserção qualificada e soberana na economia internacional. Nos anos 1990, a abertura econômica conduzia Furtado de volta às

---

[559] Furtado (1999, p. 32).
[560] Furtado, Celso. *O capitalismo global*. São Paulo: Paz e Terra, 1998, p. 78-79.

batalhas cepalinas de meados do século XX, quando foi preciso superar o padrão de inserção de uma economia agrário-exportadora. Corríamos o risco agora de abrir um de nossos principais ativos, o mercado interno, para o consumo indiscriminado de tecnologias de vanguarda.

Para alcançar esses três objetivos, o Estado nacional continuava como o "instrumento privilegiado para enfrentar problemas estruturais", guiando a sociedade para um projeto autônomo que pudesse priorizar o bem-estar social. Deixar o crescimento econômico sujeito às regras do mercado e aos interesses das transnacionais significava ampliar a concentração da renda e as desigualdades sociais.[561]

Esse projeto nacional de desenvolvimento não ocorreria distante da sociedade, e tampouco as formas de atuação do Estado seriam as mesmas do passado. Em seu entender, tratava-se de estimular a criatividade e a independência cultural em todas as esferas da ação coletiva. Em *O longo amanhecer* e *Em busca de novo modelo*, a temática cultural volta a ser tratada em perspectiva bastante abrangente, em especial nos artigos "Formação cultural do Brasil" e "As duas vertentes da civilização industrial".[562]

Afinal, a dificuldade de formulação de um projeto nacional resultava da fratura cultural da sociedade: enquanto a elite se conectava ao padrão cultural europeu e estadunidense, por meio da modernização de seu padrão de consumo; o povo e a cultura popular, encarados de forma pejorativa, transformavam-se, para essas elites, nos representantes do atraso.

Para Furtado, a valorização da cultura popular, em contato com segmentos das classes médias, mostra-se estratégica para uma consciência crítica da sociedade capaz de romper com o mimetismo cultural estrangeiro. A própria concepção de desenvolvimento

---

[561] Furtado (1999, p. 39).
[562] Furtado (1999, p. 57-67) e (2002, p. 53-68).

nacional passa a se nutrir dessa perspectiva. Em sua conclusão: "Ter ou não acesso à criatividade, eis a questão".[563]

Os ensaios publicados por Celso Furtado em seus últimos anos de vida não indicam uma perda de vigor da análise do economista. Pelo contrário. Se suas palavras recuperavam na essência os argumentos defendidos por décadas na defesa de um projeto de desenvolvimento nacional, a nova conjuntura tornou as ideias do economista mais radicais. Eis a síntese de suas reflexões: "podemos afirmar que o Brasil só sobreviverá como nação se se transformar numa sociedade mais justa e preservar sua independência política. Assim, o sonho de construir um país capaz de influir no destino da humanidade não se terá desvanecido."[564]

Reconhecimento e legado

Na sua última década de vida, Celso Furtado obtém o reconhecimento por sua trajetória intelectual e atuação pública, sendo coroado com prêmios e títulos. Ainda que o Brasil estivesse vivenciando o contexto de reformas neoliberais e de descrença das políticas desenvolvimentistas no debate público, Furtado permanecia no cânone do pensamento econômico nacional.[565]

---

[563] Furtado (1999, p. 67).

[564] Furtado (2002, p. 43).

[565] Luiz Felipe Bruzzi Curi defende que a desde os anos 1980, com obras como as de Guido Mantega, *Economia política brasileira*, e de Ricardo Bielschowsky, *Pensamento econômico brasileiro*, já teriam colocado Furtado como pioneiro da história do pensamento econômico nacional, ainda que no contexto o nacional desenvolvimentismo como projeto social já estivesse esgotado (Curi, Luiz Felipe Bruzzi. Planejamento, industrialização e desenvolvimento na história do pensamento econômico brasileiro: notas preliminares. *In*: Cosentino, Daniel do Val; Gambi, Thiago (orgs.). *História do pensamento econômico*: pensamento econômico brasileiro. São Paulo: Hucitec, 2019).

Se, por um lado, ele era questionado por uma nova geração de economistas que ascendiam ao poder e pretendiam liquidar com as "heranças varguistas"; por outro lado, sua incansável reflexão sobre a contemporaneidade servia de referência para os segmentos sociais e políticos preocupados com a construção de "outro mundo possível". Para esse público mais amplo, falava não somente o economista.

A assimilação do pensamento de Celso Furtado ocorre em diferentes dimensões. Na academia, como vimos, *Formação econômica do Brasil* resultara em teses e trabalhos monográficos produzidos nas décadas de 1970 e 1980. Agora, a partir dos anos 1990 e, mais especialmente nos anos 2000, Celso Furtado em si – sua obra como um todo e sua trajetória – tornou-se objeto de inúmeras pesquisas. Com os estudos voltados para dissecar suas obras menos conhecidas e para avaliar a atuação política da personagem, novos "Furtados" foram descobertos, valorizando contribuições até então despercebidas, e provenientes dos mais variados campos – do direito, das ciências sociais, da cultura, das relações internacionais, e não mais restritas à história e à economia.[566]

Ainda no meio universitário, Furtado se tornou doutor honoris causa de diversas instituições: da Universidade Técnica de Lisboa, em 1987; da Unicamp, em 1990; da Universidade de Brasília (UNB), em 1991; da Universidade Federal do Rio Grande do Sul (UFRGS), em 1994; da Universidade Federal da Paraíba (UFPB), em 1996; da Universidade Pierre Mendès-France, em 1996; da Universidade Estadual do Ceará (UECE), em 2001; e da Universidade Estadual de São Paulo (Unesp) e da Universidade Federal do Rio de Janeiro (UFRJ), ambos em 2002.

Para as universidades brasileiras, esse reconhecimento era uma espécie de reparação histórica ao intelectual que, por

---

[566] Cf. Saes, Manzatto e Souza (2015).

causa do exílio, construiu sua carreira acadêmica inteiramente no exterior devido a seu afastamento forçado do país. Afinal, Furtado manteve seu vínculo mais duradouro como professor em Paris por praticamente duas décadas. No exterior também percorreu como pesquisador e professor visitante universidades europeias e estadunidenses. O único vínculo mais extenso com uma universidade brasileira foi seu curso de "Economia do desenvolvimento", ministrado na PUC-SP, em 1975.[567]

Em 1997, por outro lado, foi eleito membro da Academia Brasileira de Letras (ABL) na cadeira 11, sucedendo a Darcy Ribeiro, e, em 2003, passou a integrar a Academia Brasileira de Ciências. Ocupar a vaga de Darcy na ABL significava renovar na academia um "imortal" com ampla, pioneira e influente produção bibliográfica em que análise e ação se mostravam indissociáveis.

Fosse pela antropologia de Darcy, fosse pela economia de Celso, as obras dos dois intelectuais traziam poderosas interpretações sobre o Brasil, no sentido de não se contentarem com os diagnósticos, pois se propunham também a reinventar o país. Dois intérpretes que não somente pensaram o país, mas também estiveram na linha de frente de sua construção. Como destacou Furtado em seu discurso de posse à ABL: "É de particular significação o fato de que Darcy haja coroado sua fecunda atividade com uma obra admirável de legislador no campo da educação. Tudo o que ele realizou tem, com efeito, a marca do Mestre, preocupado em abrir caminhos construtivos às novas gerações deste País ainda em formação".[568]

---

[567] O curso foi publicado como: Celso Furtado. *Economia do desenvolvimento*. Rio de Janeiro: CICEF; Contraponto, 2009 (Arquivos Celso Furtado, v. 2).

[568] Discurso de posse de Celso Furtado como oitavo ocupante da Cadeira 11, eleito em 7 de agosto de 1997, em sucessão a Darcy Ribeiro e recebido pelo Acadêmico Eduardo Portella em 31 de outubro de

Furtado imprimiu sua marca no país em formação em várias searas. No campo da economia e das relações internacionais com a Cepal, no planejamento regional com a Sudene, nas suas reflexões sobre a cultura brasileira e, especialmente, por meio da liderança na construção de um projeto nacional de desenvolvimento.

Um cidadão com espírito público, como reconhecia Eduardo Portela no discurso de recepção do economista à ABL, em 31 de outubro de 1997: "A Academia Brasileira de Letras recebe hoje parte substancial da construção brasileira contemporânea. Recebe Celso Furtado. E com ele, e nele, recebe o intelectual enraizado, nem messiânico, nem profético, mas tão-somente, e sobretudo, o servidor público, o cidadão alistado, mobilizado segundo as vicissitudes e as exigências da nossa modernidade insubmissa".[569]

Furtado termina seu discurso de posse reiterando as desconfianças sobre a sorte do país, mas sempre acreditando na capacidade dos cidadãos, por meio da ação coletiva, para formular saídas aos impasses contemporâneos:

> Em síntese, as ameaças criadas pelos avanços das técnicas puseram os homens diante da disjuntiva de ter de enfrentar os riscos de autodestruir-se ou de partir para a construção de um mundo solidário. Darcy Ribeiro chegara à conclusão idêntica observando as grandes disparidades de culturas, raças e heranças históricas que constituíram o magma formativo do povo brasileiro. Nosso povo deverá escolher entre mergulhar no tribalismo ou encetar a modelagem de uma nova civilização caldeando valores díspares. Se prevalece o

---

1997. Discurso disponível no site da Academia Brasileira de Letras: https://tinyurl.com/4m9afr63. Acesso em: 18 out. 2024.

[569] Discurso de recepção de Celso Furtado à ABL por Eduardo Portella em 31 de outubro de 1997. Disponível em: https://tinyurl.com/4m9afr63. Acesso em: 18 out. 2024.

tribalismo, está ameaçada a sobrevivência do Brasil como ator histórico.[570]

Por "tribalismo", ele entende a ação provinciana e parasitária de grupos de interesses inacessíveis a um projeto republicano, democrático e soberano.

Sua atuação na ABL foi marcada pela reflexão sobre o país, tendo produzido textos sobre importantes personagens da cultura brasileira, tais como Rui Barbosa, Machado de Assis e Euclides da Cunha. Machado de Assis, por exemplo, é por ele caracterizado como um observador "sem horizonte utópico" e com "amargo ceticismo", que ressaltou a tensão entre o imobilismo social da sociedade escravista e a frágil noção de progresso que se projetava à sociedade brasileira nas décadas finais do século XIX.[571]

Sobre Euclides da Cunha, em entrevista de 2002, Furtado refere-se a *Os sertões* como o livro que havia escancarado a "miopia ideológica das elites" e as "contradições da nossa formação histórica". Graças ao "gênio intuitivo" do escritor, a mensagem que ficou foi a do "crime cometido". Permite revelar não só "o Brasil como um mundo em construção", mas também "as resistências à mudança".[572]

Entre os economistas o reconhecimento também se revelou expressivo. Liderado por pares latino-americanos e

---

[570] Discurso de posse de Celso Furtado como oitavo ocupante da Cadeira 11, eleito em 7 de agosto de 1997, em sucessão a Darcy Ribeiro e recebido pelo Acadêmico Eduardo Portella em 31 de outubro de 1997. Disponível em: https://tinyurl.com/4m9afr63. Acesso em: 18 out. 2024.

[571] Furtado (1999, p. 108-109).

[572] Furtado, Celso. Entrevista a Antonio Fernando de Franceschi (2002). *In*: *Cadernos de Literatura Brasileira: Euclides da Cunha*. São Paulo: Instituto Moreira Salles, 2002. p. 119-120, 123.

personalidades do mundo, o nome de Celso Furtado foi encaminhado para o Comitê do Prêmio Nobel de Economia, em Estocolmo, no ano de 2003. Ainda que o prêmio não tenha se efetivado, foi o primeiro brasileiro a receber essa indicação.

Como pioneiro no debate do desenvolvimento, Furtado se tornaria um dos principais formuladores do método histórico-estrutural, a partir do qual elaborou várias interpretações, para além de *Formação econômica do Brasil*, procurando acompanhar o movimento casado do sistema internacional e das estruturas econômicas e sociais do Brasil e da periferia. Como se não bastasse, introduziu a reflexão econômica no debate público e acadêmico brasileiro entre as décadas de 1950 e 1960, tendo pautado o debate econômico brasileiro ao longo de toda segunda metade do século XX.

Em 2004, meses antes de seu falecimento, na sessão inaugural da UNCTAD-XI, na cidade de São Paulo, Celso Furtado recebeu uma homenagem do secretário-geral da instituição, o embaixador Rubens Ricupero, e do secretário-geral da ONU, Kofi Annan, por sua contribuição ao pensamento econômico e à reflexão sobre o desenvolvimento. Na mesma sessão de abertura do evento, o então presidente Luiz Inácio Lula da Silva discursou defendendo a constituição de um centro internacional com o nome de Celso Furtado para discutir políticas de desenvolvimento e funcionar como centro "irradiador de projetos e políticas inovadoras no combate à fome, à pobreza e aos gargalos do desenvolvimento".[573]

No ano seguinte, as atividades do Centro Internacional Celso Furtado tiveram início, com a promoção de cursos, seminários e debates sobre os grandes temas da economia brasileira.

---

[573] Discurso do Presidente Luiz Inácio Lula da Silva na sessão de abertura da XI UNCTAD, Conferência das Nações Unidas para o Comércio e Desenvolvimento, realizada em São Paulo, em 14 de junho de 2004.

Eram os primeiros anos do Governo Lula e de sua agenda de crescimento com redução da desigualdade. Com a política de valorização do salário mínimo, o Programa Bolsa Família, a expansão das políticas sociais e a redução das desigualdades de acesso ao sistema universitário o então desacreditado "desenvolvimento" voltava ao debate público. Não obstante as disputas entre o "social-desenvolvimentismo" e "novo-desenvolvimentismo", as ideias de Celso Furtado voltavam a assumir protagonismo no debate nacional.

Tratava-se de um retorno da ideia de projeto nacional de desenvolvimento, como o próprio Furtado não deixava dúvidas em sua carta de agradecimento ao presidente Lula no contexto de criação do centro: "É importante que o Brasil assuma a liderança nessa confrontação entre economias desenvolvidas e subdesenvolvidas. Sendo o país dotado do maior potencial de desenvolvimento, é inevitável que contra ele se formem as maiores coligações de forças que defendem a suposta ordem mundial da atualidade".[574] De fato, o país passa a assumir um maior protagonismo na cena internacional, embora a discussão sobre a existência ou não de um projeto de desenvolvimento nos anos Lula e Dilma mantém-se em aberto, podendo inclusive ser realizada por meio do arsenal metodológico e teórico do mestre.

Se a produção de Celso Furtado chegava ao fim, com seu falecimento em 20 de novembro de 2004, suas ideias voltavam com força renovada. No plano acadêmico, os trabalhos e publicações sobre Furtado se multiplicam.[575] A partir do Centro

---

[574] Carta de Celso Furtado ao Presidente Lula em 5 de julho de 2004. *In*: Manifesto de Lançamento do Centro Internacional Celso Furtado de Políticas para o Desenvolvimento. Conferência de Helsinque, Finlândia, de 7 a 9 de setembro de 2005.

[575] Adicionalmente, vale destacar um conjunto de obras organizadas em torno das ideias e da trajetória do autor: Gaudêncio e Formiga (1995); Tavares (2000); Bresser-Pereira (2002); Alencar Júnior

Internacional Celso Furtado, os projetos editoriais coordenados por Rosa Freire d'Aguiar, como os Arquivos Celso Furtado – *Ensaios sobre a Venezuela*; *Economia do desenvolvimento*; *O Nordeste e a saga da Sudene*; *O Plano Trienal e o Ministério do Planejamento*; *Ensaios sobre cultura e o Ministério da Cultura*; *Anos de formação 1938-1948* – disseminaram textos inéditos do economista. O Centro Internacional, por sua vez, com a revista *Cadernos do Desenvolvimento*, a série Memórias do Desenvolvimento e a coleção Pensamento Crítico, permitiu a realização de estudos que dialogam com as ideias de Celso Furtado e as trazem para o contexto contemporâneo.

No campo da política, por outro lado, conforme a análise de Ricardo Bielschowsky, tanto os documentos de campanha do Partido dos Trabalhadores (1994 e 2002) como os Planos Plurianuais dos governos de Lula (2003 e 2007) estariam alicerçados na defesa do aumento da renda das classes mais pobres, determinantes para a elevação da demanda de bens e serviços e do crescimento da economia.[576] Uma velha lição, reiterada em tantas obras de Furtado, como nos ensaios publicados em *O longo amanhecer* de 1999 – "A busca de um novo horizonte utópico" e "Os caminhos da reconstrução" – em que o dinamismo do mercado interno pelo consumo dos grupos de baixa renda era condição para a superação do subdesenvolvimento.[577]

(2005); Saboia *et al.* (2007); Vidal e Guillén Romo (2007); Lima e David (2008); Corsi e Camargo (2010); D'Aguiar (2013); Bolaño (2015); Quintela *et al.* (2020); Sousa *et al.* (2020); e, ainda, somente sobre sua obra clássica, *Formação econômica do Brasil*: Araújo *et al.* (2009); Coelho e Granziera (2009); Saes e Barbosa (2021).

[576] Bielschowsky (2020).

[577] Para a discussão da incorporação das ideias de Furtado nos governos do PT, cf. Saes, Alexandre Macchione; Soares, José Alex R. Ideias e método de Celso Furtado para pensar o século XXI. *História Econômica & História de Empresas*, v. 24, n. 1, p. 216-247, 5 mar. 2021.

Um modelo de crescimento com redistribuição de renda que dependia, acima de tudo, da vontade política.

Por outro lado, em vários aspectos, os governos do PT ficaram aquém da perspectiva furtadiana. É importante ressaltar que, para o nosso autor, a expansão do mercado interno deveria vir acompanhada de reformas profundas – na estrutura tributária e da propriedade, por exemplo, para reduzir as disparidades sociais – e de uma alteração no padrão de inserção do país na nova divisão internacional do trabalho.[578] Apesar da melhora das condições de vida da população, a economia brasileira ampliou em quase todas as dimensões sua dependência externa, enquanto o subdesenvolvimento e a heterogeneidade estrutural mudaram de forma.

---

[578] Barbosa (2021, p. 427-429).

CONCLUSÃO

50 anos de produção intelectual: um método e várias interpretações

> *O formidável trabalho de engenharia social realizado no século XX fundou-se em doutrinas diretamente derivadas das experiências revolucionárias dos dois séculos anteriores [...]. Após a engenharia social - um sonho de Prometeu que terminou em pesadelo - por que caminho tenderão avançar os homens em sua busca perene de felicidade?*
> Celso Furtado, 2014 [1991], p. 622.[579]

Ao longo de aproximadamente meio século de produção intelectual, com a publicação de mais de trinta livros, tendo assumido posições de relevância na academia em órgãos internacionais e em cargos políticos, Celso Furtado se tornou um dos mais destacados e reconhecidos intelectuais brasileiros. Obras como *Formação econômica do Brasil*, *Desenvolvimento e subdesenvolvimento* e *O mito do desenvolvimento econômico* foram grandes sucessos editoriais, listados entre os mais vendidos no Brasil em sua época e com traduções em quase uma dezena de línguas.

Esses e tantos outros livros trouxeram novas formas de ver o Brasil e o mundo por meio de interpretações ancoradas em seu momento histórico. Ele não estava "à frente do seu tempo", mas captava o movimento do real, procurando orientar o sentido da ação social.

---

[579] Furtado (2014, p. 622).

Partindo das lentes da economia política, Celso Furtado formulou interpretações sobre as estruturais econômicas e sociais do país na longa duração e sobre as transformações do capitalismo em escala internacional. Seu método lhe permitiu realizar a síntese entre a especificidade histórica e a teoria econômica; entre a dinâmica local e as transformações do sistema centro-periferia; entre os determinantes políticos e sociais e as variáveis econômicas.

No âmbito das interpretações do Brasil, Furtado merece figurar no panteão dos demiurgos do Brasil. Para Chico de Oliveira, nosso autor teria ido além da tríade dos intérpretes clássicos – Gilberto Freyre, Sérgio Buarque de Holanda e Caio Prado Jr. –, no sentido de que sua obra não somente explicava e construía o país do passado.

Escrevendo durante o Brasil desenvolvimentista, o economista escrevia e disputava o Brasil de sua geração. Por isso, "nenhuma obra teve a importância ideológica de *Formação econômica do Brasil* em nossa recente história social".[580] Isso se deve também à fusão entre a obra e seu tempo. Segundo Luiz Felipe Alencastro, para os intérpretes dos anos 1930, "a irrealização do presente dificultava a incorporação do passado na perspectiva do futuro".[581] Na obra de Furtado de antes do golpe de 1964, o presente indica a potencialidade de um projeto coletivo nacional, capaz de superar as estruturas do passado, inaugurando novas perspectivas de futuro.

De fato, em *Formação econômica do Brasil*, nosso autor formula uma densa interpretação do Brasil, ao oferecer uma síntese profunda e pedagógica do passado – pois traz seu leitor-agente

---

[580] Oliveira (2003, p. 19).

[581] Alencastro, Luiz Felipe. Introdução. *In*: Furtado, Celso. *Formação econômica do Brasil*: edição comemorativa 50 anos. Organização de Rosa Freire d'Aguiar Furtado. São Paulo: Companhia das Letras, 2009. p. 24.

histórico em potencial consigo ao longo de toda a obra –, ao mesmo tempo que capta as angústias e desafios presentes em sua geração. De quebra, sobressai ao longo do texto um horizonte utópico bastante concreto para disputar o futuro.

Realizava, assim, o movimento analítico de seus predecessores, unindo os aspectos típicos da sociedade brasileira às leituras universais do pensamento social internacional. Se Gilberto Freyre estabeleceu seu diálogo com a antropologia americana, Sérgio Buarque de Holanda com a sociologia weberiana, e Caio Prado Jr. com o marxismo, Celso Furtado introduziu ao público brasileiro conceitos econômicos por meio das categorias cepalinas e dos instrumentos analíticos keynesianos, processados a partir de seu método histórico-estrutural.

Outras referências faziam parte da bagagem do intelectual que captou os "ares do mundo" na década de 1940, a partir de sua experiência na Segunda Guerra Mundial e no doutorado em Paris, quando teve acesso a importantes autores das ciências sociais e da história. Paralelamente, o Rio de Janeiro na década de 1950 era, em si, um local privilegiado para o embate entre ideias econômicas. A cidade era a porta de entrada das ideias internacionais e o centro intelectual do país. O "cosmopolitismo" no campo da ciência econômica daquela geração chegava por meio da liderança de Eugenio Gudin, Octavio Gouveia de Bulhões e, mais adiante, de Roberto Campos, nos seminários organizados na FGV, contando com a presença dos principais nomes estrangeiros participantes dos debates em torno da economia do desenvolvimento. Na esfera governamental, por outro lado, as comissões de trabalho entre técnicos americanos e brasileiros, como as Missões Cooke (1942), Missão Abbink (1948) e Comissão Mista Brasil Estados Unidos (1951), também funcionavam como instrumentos de difusão das técnicas e teses econômicas produzidas especialmente nos Estados Unidos.

Aqui também Furtado se destacou ao compor o próprio *front* de batalha, apoiando-se na Cepal e estabelecendo alianças com os técnicos da Assessoria Econômica de Vargas como Rômulo Almeida e Ignácio Rangel e os intelectuais do ISEB. É quando lidera a criação do Clube dos Economistas, em 1955, de nítida orientação nacionalista. Mesmo quando trabalhava no Chile, jamais se distanciou da cena política brasileira, procurando criar diques contra o pensamento ortodoxo e liberal no país.

Adicionalmente, traçava outro percurso para disseminar o conhecimento econômico. A introdução que fazia ao público brasileiro desse debate não ocorria por meio de um transporte direto das categorias e dos modelos econômicos produzidos no exterior. Se os economistas como Gudin, Bulhões e Campos estabeleciam uma ligação quase direta entre a teoria econômica e as proposições de política econômica, Celso Furtado, por meio de duas matrizes de sua formação – a história social dos Annales e o estruturalismo latino-americano –, nunca deixou de mediar os aspectos universais da teoria com as especificidades da sociedade brasileira e dos países subdesenvolvidos.

Ao refutar o hermetismo da teoria neoclássica, o economista brasileiro – que dispunha de um trânsito internacional de causar inveja aos seus oponentes locais – adquiriu um olhar mais amplo, arejado e complexo para compreender os sentidos da periferia na dinâmica da economia mundial. Furtado passaria, ao longo dos anos 1950, a dispor de um arcabouço analítico próprio, em diálogo com várias das teorias existentes, e concebido a partir de uma chave interdisciplinar e não exclusivamente econômica.[582]

Numa primeira fase, como economista da Cepal, sua contribuição se situa no campo da economia do desenvolvimento, como uma das principais vozes do estruturalismo latino-americano. Por meio do contraste, ofereceu uma perspectiva bastante original sobre a dinâmica do capitalismo.

---

[582] Cf. Saes e Soares (2021, p. 216-247).

Ao questionar os modelos de comércio internacional, as teorias convencionais de crescimento econômico e a noção de estágios de desenvolvimento, indicava o caráter particular da inserção internacional dos países periféricos na economia capitalista, apontando, a partir de então, as tendências e as contradições estruturais internas desses países. Foi por meio da investigação das especificidades da realidade latino-americana, dentro do amplo quadro da economia internacional, que as proposições cepalinas encontrariam espaço na história do pensamento econômico.

Proposições quase revolucionárias em face das leituras conservadoras e colonizadas então existentes, trazendo novos diagnósticos e a promoção de políticas públicas alternativas para a região. Ao produzir uma ruptura no pensamento econômico nos anos 1950, a Cepal de Prebisch e Furtado foi responsável por um novo repertório analítico: em contraposição à teoria das vantagens comparativas, surgia a tese da deterioração dos termos de intercâmbio; como negação às teses liberais do mercado como regulador social, vinha o planejamento e a intervenção do Estado, indo além das teses keynesianas de políticas anticíclicas; como oposição às teses monetaristas, aparecia a análise da inflação estrutural; e, finalmente, como contestação à noção de estágios de desenvolvimento, o estruturalismo apresentava a economia mundial como um sistema de relações econômicas e de poder desiguais entre nações.

Diferentemente de boa parte do pensamento econômico supostamente "universal", cujas "teorias" haviam se transformado em doutrinas sem base científica para fins de exportação, o estruturalismo latino-americano se aproxima mais de um arcabouço analítico. Nesse sentido, Furtado parte de um método histórico-indutivo que procura avançar no sentido de generalizações capazes de captar as regularidades da dinâmica econômica e social. Em suma, como argumenta Ricardo Bielschowsky, não há rigidez nos esquemas de análise, mas acomodação da evolução, sem perda de coerência na utilização do método.[583]

Assim, se o estruturalismo latino-americano produziu a mais potente leitura sobre a realidade econômica da região, seu vigor deve ser atribuído em grande medida ao "enfoque analítico próprio",[584] que permite integrar análise, generalização e recomendação de política. As formulações pioneiras do "manifesto latino-americano" de Raúl Prebisch, tanto quanto os desdobramentos posteriores apresentados por Celso Furtado – que desempenharia papel decisivo ao dar concretude histórica a tal enfoque, por meio do método histórico-estrutural operacionalizado ao longo de sua obra –, e por tantos outros autores da instituição, pautariam a ampla agenda sobre o desenvolvimento periférico dos anos 1950.[585]

Portanto, quando ascende ao centro da política nacional como superintendente da Sudene e, mais adiante, como ministro extraordinário do Planejamento, Celso Furtado renova suas críticas aos limites da teoria econômica neoclássica. Sem modelos que compreendessem a especificidade histórica e as estruturas econômicas do país, não seria possível construir políticas adequadas para enfrentar suas prioridades.

Em *A pré-revolução brasileira* (1962), mediante dois artigos, "Da objetividade do economista" e "A formação do economista em país subdesenvolvido", Celso Furtado chama atenção para as particularidades da ciência econômica e para o ofício do economista, especialmente daqueles situados nos países subdesenvolvidos. Não acreditando em uma ciência econômica pura, independente de julgamentos de valor e de princípios básicos de convivência social, Furtado ressalta mais uma vez a irracionalidade de aceitar como "universais"

---

[583] Bielschowsky (2000, p. 21).
[584] Bielschowsky (2000, p. 16).
[585] Fonseca (2021, p. 227).

as teorias formuladas para realidades delimitadas no tempo e no espaço.

Para Furtado, os economistas que dispõem de sólida base metodológica e se dedicam à análise objetiva do real são por natureza heterodoxos – no sentido de que a imaginação opera como ferramenta importante de trabalho e a consciência crítica assegura a independência de pensamento.[586]

Ora, a tarefa de captar o essencial da realidade era especialmente difícil em face da grande complexidade e diversidade das realidades econômicas e sociais, das interações entre os agentes, da dimensão histórica e política das escolhas individuais e/ou coletivas. Mas como toda ciência, a economia não poderia deixar de construir seus esquemas conceituais. Furtado então afirma: "torna-se indispensável destacar ou abstrair aquilo que a realidade econômica tem de mais permanente, ou que nela é mais representativo. Observar o mundo real é, para o economista, de alguma forma, saber esquematizá-lo ou simplificá-lo".[587]

Tarefa especialmente complexa para os estudantes de Economia de países subdesenvolvidos, como ele admite, pois a teoria assimilada na periferia se baseava nas observações captadas em outras realidades econômicas. Em suma, fosse por modelos demasiadamente esquemáticos, fosse pela incapacidade de diferenciar estruturas econômicas com características distintas (inserção no mercado internacional, perfil da estrutura produtiva, dinâmica do mercado de trabalho, capacidade de atuação do Estado, concentração da propriedade fundiária, entre outros fatores), a teoria econômica perdia sua capacidade de atuar em diferentes realidades, inclusive por desconsiderar os fatores não econômicos.

Com o golpe de 1964 e o exílio, Celso Furtado inicia uma nova fase de reflexão, significativamente mais crítica, ao

---

[586] Furtado (1962, p. 82).
[587] Furtado (1962, p. 94-95).

questionar a capacidade da industrialização para garantir a superação do subdesenvolvimento, assim como o projeto político do regime militar. No processo de revisão de sua própria trajetória, quando reconhece a derrota do projeto de desenvolvimento nacional na região, Furtado acaba fornecendo (ao menos) duas novas contribuições: a primeira, ao aprofundar sua crítica aos limites da ciência econômica, levaria a uma sistematização de sua ideia de economia política; a segunda traria o rompimento definitivo das fronteiras do campo econômico, por meio da ampliação dos diálogos interdisciplinares e da descoberta de novos temas e problemas de pesquisa.

Conforme sua concepção, um economista preocupado com os problemas do desenvolvimento e com a necessidade de uma crescente homogeneização social, não poderia prescindir de uma percepção da complexidade do mundo real, das distintas realidades empíricas. Especialmente a partir da segunda metade dos anos 1970, Furtado manifestaria profunda insatisfação com os rumos da ciência econômica, voltada à microfundamentação da macroeconomia e às análises instrumentais desprovidas de nexo histórico, distantes da realidade objetiva e de sua finalidade como ciência social.[588]

Em "Objetividade e ilusionismo em economia", publicado em *O mito do desenvolvimento econômico*, ele manifesta descrença com a ideia de progresso como propalada pela economia do desenvolvimento, tal como produzida nos países centrais.[589] Furtado explicita, no curto texto que fecha o livro, que a objetividade das ciências sociais somente será formulada a partir da explicitação dos fins e da identificação dos meios para alcançar esses fins. "O progresso dessas ciências não é

---

[588] Cf. Furtado (1978, p. 18).

[589] Cf. Bianconi, Renata; Saes, Alexandre. Apresentação do artigo "Objetividade e ilusionismo em economia". *História Econômica & História de Empresas*, v. 24, n. 1, 2021.

independente do avanço do homem em sua capacidade de autocrítica e autoafirmação. Não é de surpreender, portanto, que essas ciências se degradem quando declinam o exercício de autocrítica e a consciência de responsabilidade social."[590]

O questionamento dos mitos da teoria econômica, não significava, todavia, o abandono de seu método e de seus conceitos. O confronto das abstrações, dos esquemas e conceitos com a realidade concreta deveria permitir sua revisão e substituição quando necessário. É o que ele faz, exercitando sua capacidade de autocrítica.

Furtado questionava a aplicação crescente dos métodos baseados na Física, cujos parâmetros de análise se tornavam fixos no tempo e no espaço. Sendo uma ciência social, a Economia não poderia ser tratada por meio de variáveis fixas, como nas ciências dos fenômenos naturais, as quais inclusive se utilizavam cada vez mais de modelos dinâmicos. O sistema econômico deveria ser tratado como produto de fatores sociais, das decisões políticas e de suas projeções no tempo.[591]

Se até então não havia explicitado seu método de forma pormenorizada, na preparação de uma nova edição de *Teoria do desenvolvimento econômico*, publicada em 1971, Celso Furtado apresenta um anexo metodológico com relevante proposta de aprimoramento da análise econômica. Voltaria adiante a esse esforço de reflexão metodológica em *Prefácio a nova economia política* e *Introdução ao desenvolvimento: enfoque histórico-estrutural*. Agora, ele está mais próximo de uma "antropologia filosófica", como indicado na apresentação desse último livro.

Pedro Fonseca argumenta que a tensão existente entre os modelos hipotético-dedutivos típicos da teoria econômica e a "dinamização dos parâmetros" desses modelos, como forma de captar as especificidades históricas e regionais, exigiu que

---

[590] Furtado (1974, p. 118-119).
[591] Furtado (1974, p. 112).

Celso Furtado produzisse uma ruptura com a matriz da teoria econômica neoclássica para inserir a noção de tempo em sua análise. Recusando-se a simplificar a explicação da realidade, ao promover o transplante da análise sincrônica para o eixo diacrônico, seu método empreende um exame dialético, deixando de tratar os fenômenos como variáveis fixas no tempo e espaço. Essa "dinamização dos parâmetros", como afirma Fonseca, exige a incorporação de várias dimensões da vida coletiva, para além das econômicas.[592] O movimento do conjunto é dado pela dinâmica das estruturas em mudança, ativadas pelos centros de decisão.

Por isso, o estruturalismo "econômico" latino-americano não deve ser comparado com o estruturalismo francês, "cuja orientação geral tem sido privilegiar o eixo das sincronias na análise social e estabelecer uma sintaxe das disparidades nas organizações sociais". A escola estruturalista latino-americana, para Furtado, evidencia a centralidade dos parâmetros não econômicos para compreender o comportamento das variáveis econômicas, sendo ainda mais pertinente essa observação com horizontes temporais alargados e em "sistemas econômicos heterogêneos, social e tecnologicamente, como é o caso das economias subdesenvolvidas".[593]

Portanto, o método de Furtado é, acima de tudo, histórico. Como defende Bresser-Pereira,[594] apesar de sua poderosa capacidade de inferência e generalização, a análise parte da observação da realidade. Ainda que o método desperte alguma semelhança com aquele de outras escolas de pensamento econômico de caráter histórico-indutivo, tais como a escola histórica alemã ou o institucionalismo americano do século XX, Bresser-Pereira

---

[592] Fonseca (2021, p. 230-233).

[593] Furtado (1977, p. 83).

[594] Bresser-Pereira (2001, p. 19).

defende que Furtado não parte da recusa da teoria econômica, preocupando-se antes com sua mediação a partir de especificidades históricas concretas. A perspectiva teórica condensa abstração e história, combinando criatividade interpretativa com rigor lógico.[595]

Partindo desse movimento analítico, Furtado estrutura sua visão de mundo: teoria e prática devem ser desdobramentos das experiências reais. Suas formulações teóricas, sistematizadas em *Desenvolvimento e subdesenvolvimento* (1961) e, mais tarde, aprofundadas em *Teoria e política do desenvolvimento econômico* (1967), estão sempre acompanhadas de um diálogo com cada conjuntura. Isso é fundamental para captar as descontinuidades sistêmicas, que geram novas linhas de ação.

Nesse sentido, a transformação do capitalismo internacional entre as décadas de 1960 e 1970 exigiu que o autor reavaliasse algumas de suas proposições, reformulando o peso e o sentido das variáveis econômicas, políticas e sociais, e inclusive ampliando a escala de análise, cada vez mais voltada para a compreensão do sistema-mundo. Esse foi o primeiro passo para alcançar o que Carlos Mallorquin qualifica como sua "grande teoria",[596] condensada em *Criatividade e dependência na civilização industrial*.

De intérprete do Brasil e teórico do subdesenvolvimento, Furtado se transformou num pensador radical do capitalismo. De uma perspectiva interpretativa que partia da negação dos postulados da teoria da modernização, por meio de uma análise por contraste entre as estruturas econômicas dos países centrais e periféricos no capitalismo, nessa nova fase, Furtado alarga seus horizontes analíticos e disciplinares. É possivelmente nesse

---

[595] Bresser-Pereira (2001, p. 30-32).

[596] Mallorquin (2005, cap. 7). Medeiros, Fagner João M. O discípulo (Furtado) e o mestre (Prebisch), a inversão dos papéis. *História Econômica & História de Empresas*, v. 24, n. 1, p. 131-160, 2021.

contexto que sua interpretação alcança maior originalidade e teor crítico.

Na segunda metade dos anos 1970, as obras de Celso Furtado consolidam sua leitura sobre a transformação (e, por que não, crise) do capitalismo. *O mito do desenvolvimento econômico* traz uma perturbadora mensagem sobre o futuro, indicando tanto os limites ecológicos do crescimento econômico como o equívoco etapista da economia do desenvolvimento formulada nos países centrais. *Criatividade e dependência*, de 1978, por seu turno, apresenta uma avaliação inovadora sobre a evolução da civilização industrial. Aqui, inclusive, o subdesenvolvimento praticamente sai de cena para dar lugar "à dependência num mundo unificado", conforme a bela síntese do seu capítulo sexto.

Antecipando em quase duas décadas a reflexão de autores como Giovanni Arrighi, Eric Hobsbawm e Robert Kurz,[597] e estabelecendo um diálogo implícito com as contribuições da escola da regulação francesa, o economista brasileiro mostrava como, já no final da década de 1970, a nova dinâmica da economia internacional estava colocando em questão a possibilidade de manter o quadro de estabilidade econômica e social da Era de Ouro do capitalismo nos países centrais. Com o processo de transnacionalização das empresas e de financeirização, mesmo os Estados nacionais centrais vinham perdendo seus centros internos de decisão, limitando sua capacidade de ação na mediação das relações entre capital e trabalho. A fragmentação dos processos industriais, levando muitas empresas a se instalar nos países asiáticos com reduzidos custos de mão de obra, reduzia a capacidade de mobilização dos trabalhadores no centro e o alcance dos Estados de bem-estar social.

---

[597] Paula, João Antonio de. Cultura e desenvolvimento: 100 anos de Celso Furtado, um intelectual cosmopolita. *Nova Economia*. Belo Horizonte, v. 29, n. E, p. 1075-1089, 2019.

Como resultado, o centro da civilização industrial passava a apresentar os problemas típicos da heterogeneidade estrutural periférica. Claro, os problemas tinham características diferentes em termos qualitativos. Mas o recado de Celso Furtado, já nos anos 1970, era o de que a "convergência" entre países centrais e periféricos poderia estar ocorrendo às avessas: sendo o desenvolvimento econômico apenas um frágil mito de progresso, verificava-se a disseminação das estruturas econômicas típicas do subdesenvolvimento em todos os pontos do planeta, oferecendo, antes do surgimento do termo, uma leitura alternativa da "globalização".

Sem desenvolvimento econômico, na acepção valorativa de Furtado (de melhoria do bem estar com homogeneização social), e num contexto de prevalência da modernização dos padrões de consumo, a evolução da economia mundial, sob a égide das reformas neoliberais, produziu no centro os resultados já vivenciados há décadas na periferia: crescente desigualdade econômica; ampliação das formas de exploração e expropriação do trabalho e do meio ambiente; profunda concentração do poder econômico e político das grandes empresas; ampliação da instabilidade econômica; e, no limite, o enraizamento da anomia social, comprovado pela própria crise das democracias.

Estilhaçara-se a miragem da difusão da modernidade como propalada durante os anos 1950. O capitalismo desacorrentado, liberal e violento, autorizado pela racionalidade instrumental dos meios descolados dos fins – tal como vislumbrado por Furtado nos anos 1970 –, levou à crescente desregulamentação no centro do capitalismo dos anos 1990 em diante. Os países "desenvolvidos" não podem mais ser assim qualificados, pois o "subdesenvolvimento" se alojou nesses territórios, assumindo novas formas.

O Brasil não conseguiu pegar o último trem para Paris, mas seus desafios econômicos, sociais e políticos passaram a ser compartilhados pelos países antes "civilizados", naquilo que tem se chamado de "brasilianização" do mundo.

Nesse contexto, enquanto o debate em torno das reformas liberais dos anos 1970 e 1980, e das supostas conquistas da globalização estavam na ordem do dia, Celso Furtado se adiantou na proposição de uma nova e mais abrangente pauta de desenvolvimento, que somente agora passa a assumir relevância no debate internacional. Produzindo uma crítica aguda sobre a civilização industrial, cujas métricas de acumulação e consumo colocam em questão a sobrevivência da humanidade, o economista a defender a abertura de novas áreas de atuação política: rejeição ao consumismo, combate à degradação ambiental, defesa do patrimônio cultural.[598]

A dinamização dos parâmetros do sistema analítico furtadiano nos anos 1970 vai se nutrir cada vez mais das outras áreas das ciências sociais, reforçando o papel da política e da cultura na compreensão das trajetórias de transformação de cada nação. Essa nova sensibilidade teria sido duramente apreendida tanto a partir das inflexões políticas ocorridas na América Latina com os golpes militares na região, como da rápida modernização da região, fruto do mimetismo das elites locais. Os novos projetos de futuro (ainda seriam projetos de desenvolvimento nacional?) dependeriam agora, a partir dos anos 1980, do fortalecimento da cultura. Ao estreitar a comunicação com a diversidade de vozes da sociedade, o Estado como agente transformador, deveria se colocar ao lado dessa intensa vida social por meio de um projeto de transformação democrática.[599]

Para se desviar das armadilhas da racionalidade instrumental, a sociedade deveria, por meio da autocrítica, se perguntar: afinal, o que buscamos? Isso exige uma nova agenda política

---

[598] Furtado (1978, p. 59).

[599] Bosi, Alfredo. Prefácio. *In*: Furtado, Celso. *Criatividade e dependência na civilização industrial*. São Paulo: Companhia das Letras, 2008.

que, sem se distanciar das disputas em torno do processo de acumulação, coloque no centro da pauta uma nova racionalidade substantiva, capaz de transformar os meios para alcançar os fins almejados do desenvolvimento. Sendo a criatividade o poderoso instrumento capaz de "interferir no determinismo causal",[600] Furtado conclui *Criatividade e dependência na civilização industrial* sugerindo que a sociedade deveria abraçar a problemática feminista, o movimento ecologista e a valorização da cultura, para se contrapor ao individualismo produzido pela economia liberal.

Ora, não foram justamente essas pautas que adquiriram destaque entre os grandes temas políticos contemporâneos? A economia ecológica, o decrescimento, a economia circular e outras tantas novas abordagens que expõem os limites ecológicos? Ou a luta contra a desigualdade de remuneração entre homens e mulheres, entre brancos e negros, o reconhecimento da expropriação do trabalho feminino, entre outros temas centrais sobre direitos humanos e cidadania? E, por fim, o individualismo que produz a anomia social e a crise da democracia com a ascensão do neoliberalismo?

Celso Furtado, economista do subdesenvolvimento e intérprete do Brasil, em sua autocrítica, enfrentou os principais dilemas de nossa sociedade contemporânea. Teria o economista que sempre lutou por projetos de desenvolvimento nacional, encontrado nos anos finais de sua vida um projeto político ainda mais radical, calcado na necessária superação da racionalidade instrumental da ciência econômica e, com ela, do próprio sistema capitalista?

Parece-nos que sim. A relação entre projeto nacional e capitalismo altera-se ao longo de sua obra, apresentando tensões que emanam da história em movimento. Nosso intelectual concebe uma unidade dialética composta de várias dimensões:

---

[600] Furtado (1978, p. 172).

capitalismo, relações centro-periferia, Brasil e Nordeste. Essas dimensões sofrem reconfigurações a partir da transformação das totalidades. As diferentes escalas – dimensões analíticas – se atritam e se encaixam de várias formas no seu método dinâmico, pois se movem em conjunto. O que há de comum entre elas é o esforço de coordenação dos centros de decisão existentes, em cada escala, no sentido de transformar as estruturas.

Um método e várias interpretações – essa é a senha que utilizamos para acompanhar o processo de transfiguração do pensamento furtadiano. O método é aprimorado para acompanhar situações históricas cada vez complexas, e que não necessariamente figuravam em seu horizonte de possibilidades quando escreve *FEB*, sua primeira e poderosa interpretação.

Por isso, em cada momento, o método histórico-estrutural propicia novas interpretações. Elas não necessariamente são coerentes entre si, pois as rupturas da história varrem do mapa o que era possível ontem. As perspectivas de futuro devem levar a dinâmica das estruturas em consideração, mas sem abdicar dos valores básicos da democracia, participação social e soberania, que condicionam as novas utopias, oriundas da sequência das interpretações. Elas não procuram prever como fazem os economistas de hoje. Mas transformar o mundo em que vivemos.

Bibliografia

Obras de Celso Furtado

De Nápoles a Paris: contos da vida expedicionária. Rio de Janeiro: Livraria Editora Zelio Valverde, 1946.

A economia brasileira: contribuição à análise de seu desenvolvimento. Rio de Janeiro: A Noite, 1954.

Uma economia dependente. Rio de Janeiro: Ministério da Educação e Cultura, 1956.

Perspectivas da economia brasileira. Rio de Janeiro: Instituto Superior de Estudos Brasileiros, 1958.

Formação econômica do Brasil. Rio de Janeiro: Fundo de Cultura, 1959 (34. ed. São Paulo: Companhia das Letras, 2006).

A Operação Nordeste. Rio de Janeiro: Instituto Superior de Estudos Brasileiros, 1959.

Uma política de desenvolvimento econômico para o Nordeste. Rio de Janeiro: Imprensa Nacional, 1959.

Desenvolvimento e subdesenvolvimento. Rio de Janeiro: Fundo de Cultura, 1961.

Subdesenvolvimento e Estado democrático. Recife: Condepe, 1962.

A pré-revolução brasileira. Rio de Janeiro: Fundo de Cultura, 1962.

Dialética do desenvolvimento. Rio de Janeiro: Fundo de Cultura, 1964.

Subdesenvolvimento e estagnação na América Latina. (1966). Rio de Janeiro: Civilização Brasileira, 1968.

Teoria e política do desenvolvimento econômico. São Paulo: Nacional, 1967.

Um projeto para o Brasil. Rio de Janeiro: Saga, 1968.

Formação econômica da América Latina. Rio de Janeiro: Lia Editora, 1969 (*A economia latino-americana.* São Paulo: Companhia Editora Nacional, 1976).

Análise do "modelo" brasileiro. Rio de Janeiro: Civilização Brasileira, 1972.

A hegemonia dos Estados Unidos e o subdesenvolvimento da América Latina. Rio de Janeiro: Civilização Brasileira, 1973.

O mito do desenvolvimento econômico. Rio de Janeiro: Paz e Terra, 1974.

Prefácio a nova economia política. Rio de Janeiro: Paz e Terra. 1976.

Criatividade e dependência na civilização industrial. Rio de Janeiro: Paz e Terra, 1978.

O Brasil Pós-"Milagre". Rio de Janeiro: Paz e Terra, 1981.

A nova dependência, dívida externa e monetarismo. Rio de Janeiro: Paz e Terra, 1982.

Não à recessão e ao desemprego. Rio de Janeiro: Paz e Terra, 1983.

Cultura e desenvolvimento em época de crise. Rio de Janeiro: Paz e Terra, 1984.

A fantasia organizada. Rio de Janeiro: Paz e Terra, 1985.

Transformação e crise na economia mundial. São Paulo: Paz e Terra, 1987.

A fantasia desfeita. São Paulo: Paz e Terra, 1989.

ABC da dívida externa. São Paulo: Paz e Terra, 1989a.

Os ares do mundo. São Paulo: Paz e Terra, 1991.

Brasil, a construção interrompida. São Paulo: Paz e Terra, 1992.

O capitalismo global. São Paulo: Paz e Terra, 1997.

Obra autobiográfica. São Paulo: Paz e Terra, 1997. 3 v. [Nova edição: São Paulo: Companhia das Letras, 2014.]

O longo amanhecer. São Paulo: Paz e Terra, 1999.

Introdução ao desenvolvimento: enfoque histórico-estrutural. 3 ed. Rio de Janeiro: Paz e Terra, 2000 [Edição revista pelo autor de *Pequena introdução ao desenvolvimento*: enfoque interdisciplinar, 1980].

Raízes do subdesenvolvimento. Rio de Janeiro: Civilização Brasileira, 2001.

Economia Colonial no Brasil nos séculos XVII e XVII. São Paulo: Hucitec; ABPHE, [1948] 2001.

Em busca de novo modelo. São Paulo: Paz e Terra, 2002.

Ensaios sobre a Venezuela: subdesenvolvimento com abundância de divisas. Organização de Rosa Freire d'Aguiar. Rio de Janeiro: Contraponto, 2008. (Arquivos Celso Furtado, v. 1).

Economia do desenvolvimento [curso ministrado na PUC-SP em 1975]. Organização de Rosa Freire d'Aguiar. Rio de Janeiro: Contraponto, 2010. (Arquivos Celso Furtado, v. 2).

O Nordeste e a saga da Sudene, 1958-1964. Organização Rosa Freire d'Aguiar. Rio de Janeiro: Contraponto, 2010. (Arquivos Celso Furtado, v. 3).

O plano Trienal e o Ministério do Planejamento. Organização de Rosa Freire d'Aguiar. Rio de Janeiro: Contraponto, 2011. (Arquivos Celso Furtado, v. 4).

Ensaios sobre cultura e o Ministério da Cultura. Organização de Rosa Freire d'Aguiar. Rio de Janeiro: Contraponto, 2012. (Arquivos Celso Furtado, v. 5).

Essencial Celso Furtado. São Paulo: Penguin; Companhia das Letras, 2013.

Autobiografia. São Paulo: Cia. das Letras, 2014a.

Anos de Formação 1938-1948: o jornalismo, o serviço público, a guerra, o doutorado. Organização de Rosa Freire d'Aguiar. Rio de Janeiro: Contraponto, 2014b. (Arquivos Celso Furtado, v. 6).

Diários intermitentes. Introdução, seleção e organização de Rosa Freire d'Aguiar. São Paulo: Companhia das Letras, 2019.

Correspondência intelectual. Introdução, seleção e organização de Rosa Freire d'Aguiar. São Paulo: Companhia das Letras, 2021.

Artigos de Celso Furtado

Características gerais da economia brasileira. *Revista Brasileira de Economia*. Rio de Janeiro, v. 3, n. 4, 1950.

Formação de capital e desenvolvimento econômico. *Revista Brasileira de Economia*. Rio de Janeiro, v. 3, n. 6, 1952.

Uma política para o desenvolvimento do Nordeste. *Novos Estudos CEBRAP*, v. 1, n. 1, dez. 1981.

Aventuras de um economista brasileiro. *In: Celso Furtado: obra autobiográfica*. Organização de Rosa Freire d'Aguiar. Rio de Janeiro: Paz e Terra, 1997. t. 2.

O desenvolvimento recente da economia venezuelana [1957]. *In: Ensaios sobre a Venezuela: subdesenvolvimento com abundância de divisas*. Organização de Rosa Freire d'Aguiar. Rio de Janeiro: Contraponto; CICEF, 2008.

Entrevista. *Memórias do Desenvolvimento*, ano 3, n. 3, out. 2009. Rio de Janeiro: CICEF, 2009.

Que somos? [1984]. *In: Ensaios sobre cultura e o Ministério da Cultura*. Organização de Rosa Freire d'Aguiar. Rio de Janeiro: Contraponto; CICEF, 2012.

O IPC, cultura e desenvolvimento tecnológico [1986]. *In: Ensaios sobre a cultura e o Ministério da Cultura*. Organização de Rosa Freire d'Aguiar. Rio de Janeiro: Contraponto; CICEF, 2012.

A ação do Ministério da Cultura [1987a]. *In: Ensaios sobre a cultura e o Ministério da Cultura*. Organização de Rosa Freire d'Aguiar. Rio de Janeiro: Contraponto; CICEF, 2012.

Pressupostos da política cultural [1987b]. *In: Ensaios sobre a cultura e o Ministério da Cultura*. Organização de Rosa Freire d'Aguiar. Rio de Janeiro: Contraponto; CICEF, 2012.

Política cultural e criatividade. *In: Ensaios sobre a cultura e o Ministério da Cultura*. Organização de Rosa Freire d'Aguiar. Rio de Janeiro: Contraponto; CICEF, 2012.

A economia da cultura. *In: Ensaios sobre a cultura e o Ministério da Cultura*. Organização de Rosa Freire d'Aguiar. Rio de Janeiro: Contraponto; CICEF, 2012. Pressupostos da política cultural. (1987a).

Comentários às "Perspectivas da economia brasileira" (2002). *Cadernos do Desenvolvimento*, v. 1, n. 2, 2012, p. 179.

Liberalismo econômico [1938]. *In: Anos de formação: 1938-1948*. Organização de Rosa Freire d'Aguiar. Rio de Janeiro: Contraponto; CICEF, 2014b.

Os inimigos de Chopin [*Revista da Semana*, 14 abr. 1942]. *In: Anos de Formação: 1938-1948*. Organização de Rosa Freire d'Aguiar. Rio de Janeiro: Contraponto; CICEF, 2014b.

Correspondência [1945]. *In: Anos de Formação: 1938-1948*. Organização de Rosa Freire d'Aguiar. Rio de Janeiro: Contraponto; CICEF, 2014b.

Teoria da estrutura da organização [1946a]. *In: Anos de Formação: 1938-1948*. Organização de Rosa Freire d'Aguiar. Rio de Janeiro: Contraponto; CICEF, 2014b.

Teoria do Departamento de Administração Geral [1946b]. *In: Anos de Formação: 1938-1948*. Organização de Rosa Freire d'Aguiar. Rio de Janeiro: Contraponto; CICEF, 2014b.

A elaboração do orçamento [1946c]. *In: Anos de Formação: 1938-1948*. Organização de Rosa Freire d'Aguiar. Rio de Janeiro: Contraponto; CICEF, 2014b.

Planificação social [1946d]. *In: Anos de Formação: 1938-1948*. Organização de Rosa Freire d'Aguiar. Rio de Janeiro: Contraponto; CICEF, 2014b.

A chegada a Nápoles [1946e]. *In: Anos de Formação: 1938-1948*. Organização de Rosa Freire d'Aguiar. Rio de Janeiro: Contraponto; CICEF, 2014b.

I Festival Mundial da Juventude Democrática [1947a]. *In: Anos de Formação: 1938-1948*. Organização de Rosa Freire d'Aguiar. Rio de Janeiro: Contraponto; CICEF, 2014b.

O fascismo como ideologia [1947b]. *In: Anos de Formação: 1938-1948*. Organização de Rosa Freire d'Aguiar. Rio de Janeiro: Contraponto; CICEF, 2014b.

Na Iugoslávia [1947c]. *In: Anos de Formação: 1938-1948*. Organização de Rosa Freire d'Aguiar. Rio de Janeiro: Contraponto; CICEF, 2014b.

A crise econômica inglesa [1948a]. *In: Anos de Formação: 1938-1948*. Organização de Rosa Freire d'Aguiar. Rio de Janeiro: Contraponto; CICEF, 2014b.

Os acordos de Genebra e a política de licença prévia [1948b]. *In: Anos de Formação: 1938-1948*. Organização de Rosa Freire d'Aguiar. Rio de Janeiro: Contraponto; CICEF, 2014b.

Tournant decisivo na França [1948c]. *In: Anos de Formação: 1938-1948*. Organização de Rosa Freire d'Aguiar. Rio de Janeiro: Contraponto; CICEF, 2014b.

Referências

Alencar Júnior, José Sydrião de et al. (orgs.). *Celso Furtado e o desenvolvimento regional*. Fortaleza: Banco do Nordeste do Brasil, 2005.

Alencastro, Luiz Felipe. Introdução. *In*: Furtado, Celso. *Formação econômica do Brasil*: edição comemorativa 50 anos. Organização de Rosa Freire d'Aguiar Furtado. São Paulo: Companhia das Letras, 2009. p. 24.

Araújo, Tarcísio; Vianna, Salvador Werneck; Macambira, Júnior (orgs.). *50 anos de Formação econômica do Brasil*: ensaios sobre a obra clássica de Celso Furtado. Rio de Janeiro: Ipea, 2009.

Arrighi, Giovanni. *O longo século XX*: dinheiro, poder e as origens do nosso tempo. Rio de Janeiro; São Paulo: Contraponto; Ed. Unesp, 1996.

Bacelar, Tânia. A Sudene, o Nordeste e as desigualdades regionais ontem e hoje. *In: I Jornada de Intérpretes do Brasil*. Campinas: Instituto de Economia da Unicamp, 17 maio 2019.

Barbosa, Alexandre de Freitas. Celso Furtado e a história do Brasil: um romance inacabado. *Cadernos do Desenvolvimento*, v. 16, n. 30, set.-dez. 2021.

Barbosa, Alexandre de Freitas. Celso Furtado, a ascensão chinesa e a complexificação do sistema centro-periferia. *História Econômica & História de Empresas*, v. 24, n. 1, jan.-abr. 2021. (Dossiê Celso Furtado).

Barbosa, Alexandre de Freitas. Celso Furtado, intérprete do Brasil. *Revista do IEB*, n. 78, abr. 2021, p. 93-95.

Barbosa, Alexandre de Freitas. Formação econômica do Brasil: 60 anos depois. *In*: Saes, Alexandre; Barbosa, Alexandre de Freitas (orgs.). *Celso Furtado e os 60 anos de Formação econômica do Brasil*. São Paulo: Edições SESC, 2021.

Barbosa, Alexandre de Freitas. *O Brasil Desenvolvimentista e a trajetória de Rômulo Almeida*: projeto, interpretação e utopia. São Paulo: Alameda, 2021.

Barboza, Darlan Praxedes. *A canonização de vivente: Celso Furtado e a Sudene*. 2023. Tese (Doutorado em Sociologia) – Faculdade de Filosofia, Letras e Ciências Humanas, Universidade de São Paulo, São Paulo, 2023.

Bastos, Pedro Paulo Zahluth. O Plano Trienal e a sua economia política. *In:* Furtado, Celso. *O Plano Trienal e o Ministério do Planejamento*.

Organização de Rosa Freire d'Aguiar. Rio de Janeiro: Contraponto; CICEF, 2011. (Arquivos Celso Furtado, v. 4).

Bianconi, Renata; Saes, Alexandre. Apresentação do artigo "Objetividade e ilusionismo em economia". *História Econômica & História de Empresas*, v. 24, n. 1, 2021.

Biderman, Ciro; Cozac, Luiz Felipe; Rego, José Márcio. *Conversas com economistas brasileiros*. São Paulo: 34, 1996.

Bielschowsky, Ricardo. Cinquenta anos de pensamento na CEPAL: uma resenha. *In:* Bielschowsky, Ricardo (org.). *Cinquenta anos de pensamento na CEPAL*. Rio de Janeiro: Record, 2000.

Bielschowsky, Ricardo. Formação Econômica do Brasil: uma obra-prima do estruturalismo cepalino. *Revista de Economia Política*, v. 9, n. 4, out./dez. 1989.

Bielschowsky, Ricardo. *Pensamento econômico brasileiro*: o ciclo ideológico do desenvolvimentismo. Rio de Janeiro: Contraponto, 2000.

Bolaño, César (org.). *Cultura e desenvolvimento*: reflexões à luz de Furtado. Salvador: EdUFBA, 2015.

Bosi, Alfredo. Prefácio. *In*: Furtado, Celso. *Criatividade e dependência na civilização industrial*. São Paulo: Companhia das Letras, 2008.

Bourdieu, Pierre. L'Illusion Biographique. *Actes de la Recherche en Sciences Sociales*. v. 62-63, p. 69-72, jun. 1986.

Braudel, Fernand. *Escritos sobre a História*. 2. ed. São Paulo: Perspectiva, 1992.

Bresser-Pereira, Luiz Carlos. As três interpretações da dependência. *Perspectivas*. São Paulo, v. 38, p. 17-48, jul./dez. 2010.

Bresser-Pereira, Luiz Carlos. Celso Furtado e a teoria econômica. *In*: Coelho, Francisco da Silva; Granziera, Rui (orgs.). *Celso Furtado e a Formação Econômica do Brasil*. São Paulo: Atlas, 2009.

Bresser-Pereira, Luiz Carlos. Método e paixão em Celso Furtado. *In*: Bresser-Pereira, Luiz Carlos; Rego, José Márcio (orgs.). *A grande esperança em Celso Furtado*. São Paulo: 34, 2001.

Bresser-Pereira, Luiz Carlos. O empresário industrial e a revolução Brasileira. *Revista de Administração de Empresas*. São Paulo, v. 2, n. 8, p. 11-27, jul. 1963.

Bresser-Pereira, Luiz Carlos. Origens étnicas e sociais do empresário paulista. *Revista de Administração de Empresas*. São Paulo, v. 3, n. 11, p. 83-103, 1964.

Bresser-Pereira, Luiz Carlos; Rego, José Márcio (orgs.). *A grande esperança em Celso Furtado*. São Paulo: 34, 2001.

Campos, Roberto de Oliveira; Simonsen, Mário Henrique. *A nova economia brasileira*. Rio de Janeiro: José Olympio, 1975.

Cardoso, Fernando Henrique. *Empresário industrial e desenvolvimento econômico no Brasil*. 2. ed. São Paulo: Difel, 1972.

Cardoso, Fernando Henrique. O descobrimento da economia. *In: Pensadores que inventaram o Brasil.* São Paulo: Companhia das Letras, 2013.

Castro, Antônio Barros de; Souza, Francisco Eduardo Pires de. *A economia brasileira em marcha forçada.* 3. ed. São Paulo: Paz e Terra, 2004.

Cepêda, Vera Alves. O pensamento de Celso Furtado: desenvolvimento e democracia. *In*: Bresser-Pereira, Luiz Carlos; Rego, José Marcio (orgs.). *A grande esperança em Celso Furtado*: ensaios em homenagem aos seus 80 anos. São Paulo: 34, 2001.

Coelho, Francisco da Silva; Granziera, Rui (orgs.). *Celso Furtado e a Formação Econômica do Brasil.* São Paulo: Atlas, 2009.

Corsi, Francisco; Camargo, José Marangoni (orgs.). *Celso Furtado*: os desafios do desenvolvimento. São Paulo; Marília: Cultura Acadêmica; Oficina Universitária, 2010.

Coutinho, Maurício. A economia brasileira (1954) de Celso Furtado. *História e economia*, v. 18, n. 1, 2017.

Coutinho, Maurício. A teoria econômica de Celso Furtado: formação econômica do Brasil. *In:* Lima, Marcos Costa; David, Mauricio Dias (orgs.). *A atualidade do pensamento de Celso Furtado.* Leste Vila Nova: Verbena, 2008. p. 139-159.

Coutinho, Mauricio. Furtado e seus críticos: da estagnação à retomada do crescimento econômico. *Economia e Sociedade*, v. 28, n. 3, p. 741-759, 2019.

Curi, Luiz Felipe Bruzzi. Planejamento, industrialização e desenvolvimento na história do pensamento econômico brasileiro: notas preliminares. *In*: Cosentino, Daniel do Val; Gambi, Thiago (orgs.). *História do pensamento econômico*: pensamento econômico brasileiro. São Paulo: Hucitec, 2019.

D'Aguiar, Rosa Freire. A história de um plano. *In:* Furtado, Celso. *O plano Trienal e o Ministério do Planejamento.* Organização de Rosa Freire d'Aguiar. Rio de Janeiro: Contraponto, 2011. (Arquivos Celso Furtado, v. 4).

D'Aguiar, Rosa Freire. Apresentação. *In:* Furtado, Celso. *Formação Econômica do Brasil: edição comemorativa 50 anos.* São Paulo: Companhia das Letras, 2009.

D'Aguiar, Rosa Freire. Balanços e sínteses, 1988-2002. *In:* Furtado, Celso. *Diários intermitentes.* Introdução, seleção e organização de Rosa Freire d'Aguiar. São Paulo: Companhia das Letras, 2019

D'Aguiar, Rosa Freire (org.). *Celso Furtado e a dimensão cultural do desenvolvimento.* Rio de Janeiro: CICEF, 2013. (Pensamento Crítico, v. 2).

D'Aguiar, Rosa Freire. Celso Furtado: um retrato intelectual. *Cadernos do Desenvolvimento*, Rio de Janeiro, v. 10, n. 17, p. 122-127, jul.-dez. 2015.

D'Aguiar, Rosa Freire (org.). *Ensaios sobre a Venezuela: subdesenvolvimento com abundância de divisas.* Rio de Janeiro: Contraponto; CICEF, 2008. (Arquivos Celso Furtado, v. 1).

D'Aguiar, Rosa Freire (org.). Introdução. *Anos de Formação*: 1938-1948. Rio de Janeiro: Contraponto; CICEF, 2014. (Arquivos Celso Furtado, v. 6).

D'Aguiar, Rosa Freire (org.). Introdução. *Ensaios sobre a cultura e o Ministério da Cultura*. Rio de Janeiro, Contraponto; CICEF, 2012. (Arquivos Celso Furtado, v. 5).

D'Aguiar, Rosa Freire (org.). Introdução. *In: O Nordeste e a saga da Sudene*. Rio de Janeiro: Contraponto; CICEF, 2009. (Arquivos Celso Furtado, v. 3).

Dosman, Edgar. *Raúl Prebisch (1901-1986)*: a construção da América Latina e do Terceiro Mundo. Rio de Janeiro: Contraponto; CICEF, 2011.

Evans, Peter. *A tríplice aliança*: as multinacionais, as estatais e o capital nacional no desenvolvimento dependente brasileiro. Rio de Janeiro: Zahar, 1980.

Feder, Franklin Lee. Resenha de Análise do modelo brasileiro. *Revista de Administração de Empresas*, v. 12, n. 4, p. 93-94, 1972.

Fishlow, Albert. Brazilian size distribution of income. *American Economic Review*, v. 62, n. 2, p. 391-402, May 1972.

Fonseca, Pedro Cezar Dutra. Furtado e o estruturalismo como método. *In*: Saes, Alexandre; Barbosa, Alexandre de Freitas (orgs.). *Celso Furtado e os 60 anos de Formação econômica do Brasil*. São Paulo: Edições SESC, 2021. p. 230-233.

French, John. *Lula e a política da astúcia*: de metalúrgico a presidente do Brasil. São Paulo: Expressão Popular; Fundação Perseu Abramo, 2022.

Fukuyama, Francis. *The End of History and the Last Man*. New York: Free Press, 1992.

Furtado, Celso. *Formação econômica do Brasil* [1959]. 23. ed. São Paulo: Companhia Editora Nacional, 1989.

Gaudêncio, Francisco de Sales; Formiga, Marcos, (orgs.). *Era da esperança*: teoria e política no pensamento de Celso Furtado. São Paulo: Paz e Terra, 1995.

Grandi, Guilherme. Crítica ao modelo de desenvolvimento do governo militar no Brasil: produção intelectual de Celso Furtado entre 1981 e 1983. *Cadernos do Desenvolvimento*, v. 17, n. 31, 2022.

Hirschman, Albert. The rise and decline of development economics. *Essays in Trespassing*: Economics to Politics and Beyond. Cambridge: Cambridge University Press, 1981.

Hodara, Joseph. *Prebisch y la Cepal*: sustancia, trayectoria y contexto institucional. México: El Colegio de México, 1987.

Hoffmann, Rodolfo. Tendências da distribuição da renda no Brasil e suas relações com o desenvolvimento econômico [1972]. *In*: Tolipan, Ricardo; Tinelli, Arthur Carlos (orgs.). *A controvérsia sobre a distribuição de renda e desenvolvimento*. Rio de Janeiro: Zahar, 1978.

Hymer, Stephen. *The international operations of national firms*: A study of direct foreign investments. Cambridge, MA: MIT Press, 1976.

Iglésias, Francisco. Prefácio à Edição Especial da Coleção Biblioteca Básica Brasileira – UNB [1963]. *In*: Furtado, Celso. *Formação Econômica do Brasil*: edição comemorativa 50 anos. São Paulo: Companhia das Letras, 2009.

Klüger, Elisa. Celso Furtado: por uma ciência econômica iconoclasta e inconformista. *Revista do Instituto de Estudos Brasileiros*, n. 78, abr. 2021.

Klüger, Elisa. Celso Furtado: um economista com lentes de literato. *Estudos Avançados*, v. 34, n. 100, p. 261-278, 2020.

Lafer, Celso. Planejamento no Brasil – observações sobre o Plano de Metas (1956-1961). *In*: Mindlin, Betty (org.). *Planejamento no Brasil*. São Paulo: Perspectiva, 1987.

Lessa, Carlos. Apresentação. *In*: Mallorquin, Carlos. *Celso Furtado*: um retrato intelectual. São Paulo; Rio de Janeiro: Xamã; Contraponto, 2005.

Lima, Marcos Costa; David, Maurício Dias (orgs.). *A atualidade do pensamento de Celso Furtado*. Goiás: Verbena, 2008.

Loureiro, Pedro Mendes; Rugitsky, Fernando Monteiro; Saad-Filho, Alfredo. Celso Furtado and the Myth of Economic Development: Rethinking Development from Exile. *Review of Political Economy*, v. 33, n. 1, p. 28-43, 2021.

Love, Joseph. *A construção do Terceiro Mundo*: teorias do subdesenvolvimento na Romênia e no Brasil. Rio de Janeiro: Paz e Terra, 1998.

Malan, Pedro; Wells, John. Resenha bibliográfica de Análise do "modelo" brasileiro. *Pesquisa e Planejamento Econômico*, v. 2, n. 2, p. 441-460, 1972.

Mallorquin, Carlos. *Celso Furtado*: um retrato intelectual. São Paulo; Rio de Janeiro: Xamã; Contraponto, 2005.

Mantega, Guido; Rego, José Marcio. *Conversas com economistas brasileiros II*. Sao Paulo: 34, 1999.

Manzatto, Rômulo; Saes, Alexandre Macchione. Celso Furtado: intérprete da dependência. *Revista do Instituto de Estudos Brasileiros*. São Paulo, n. 78, p. 182-205, 2021.

Medeiros, Carlos Aguiar de. Celso Furtado na Venezuela. *In*: D'Aguiar, Rosa Freire (org.). *Ensaios sobre a Venezuela: subdesenvolvimento com abundância de divisas*. Rio de Janeiro: Contraponto; CICEF, 2008. (Arquivos Celso Furtado, v. 1).

Medeiros, Fagner João M. O discípulo (Furtado) e o mestre (Prebisch), a inversão dos papéis. *História Econômica & História de Empresas*, v. 24, v. 1, p. 131-160, 2021.

Mello, Hildete Pereira de; Bastos, Carlos Pinkusfeld; Araújo, Victor Leonardo de. A Política Macroeconômica e o reformismo social: impasses de um governo sitiado. *In*: Araújo, Victor Leonardo de; Mattos, Fernando Augusto Mansor de (orgs.). *A economia brasileira de Getúlio a Dilma – novas interpretações*. São Paulo: Hucitec, 2021.

Mello, João Manuel Cardoso de. *O capitalismo tardio*: contribuição à revisão crítica da formação e do desenvolvimento da economia brasileira [1975]. São Paulo: Brasiliense, 1982.

Moraes, Reginaldo. *Celso Furtado*: o subdesenvolvimento e as ideias da Cepal. São Paulo: Ática, 1995.

Mota, Antônio. *A fantasia reorganizada*. Projeto de pós-doutorado no IEB com bolsa FAPESP. São Paulo: Instituto de Estudos Brasileiros, 2023.

Muller, Hans. Resenha [1963]. *In*: Furtado, Celso. *Formação Econômica do Brasil*: edição comemorativa 50 anos. São Paulo: Companhia das Letras, 2009.

Oliveira, Francisco de. A economia brasileira: crítica à razão dualista. *Estudos Cebrap*, n. 2, 1972.

Oliveira, Francisco de. *A elegia para uma re(li)gião*: Sudene, Nordeste, planejamento e luta de classes. São Paulo: Boitempo, 2008.

Oliveira, Francisco de. *A navegação venturosa*: ensaios sobre Celso Furtado. São Paulo: Boitempo, 2003.

Oliveira, Francisco de. Depoimento na CPI sobre a Sudene (1978). *In*: D'Aguiar, Rosa Freire (org.). *O Nordeste e a saga da Sudene*. Rio de Janeiro: Contraponto; CICEF, 2009. (Arquivos Celso Furtado, v. 3).

Oliveira, Francisco de. *O Ornitorrinco*. São Paulo: Boitempo, 2003.

Ortiz, Renato. *Universalismo e diversidade*. São Paulo: Boitempo, 2015.

Palma, Gabriel. Dependency: a formal theory of underdevelopment or a methodology for the analysis of concrete situations of underdevelopment. *World Development*, v. 6, 1978.

Paula, João Antônio de. A formação do mercado interno e a superação do subdesenvolvimento em Celso Furtado. *In*: Coelho, Francisco da Silva; Granziera, Rui (orgs.). *Celso Furtado e a Formação Econômica do Brasil*. São Paulo: Atlas, 2009.

Paula, João Antonio de. Cultura e desenvolvimento: 100 anos de Celso Furtado, um intelectual cosmopolita. *Nova Economia*. Belo Horizonte, v. 29, n. E, p. 1075-1089, 2019.

Prebisch, Raúl. El desarrollo econômico de la América Latina y algunos de sus principales problemas. *In*: Bielschowsky, Ricardo (org.). *Cincuenta años de pensamiento de la Cepal*: textos selecionados. Santiago: Cepal, 1998. v. 1.

Quintela, Adroaldo *et al.* (orgs.). *Celso Furtado*: os combates de um economista. São Paulo: Fundação Perseu Abramo; Expressão Popular, 2020.

Raworth, Kate. *Economia Donut*: uma alternativa ao crescimento a qualquer custo. Tradução de George Schlesinger. Rio de Janeiro: Zahar, 2019.

Ribeiro, Darcy. *O povo brasileiro*: a formação e o sentido do Brasil. São Paulo: Companhia das Letras, 1995.

Rodríguez, Octavio. *O estruturalismo latino-americano*. Rio de Janeiro: Civilização Brasileira, 2009.

Romano, Ruggiero. Prefácio à edição italiana [1970]. *In*: Furtado, Celso. *Formação Econômica do Brasil*: edição comemorativa 50 anos. São Paulo: Companhia das Letras, 2009.

Saboia, João; Carvalho, Fernando J. Cardim de (orgs.). *Celso Furtado e o século XXI*. Rio de Janeiro: Minha Editora; IE-UFRJ/ São Paulo: Manole, 2007.

Saes, Alexandre Macchione. Heranças históricas da desigualdade no Brasil: um debate entre o estruturalismo e a nova economia institucional. *In:* Mattos, Fernando; Hallak Neto, João; Silveira, Fernando Geiger (orgs.). *Desigualdades*: visões do Brasil e do mundo. São Paulo: Hucitec, 2022, v. 1. p. 73-89.

Saes, Alexandre Macchione; Barbosa, Alexandre de Freitas (orgs.). *Celso Furtado e os 60 anos de Formação econômica do Brasil*. São Paulo: Edições SESC, 2021.

Saes, Alexandre Macchione; Manzatto, Rômulo; Sousa, Euler Santos. Ensino e pesquisa em história econômica: perfil docente e das disciplinas de História econômica nos cursos de graduação de Economia no Brasil. *História econômica & história de empresas*, n. 18, p. 229-263, 2015.

Saes, Alexandre Macchione; Rômulo Manzatto. Os sessenta anos de *Formação econômica do Brasil: pensamento, história e historiografia*. *In*: Saes, Alexandre; Barbosa, Alexandre de Freitas (orgs.). *Celso Furtado e os 60 anos de Formação econômica do Brasil*. São Paulo: Edições SESC, 2021.

Saes, Alexandre Macchione; Soares, José Alex R. Ideias e método de Celso Furtado para pensar o século XXI. *História Econômica & História de Empresas*, v. 24, n. 1, p. 216-247, 5 mar. 2021.

Saes, Flávio. *Formação econômica do Brasil* e a nova historiografia econômica brasileira. *In*: Saes, Alexandre; Barbosa, Alexandre de Freitas (orgs.). *Celso Furtado e os 60 anos de Formação econômica do Brasil*. São Paulo: Edições SESC, 2021.

Saes, Flávio. Subdesenvolvimento e desenvolvimento na obra de Celso Furtado. *In:* Corsi, Francisco; Camargo, José Marangoni (orgs.). *Celso Furtado: os desafios do desenvolvimento*. São Paulo; Marília: Cultura Acadêmica; Oficina Universitária, 2010.

Sen, Amartya. *Desenvolvimento como liberdade*. São Paulo: Companhia das Letras, 2000.

Série de podcasts aborda vida e obra de Celso Furtado. *Jornal da USP*, 19 out. 2020. Disponível em: https://jornal.usp.br/cultura/serie-de-podcasts-aborda-vida-e-obra-de-celso-furtado/. Acesso em: 20 out. 2024.

Silva, Roberto Pereira. A história vista pelas lentes das ciências sociais: uma interpretação de Economia colonial brasileira nos séculos XVI e XVII, de Celso Furtado. *Revista do Instituto de Estudos Brasileiros*, n. 78, p. 206-222, abr. 2021.

Silva, Roberto Pereira. A trajetória de um clássico: Formação econômica do Brasil de Celso Furtado. *Economia e Sociedade*, v. 20, n. 2, p. 443-448, 2016.

Silva, Roberto Pereira. *Celso Furtado, entre a história e a teoria econômica (1948-1959): uma interpretação historiográfica*. 2015. Tese (Doutorado em História Econômica) – Faculdade de Filosofia, Letras e Ciências Humanas, Universidade de São Paulo, São Paulo, 2015.

Silva, Roberto Pereira. *O jovem Celso Furtado*: história, política e economia. Bauru: Edusc, 2011.

Silva, Roberto Pereira. Os usos da história em *Formação econômica do Brasil*. *In*: Saes, Alexandre; Barbosa, Alexandre de Freitas (orgs.). *Celso Furtado e os 60 anos de Formação econômica do Brasil*. São Paulo: Edições SESC, 2021.

Simonsen, Mario Henrique; Campos, Roberto. *A nova economia brasileira*. Rio de Janeiro: José Olympio, 1975.

Simonsen, R; Gudin, E. *A controvérsia do planejamento na economia brasileira*. Rio de Janeiro: Ipea, 2010.

Simonsen, Roberto Cochrane; Gudin, Eugenio. *A controvérsia do planejamento na economia brasileira*. Rio de Janeiro: Ipea, 2010.

Singer, Paul. *Dominação e desigualdade*: estrutura de classes e repartição de renda no Brasil. Rio de Janeiro: Paz e Terra, 1981.

Sousa, Cidoval Morais de; Theis, Ivo Marques; Barbosa, José Luciano Albino (orgs.). *Celso Furtado: a esperança militante*. Campina Grande: Eduepb, 2020. 3 v.

Stiglitz, Joseph. *Freefall*: free markets and the sinking of the global economy. Penguin Books: Londres, 2010.

Streeck, Wolfgang. *Tempo Comprado*: a crise adiada do capitalismo democrático. São Paulo: Boitempo, 2018.

Szmrecsányi, Tamás. Sobre a formação da Formação Econômica do Brasil de Celso Furtado. *Estudos Avançados*, v. 13, n. 37, 1999.

Tavares, Maria da Conceição. *Acumulação de capital e industrialização no Brasil* [1974]. Campinas, SP: Unicamp; IE, 1998.

Tavares, Maria da Conceição (org.). *Celso Furtado e o Brasil*. São Paulo: Fundação Perseu Abramo, 2000. p. 71-92.

Tavares, Maria da Conceição; Serra, José. Além da estagnação: uma discussão sobre o estilo de desenvolvimento recente [1971]. *In*: Bielschowsky, Ricardo (org.). *Cinquenta anos de pensamento na Cepal*. Rio de Janeiro: Record, 2000.

Tolipan, Ricardo; Tinelli, Arthur Carlos (orgs.). *A controvérsia sobre a distribuição de renda e desenvolvimento*. Rio de Janeiro: Zahar, 1978.

Versiani, Flávio Rabelo. *Formação econômica do Brasil:* Celso Furtado como historiador econômico. *In*: Saes, Alexandre; Barbosa, Alexandre de Freitas (orgs.). *Celso Furtado e os 60 anos de Formação econômica do Brasil*. São Paulo: Edições SESC, 2021.

Vidal, Gregorio; Romo, Arturo Guillén (eds.). *Repensar la teoría del desarrollo en un contexto de globalización*: homenaje a Celso Furtado. Buenos Aires; México, DF: Clacso; Universidad Autónoma Metropolitana [Casa abierta al tiempo: Red Eurolatinoamericana de Estudios sobre el desarollo Celso Furtado], 2007.

Vieira, Rosa Maria. *Celso Furtado*: reforma, política e ideologia (1950-1964). São Paulo: Educ, 2007.

Villares, Luise Gonçalves; Borja, Bruno Nogueira Ferreira. Celso Furtado e a política de patrimônio cultural. *Políticas Culturais em Revista*, v. 13, n. 2, p. 318-337, jul./dez. 2020.

Villela, Aníbal. Alguns reparados para *Um projeto para o Brasil* por Celso Furtado. *Revista brasileira de economia*, n. 4, 1968.

Wells, John. Distribuição de rendimentos, crescimento e a estrutura da demanda no Brasil na década de 60 [1974]. *In:* Tolipan, Ricardo; Tinelli, Arthur Carlos (orgs.). *A controvérsia sobre a distribuição de renda e desenvolvimento*. Rio de Janeiro: Zahar, 1978.

Documentários

AmarElo: é tudo para ontem. Direção: Fred Ouro Preto. São Paulo: Netflix, 2020. (89 min.)

O longo amanhecer: cinebiografia de Celso Furtado. Direção: Jose Mariani. Rio de Janeiro: Andaluz Produções, 2004. (73 min.)

Sites

Academia Brasileira de Letras (ABL). Disponível em: https://www.academia.org.br/academicos/celso-furtado.

Centro Internacional Celso Furtado de Políticas para o Desenvolvimento (CICEF). Disponível em: http://www.centrocelsofurtado.org.br/.

Agradecimentos

Em 2019, no contexto de celebração dos sessenta anos de *Formação econômica do Brasil*, os autores deste livro organizaram um amplo seminário no Centro de Pesquisa e Formação do Serviço Social do Comércio (SESC) para revisitar a obra-prima de Celso Furtado. Essa seria a primeira iniciativa de uma intensa "caravana furtadiana" empreendida nos últimos cinco anos e que encontra agora um novo e especial capítulo com a publicação de *Celso Furtado: trajetória, pensamento e método*. Nossos agradecimentos ao Ricardo Musse, editor da coleção, pelo convite e incentivo para que voltássemos a nos dedicar ao mestre e a seu legado, e à Cecília Martins, que revisou com esmero e profissionalismo as tantas provas do livro.

O livro sistematiza a reflexão realizada pelos autores sobre a vasta obra de Celso Furtado, como também as ideias absorvidas nas trocas com colegas, professores e estudantes que participaram dos diferentes projetos desenvolvidos em torno do mais relevante economista brasileiro.

Imersos nas atividades do centenário de Celso Furtado, comemorado em 2020, fomos responsáveis pela preparação de dois dossiês sobre a vida e a obra do autor. Os dossiês "Celso Furtado, transdisciplinar e contemporâneo" e "Celso Furtado, 1920-2020: diálogos e interdisciplinaridade" – organizados respectivamente na *Revista do IEB* (n. 78, 2021) e na *Revista História Econômica e História de Empresas* (v. 24, 2021), publicada pela Associação Brasileira de História Econômica – expandiram os olhares sobre a produção de Furtado, com destaque para algumas de suas contribuições ainda pouco exploradas pela ampla bibliografia existente. Agradecemos os professores Vera Cepêda, André Botelho e Renata Bianconi que organizaram conosco esses dois dossiês.

Em 2021, também foi publicado o livro organizado pelos Alexandres,[601] *Celso Furtado e os 60 anos de Formação econômica do Brasil* (BBM/SESC, 2021), reunindo os textos apresentados previamente no seminário do SESC. Somando as contribuições dos dois dossiês mais aquelas do livro, alcançamos quase quarenta artigos inéditos sobre diversas dimensões da produção de Celso Furtado. Gostaríamos de agradecer aos autores que aceitaram nossos convites para preparar este denso e inédito material sobre o economista.

Em meio à pandemia de covid-19, muitas das atividades acabaram se realizando de maneira virtual. Por meio da estrutura do Instituto de Estudos Brasileiros (IEB), foi possível elaborar uma série de dez *podcasts* sobre Celso Furtado,[602] assim como reunir professores e conhecedores de sua obra provenientes dos mais diversos campos disciplinares nos "iebinários" de celebração do centenário.[603]

---

[601] Os dois xarás – assim nos chamamos um ao outro – não sabíamos que nessa jornada uma amizade se tornaria parceria. E que essa parceria reforçaria os laços de camaradagem tecidos na e pela universidade. Prova de que o mestre segue abrindo caminhos para as novas gerações, o que inclui aquelas que nos sucedem.

[602] Série de podcasts aborda vida e obra de Celso Furtado. *Jornal da USP*, 19 out. 2020. Disponível em: https://tinyurl.com/mrxcdk4w. Acesso em: 20 out. 2024. Os "podcasts IEB" podem ser acessados em: https://podcasters.spotify.com/pod/show/difusieb. A série de dez podcasts sobre Celso Furtado abarca os episódios 127 a 137.

[603] Os "iebinários" concentraram-se em debates interdisciplinares: "entre o direito e a economia" com a participação de Alessandro Octaviani, Luciana Suarez Galvão e Maurício Coutinho; "entre a história e a geografia", com a presença dos professores Alexandre Macchione Saes, Luiz Felipe de Alencastro e Tânia Bacelar de Araújo; "entre a cultura e a política", com Alexandre de Freitas Barbosa, Cláudia Sousa Leitão

Também coube espaço na caravana furtadiana para a disciplina *Celso Furtado intérprete do Brasil: trajetória, método e obra*, que oferecemos no Programa de Pós-Graduação do Instituto de Estudos Brasileiros, em 2020 e 2021, no Programa de Pós-Graduação em História Econômica, em 2022, e na graduação em Ciências Econômicas da Faculdade de Economia, Administração, Contabilidade e Atuária da Universidade de São Paulo (FEA-USP) em 2021. Entre as salas de aula de graduação e pós-graduação, foram aproximadamente cem estudantes e pesquisadores que nos acompanharam nessa disciplina, reiterando o interesse das novas gerações pelas ideias de Furtado.

Sem que os autores soubessem de antemão, a preparação da disciplina acabaria servindo de roteiro para este livro. A disposição dos pesquisadores para estudar a obra de Celso Furtado, descobrindo os "Furtados" menos evidentes em sua atuação acadêmica e política, selou o destino do livro. Assim como o entusiástico ambiente de trocas proporcionado pelas salas de aula da Universidade de São Paulo, razão pela qual agradecemos esse contato com os estudantes que instigaram relevantes reflexões sobre Celso Furtado nesses últimos anos. O manuscrito do livro foi lido pelo professor Flávio Saes, a quem agradecemos as sugestões e comentários.

É corriqueira, para quem atua na universidade pública brasileira, a menção às suas missões principais – ensino, pesquisa e extensão. Porém, muitas vezes elas são encaradas de forma estanque. Nesse caso, elas se retroalimentaram: o ensino e a extensão estimulando a pesquisa, e esta sendo "testada" em sala de aula e em eventos para um público mais amplo. Aos poucos, fomos percebendo que o livro estava em nossas cabeças e apenas faltava um esforço de disciplina e um pouco

---

e Rosa Maria Vieira; e "entre a ecologia e as relações internacionais", com Clóvis Cavalcanti, Rosa Freire d'Aguiar e Rubens Ricupero.

de coragem para driblarmos outras tantas atividades que nos são exigidas na universidade.

Se essa obra se caracteriza pelo caráter panorâmico e pedagógico, ela também se pretende científica, ao explicitar os conceitos e o método furtadiano a partir da posição social por ele ocupada nos diversos momentos de sua trajetória. Procura revelar seu potencial analítico para outros contextos históricos e agentes sociais, tornando-a partícipe do Brasil contemporâneo. Como herdar Furtado, eis a questão.

Seu objetivo é facilitar o acesso a um dos mais vigorosos (e rigorosos) intelectuais que tivemos na segunda metade do século XX. Um intelectual capaz de condensar rigor analítico e imaginação criadora, ao pensar de forma crítica a economia, a sociedade e a cultura brasileiras. Para além de sua clareza expositiva, destacamos a complexidade de seu empreendimento teórico, por estar sempre em sintonia com as transformações internacionais e as potencialidades do país em cada momento histórico, refazendo-se a si mesmo nesse percurso.

Como se não bastasse, por causa de sua atuação como intelectual estadista, muitas de suas formulações aderiram ao real, seja por meio de políticas públicas, seja pelo alcance de suas ideias, inclusive para além de sua área original de atuação.

Finalmente, vale lembrar que nosso trabalho não teria sido possível sem as várias publicações do Centro Internacional Celso Furtado de Políticas para o Desenvolvimento, com destaque para os seis volumes da coleção Arquivos Celso Furtado, produzidos em parceria com a editora Contraponto. Além, obviamente, dos *Diários intermitentes*, onde temos um acesso ao subconsciente de Furtado, e de sua *Correspondência intelectual*, que nos permite flagrar o espaço de socialização dos intelectuais exilados e o papel central do economista como o eixo articulador da reflexão sobre a problemática do subdesenvolvimento no Brasil e na América Latina. Lembremos ainda que o mestre publicou em vida três livros autobiográficos sobre sua trajetória.

É raro encontrar um intelectual sobre o qual exista tanto material para a pesquisa, o que se ampliou quando o acervo de Celso Furtado no IEB passou a ser devidamente catalogado e disponibilizado ao público. Isso somente foi possível graças ao empenho das funcionárias da Biblioteca e do Arquivo do Instituto e à legião de estagiários e bolsistas que se aventuraram a organizar livros e documentos, para o que foi decisiva a parceria com a Faculdade de Filosofia, Letras e Ciências Humanas da Universidade de São Paulo (FFLCH).

Nada disso existiria sem Rosa Freire d'Aguiar, grande parceira intelectual de Celso Furtado, que coordenou com esmero as publicações anteriormente mencionadas, as quais nos permitem ter acesso à dimensão humana do intelectual, além de ter doado os acervos ao IEB num estado de organização que facilitou o trabalho da equipe. A você, nosso muito obrigado, Rosa.

Alexandre de Freitas Barbosa e
Alexandre Macchione Saes.

Este livro foi composto com tipografia adobe Adobe Garamond Pro e impresso em papel Off-White 70 g/m² na Formato Artes Gráficas.